语言生活皮书

中国语言生活状况报告
（2020）

国家语言文字工作委员会　组编

2020年·北京

编委会

顾　　　问	许嘉璐　赵沁平　郝　平　李卫红　杜占元
审　　　订	陈章太　戴庆厦　陆俭明　邢福义　周庆生
名 誉 主 编	李宇明
主　　　编	郭　熙
副　主　编	侯　敏　杨尔弘　周洪波　汪　磊

委　　　员（按音序排列）

陈瑞端　方小兵　郭　浩　郭　熙　何山华　何婷婷
贺宏志　侯　敏　李　佳　李　强　苏新春　汪　磊
王春辉　王丹卉　王　奇　王宇波　杨尔弘　易　军
张日培　赵蓉晖　赵小兵　周　荐　周洪波　周庆生

作　　　者（按音序排列）

白　娟　曹　佳　曹　婉　陈宝生　程南昌　崔　悦
戴红亮　戴曼纯　邓　雅　丁文杰　丁乙玲　董洪杰
范　瑞　方小兵　方雪至　甘于恩　何山华　何婷婷
黄德宽　黄晓东　嵇　青　冀际安　李　波　李　晗
李丽花　李　琪　李　强　李　胜　廖明一　林　沄
刘栩妍　刘一曼　陆天荧　罗佳丽　潘丹婷　邱哲文
饶高琦　饶　权　单韵鸣　宋镇豪　孙述学　谭韵华
滕永林　田　源　汪　磊　王春辉　王海兰　王　琪
王宇波　吴学忠　夏恩赏　许小颖　杨尔弘　杨　静
杨兆贵　余桂林　袁　伟　岳朋雪　曾　钦　曾　炜
詹嘉琪　张璟玮　赵小兵　周道娟　周洪波　周锦国
周文继　祝　宇　邹　煜

策　　　划	教育部语言文字信息管理司
执　　　行	国家语委中国语言资源开发应用中心（商务印书馆）

"语言生活皮书"说明

"语言生活皮书"由国家语言文字工作委员会组织编写，旨在贯彻落实《国家通用语言文字法》，提倡"语言服务"理念，贯彻"大语言文字工作"发展新思路，为语言文字事业更好服务国家发展需求做贡献。

"语言生活皮书"分A、B、C、D、E五个系列，各自连续编号发布出版。其中，A系列为《中国语言文字事业发展报告》（"白皮书"），B系列为《中国语言生活状况报告》（"绿皮书"），C系列为《中国语言政策研究报告》（"蓝皮书"），D系列为《世界语言生活状况报告》（"黄皮书"），E系列为语言文字规范草案（"规范类"）。

《中国语言生活状况报告》（"绿皮书"），2004年筹编，2006年出版，是国家语委最早组编的语言生活皮书，目前还出版了相应的英文版、韩文版和日文版，并附带编纂了具有资政功能的《中国语言生活要况》。2016年，《中国语言文字政策研究发展报告》（后更名为《中国语言政策研究报告》，"蓝皮书"）出版。2016年，《世界语言生活状况》和《世界语言生活报告》（后合并更名为《世界语言生活状况报告》，"黄皮书"）出版。2017年，《中国语言文字事业发展报告》（"白皮书"）的出版，标志着国家语委的"白、绿、蓝、黄"皮书系列最终形成。

这些皮书各有侧重，相互配合，相得益彰。"绿皮书"主要反映我国语言生活的重大事件、热点问题及各种调查报告和实态数据，为语言研究和语言决策提供参考和服务。它还是其他皮书的"底盘"，在人才、资源、观念等方面为其他皮书提供支撑。"白皮书"主要宣传国家语言文字方针政策，以数据为支撑，记录、展示国家语言文字事业的发展成就。"蓝皮书"主要反映中国语言规划及相关学术研究的实际状况，并对该领域的研究进行评论和引导。"黄皮书"主要介绍世界各国和国际组织的语言生活状况，为我国的语言文字治理和语言政策研究提供参考借鉴，并努力在国际语言生活中发出中国声音。

"语言生活皮书"是开放的，发布的内容不仅局限于工作层面，也吸纳社会优秀成果。许嘉璐先生为"语言生活绿皮书"题字。国家语委历任领导都很关心"语言生活皮书"的编辑出版工作。相关课题组为皮书做出了贡献，一些出版单位和社会人士也给予了支持与关心。在此特致谢忱！

国家语言文字工作委员会

语言治理的若干思考

——序《中国语言生活状况报告（2020）》

李宇明

《中国语言生活状况报告》已连续编纂15年。15年风雨历程，以《中国语言生活状况报告》为基础形成了中国语言生活的"皮书群"，包括"绿、蓝、黄、白"四大皮书和北京、广州、上海的三大地方皮书，还有英、韩、日等外语译本。在皮书群周围，形成了《语言战略研究》《中国语言战略》《语言政策与语言规划研究》《中国语言规划学》《语言政策与语言教育》等学术期刊方阵，推动了百余个当代语言规划学话题的研究，其中包括构建和谐语言生活、提升语言能力、保护语言资源等理念。在皮书群和期刊方阵周围，活跃着一支具有家国情怀、以"语言生活"为研究旨趣的学术团队。这支团队积极投身"语言资源有声语言数据库建设""中国语言资源保护工程"和语言扶贫事业，支持中国与联合国教科文组织联合在苏州、长沙举办"世界语言大会"（2014年）、"世界语言资源保护大会"（2018年），讨论"语言能力""语言保护"等世界语言的热点话题，发表了《苏州共识》《岳麓宣言》。

在回顾、总结15年历程之时，在展望未来语言规划之时，有很多可说可道、可圈可点之事，但语言治理是个必议话题。

推进国家治理体系和治理能力的现代化，是国家发展之大政。国家的语言事务，社会的语言生活，当然也在国家行政之职域；过去将其称为"语言管理"，而今也须相应发展为"语言治理"。"语言治理"准确地讲，应是"语言生活治理"，国家主要对语言生活负有责任；至于语言本身，只有当它影响了语言生活时，才把它纳入治理对象，放在语言本体规划中去处理。

"管理""治理"一字之差，却反映着两种行政理念，也反映着时代进步。从"语言管理"走向"语言治理"，既是国家治理体系、治理能力现代化的要求,也是语言规划学的时代课题。笔者对"语言治理"问题思考不深,就想到的几个方面略陈管见,以便就教。

一 "自下而上"的治理路向

语言管理的路向是"自上而下"的,国家制定语言政策,基层贯彻执行。而"语言治理"则既有"自上而下"的路向,亦有"自下而上"的路向。"自下而上"的路向1992年由D. McLaughlin提出,认为每个人、每个家庭、每个社区都要主动制订相关语言规划。这一观点对中国来说也异常重要:

其一,中国地域辽阔,经济、文化、社会发展不平衡,语言国情复杂,只有"自上而下"的单路向,难以适应复杂的语言国情。

其二,农村的语言生态、家庭的语言政策、民族地区的语言规划等,已经直接影响到国家语言规划。比如,在方言区的城市家庭里,很多年轻家长都不重视甚至反对孩子学习当地方言,这与国家的"语言资源"理念和"普通话为主导的多语生活"导向并不相合。长此以往,我国的"语言地图"将会产生巨大改变,方言可能严重濒危。当然也应看到,基层也有富于创造的一面,可以通过"自下而上"的路向来丰富国家语言规划。

由此可见,强调"自下而上"路向,是因其时、因其势、因其利的。当然,"自下而上"的路向,我们也不是毫无经验。广泛征求意见、深入调查研究也是我们的"长项",这就是"自下而上"的雏形。今天,需要把这种"长项"理论化、程式化、扩大化,更好地体现学术民主,促进语言治理。

二 语言能力与话语能力建设

在"一带一路"倡议之始,突然感觉到国家的语种能力严重不足,国家出行的脚步已经踏上了外语教育的"薄弱区"甚或"盲区",除英语外,其他外语语种人才都十分紧缺。那时已认识到,"一带一路"需要语言铺路,国家出行需要语言先行,应尽快弥补国家的"语种赤字"。根据世界语言格局和"一带一路"语言状况,根据语言的"通事、通心"功能,提出了20/200的语种目标。掌握20种左右世界最重要的语言,以获取世界新知,以"通事";使用200种左右的世界大语言,向世界"讲中国故事",以"通心"。

而今要构建人类命运共同体，命运共通需要话语先通，只提语种能力已显得太表层化，还需提出话语能力建设的命题，以便把握各种话语权。国家的话语能力主要体现在行政、外事、军事安全、新闻舆论、科技教育、经济贸易等六大领域，关键能力在于设置话题，在于说话令人信服。话题设置本质上需要有思想，有独到见解，能够把握人类社会的进步规律、客观世界的运行规律、信息空间的发展规律，凝练出社会所关心、能够解决社会问题、引领社会进步的前沿话题。这需要对有关话题进行长期的内涵研究和表达研究，发展话语语言学和领域语言学。

三　城市与农村的语言治理

中国社会科学院经济研究所与社会科学文献出版社共同发布《经济蓝皮书夏季号：中国经济增长报告（2018—2019）》，认为2019年中国的城市化率将突破60%。城市建设离不开语言，需要关注语言在新老市民沟通、文化风韵保存、信息传递共享、智慧城市发展等方面的重要作用，精心进行城市语言规划和城市语言治理。

与城市化对应的是农村问题，快速的城市化最易引发农村的衰落，必须有守护农村的良策，防止农村的"荒漠化"。传统文化、包括即将成为历史的农牧文化，都以农村和乡村语言为基础保存着，戏曲、歌谣、传说、故事、谚语等，都是传统文化的储存器。以往的方言调查和近来的"语保工程"，对乡村语言保护起了一定作用，今后需将其与"乡村振兴战略"结合起来，全面对乡村语言进行规划，进行语言生态的调查保护，使之成为乡村文化的又一片"青山绿水"。

四　世界语言治理

清末之时，有识之士提出中国正经历"未遇之大变局"；而今中国又在经历"百年未有之大变局"。当今这个大变局就包括中国走向世界，由国内一个大局发展为国内、国际两个大局。过去的国家语言规划基本上是国内语言规划，甚至只是"大陆语言规划"，连港澳台都较少涉及。当今世界是紧连一起的命运共同体，全球化进程中虽常常出现"逆全球化"现象，包括当前疫情中的国际情势，但"逆全球化"总归只是地区性的、领域性的、短时间的，不可能成为历史主流。

人类命运共同体的构建，要求做国内语言规划时，必须充分考虑国际状况，时时"睁眼看世界"；要研究世界7000余种语言，了解世界200多个国家和地区的语言政策与语言生活，了解各国际组织、地区组织的语言主张及语言使用状况，处处"正眼看世界"；要加强"语言外交"，研究世界语言生活，研究世界语言问题，与国际社会一同做好国际语言规划，为世界语言治理做出应有贡献。

五　信息空间的语言治理

随着互联网、物联网、语言智能的发展，人类开始拥有"信息空间"这样一个新空间。过去人们常把信息空间称为网络空间、虚拟空间，与之相对，客观世界和人类社会就是现实空间。数据对于信息空间来说十分重要，应当作为生产要素对待，作为生产资料管理，就如同农业社会之土地，工业社会之机器。而信息空间的数据多数都是语言数据，因此，信息空间的语言治理就异常重要。

我们习惯于现实空间的语言管理，主要精力也在现实空间，主要举措也只适合现实空间，虽然早在20世纪90年代，语言文字信息化就被列入国家语言任务。信息空间的语言治理还是一个陌生但充满魅力的领域，如何治理需要积极探索，其治理任务应包括：制定合适的规范标准来实现语言资源的共建共享，让语言资源发挥最大作用；防止语言数据的污染、泄露、窃取及非法删除等；信息时代最大的不平等是"信息不平等"，防止一些人群被"信息边缘化"，保证公民和社会单位依法获取信息、利用信息的权利。现在，国家提出"新基建"和大力发展数字经济，"新基建"中应当尽量多地融入语言智慧，数字经济中应充分发挥语言产业的作用，语言产业多数都在数字经济中。总之，信息空间是一个正在形成的带有很大未知性的空间，语言规划者要时时关注信息科学的发展，最忌用现实空间的语言管理思路机械套用到信息空间中。

六　应急状态的语言治理

早在2008年汶川地震时，就有学者呼吁要重视防灾减灾的应急语言问题。2013年，李宇明发表《国家语言能力问题》（《中国科学报》2013年2月25日），指出国家应规划"应急语种",以用于反恐、缉毒、维和、救灾等活动。2016年,教育部和国家语委印发《国家语言文字事业"十三五"发展规划》,明确提出"建立应急和特定领域专业语言人才的招募储备机制,为大型国际活动和灾害救援等提供语言服务,提升语言应急和援助服务能力"。2020年初,新冠疫情暴发,"抗疫语言服务团"研制了《抗击疫情湖北方言通》《疫情防控外语通》《疫情防控"简明汉语"》,还有许多"应急语言服务"团队、论坛、杂志专栏的工作,都发挥了重要的应急作用。

十几年来,关于"语言应急"有了一定的思想准备、学术准备、人才准备、技术准备,有了抗疫语言服务的重大实践,制定公共突发事件的应急语言规划已有较好基础。当前最为重要的是做好"语言应急"的顶层设计,如:制定"国家突发公共事件语言应急机制和预案",使语言应急有法律保障;设立"国家语言志愿服务团",使语言应急有人员保障;建立语言应急研究基地,发展"应急语言学",使语言应急有专业学术保障。急在平时,方能急时不急。

2020年4月22日

序于北京惧闲聊斋

目　录

第一部分　特稿篇	001
习近平致甲骨文发现和研究120周年的贺信	003
陈宝生在纪念甲骨文发现120周年座谈会上的发言	004
对甲骨文研究的认识和建议	007
新时代甲骨文研究工作的继往开来	009
充分利用考古发掘成果，将甲骨学研究推向新的阶段	012
继往开来，让古老汉字焕发出时代风采	015
国家图书馆历来重视馆藏甲骨的传拓、研究和推广	017
第二部分　工作篇	019
中共中央、国务院及相关部委公文中有关语言文字的内容	021
国家通用语言文字工作	032
少数民族语言文字工作	039
第三部分　领域篇	043
中国语言扶贫（2019）	045
云南怒江推普助力精准扶贫调查	052
粤港澳大湾区广播语言使用调查	059
广播电视领域语言状况	068
科技名词工作状况	076
方言文化的保护与传承	083
走进现实的网络语言	088
广州人语言使用现状调查	097

目录

西安市灞桥区道路名称调查 ………………………………… 108
湖南岳阳县留守儿童语言生活调查 …………………………… 116
我国少数民族语言状况调查数据分析 ………………………… 125
辞书走向媒体融合 ……………………………………………… 142
新中国的辞书事业 ……………………………………………… 148
《中国濒危语言志》的特色及影响 …………………………… 157
国际学术论文中文表达调查 …………………………………… 162

第四部分　热点篇 …………………………………………… 171

垃圾分类名称引社会关注 ……………………………………… 173
粉丝热捧央视"金句" …………………………………………… 180
方言电影，你怎么看？ ………………………………………… 186
《生僻字》歌曲让生僻字不生僻 ……………………………… 192
《人生初年》现象 ……………………………………………… 199

第五部分　字词语篇 ………………………………………… 205

2019，用字词刻下时代印记 …………………………………… 207
2019，新词语里的社会关注点 ………………………………… 213
2019，流行语里的中国与世界 ………………………………… 220
2019，网络用语中的草根百态 ………………………………… 228
"5G元年"话5G ………………………………………………… 236

第六部分　港澳台篇 ………………………………………… 245

澳门回归后的语言生活 ………………………………………… 247
台湾语文生活状况（2019） …………………………………… 252
台湾地区语文新课纲 …………………………………………… 259
香港楼盘名称面面观 …………………………………………… 265

第七部分　参考篇 …………………………………………… 273

欧洲超国家层面的语言权利保护 ……………………………… 275
墨西哥印第安人双语教育政策演变及分析 …………………… 283

国际语言与发展大会纵览（1993—2019） ………………………… 290
语言政策与规划类国际期刊扫描（2019） ………………………… 297

附录 ………………………………………………………………… 309
2019 年语言生活大事记 …………………………………………… 311
2019 年度媒体用字总表 …………………………………………… 326
2019 年度媒体高频词语表 ………………………………………… 326
2019 年度媒体成语表 ……………………………………………… 326
2019 年度媒体新词语表 …………………………………………… 326
图表目录 …………………………………………………………… 327
术语索引 …………………………………………………………… 331

后记 ………………………………………………………………… 338

Contents

Part I Special Reports ·· 001

    A Congratulatory Letter from President Xi Jinping on the 120th Anniversary of the Discovery and Research of Oracle Bone Inscriptions ············ 003

    Education Minister Chen Baosheng's Speech at the Symposium to Commemorate the 120th Anniversary of the Discovery of Oracle Bone Inscriptions ··· 004

    Suggestions on the Research of Oracle Bone Inscriptions ················ 007

    The Research of Oracle Bone Inscriptions in the New Era ··············· 009

    Utilizing the Archaeological Excavation Findings to Push the Oracle Bone Studies to a New Phase ··· 012

    To Make the Ancient Chinese Characters Shine in Modern Times ········· 015

    How the National Library Has Strived to Copy, Research and Promote the Oracle Bones ··· 017

Part II Work Summaries ·· 019

    Regulations and Guidelines Concerning Language and Character Use in the Official Documents of the CPC Central Committee, the State Council and Some Ministries and Commissions in 2019 ························· 021

    The Work on the National Standard Speech and Written Language in 2019 ··· 032

    The Work on Languages of the Ethnic Minorities in China in 2019 ······ 039

Part III Relevant Domains ·· 043

    Poverty Alleviation via Language Planning in China (2019) ·············· 045

    A Survey on Accurate Poverty Alleviation via Putonghua Promotion in Nujiang, Yunnan ··· 052

Contents

A Survey on Broadcasting Language Use in the Guangdong-Hong Kong-Marco Greater Bay Area ··· 059
The Language Situation in Radio and Television Broadcasting ············ 068
The Situation of Technical Terms in Use ································· 076
The Protection and Inheritance of Dialects and Local Cultures ············ 083
Online Language Goes Offline ··· 088
A Survey of Language Use in Guangzhou ································· 097
A Survey on the Road Names in Baqiao District of Xi'an ················· 108
An Investigation of the Language Life of Left-Behind Children in Yueyang County, Hunan Province ··· 116
A Data-based Analysis of the Minority Languages in China ··············· 125
The Adaptation of Dictionaries in Convergent Media ····················· 142
The Development of Lexicography in the People's Republic of China ··· 148
The Characteristics and Impacts of *China's Endangered Languages* ······ 157
An Investigation of International Academic Papers Published in Chinese ··· 162

Part IV Hot Topics ··· 171
The Category Names of Garbage Classification ··························· 173
"Golden Sentences" produced by CCTV ··································· 180
Movies Produced in Dialects ··· 186
The Song of *Rarely-used Chinese Characters* ····························· 192
The Book of *The Early Years of Life* ····································· 199

Part V Words and Expressions ··· 205
Marks of Time Left in Words and Expressions of 2019 ··················· 207
Hot Social Topics as Reflected in the New Words of 2019 ··············· 213
China and the World Seen from the Catchwords of 2019 ················· 220
Grassroots Culture Reflected in Internet Expressions in 2019 ············ 228
5G Discussions in the Beginning Year of 5G Era ·························· 236

Contents

Part VI Hong Kong, Macao and Taiwan ········· 245
    Language Life in Macao after Its Returning to China ········· 247
    Language Situation in Taiwan in 2019 ········· 252
    New Chinese Language Curriculum in Taiwan ········· 259
    Real Estate Names in Hong Kong ········· 265

Part VII International Experience ········· 273
    Regional Mechanism of Minority Language Rights Protection in
        Europe ········· 275
    The Policy Evolution of Bilingual Education for Indians in Mexico ······ 283
    Overview of the International Conference on Language and Development
        (1993-2019) ········· 290
    A Scanning of Six International Journals on Language Policy and Planning
        (2019) ········· 297

Appendices ········· 309
    Language Life Events in 2019 ········· 311
    Glossary of Media Words in 2019 ········· 326
    Glossary of High-frequency Media Words in 2019 ········· 326
    Glossary of Media Idioms in 2019 ········· 326
    Glossary of New Media Words in 2019 ········· 326
    List of Figures and Tables ········· 327
    Index of Subjects ········· 331

Postscript ········· 338

第一部分

特 稿 篇

习近平致甲骨文发现和研究 120 周年的贺信

值此甲骨文发现和研究 120 周年之际，我谨向长期致力于传承弘扬甲骨文等优秀传统文化的专家学者们表示热烈的祝贺，并致以诚挚的问候！

殷墟甲骨文的重大发现在中华文明乃至人类文明发展史上具有划时代的意义。甲骨文是迄今为止中国发现的年代最早的成熟文字系统，是汉字的源头和中华优秀传统文化的根脉，值得倍加珍视、更好传承发展。

新中国成立 70 年来，党和国家高度重视以甲骨文为代表的中华优秀传统文化传承和发展，多部门多学科协同开展甲骨文研究和应用，培养了一批跨学科人才，经过几代人辛勤努力，甲骨文研究取得显著成就。新形势下，要确保甲骨文等古文字研究有人做、有传承。希望广大研究人员坚定文化自信，发扬老一辈学人的家国情怀和优良学风，深入研究甲骨文的历史思想和文化价值，促进文明交流互鉴，为推动中华文明发展和人类社会进步作出新的更大的贡献。

习近平

2019 年 11 月 1 日

陈宝生在纪念甲骨文发现120周年座谈会上的发言

中国教育部部长　陈宝生
2019 年 11 月 1 日

　　教育部和国家语委作为"甲骨文等古文字研究与应用"专项工作牵头单位，坚持"统筹规划、协同攻关，拓宽视野、重点扶持，注重基础、创新发展"原则，会同有关部门奋进有为，推动专项工作取得明显成效。

　　加强统筹协调，建立协同推进机制。2017 年，教育部（国家语委）会同文化和旅游部、科技部、国家文物局等相关部门，共同制定实施方案，建立了协同工作机制。为做好甲骨文发现 120 周年纪念活动，工作机制新增了中央宣传部、中国社会科学院和河南省人民政府等，目前达到 8 个单位。工作中，注重加强顶层设计，合理配置资源，统筹发挥教育系统人才优势、文化系统文博资源优势和科技系统技术创新优势，协同联动形成合力；注重提供学术支撑和专业指导，成立了由古文字、历史、文化、考古等专业领域著名学者组成的专家委员会，负责研究重大学术问题并审定有关科研项目。工作机制的建立和完善，为项目的推进和重大攻关的突破汇聚了各方力量，集聚了优势资源，协同效应已逐步显现出来。

　　加大科研力度，推进平台和基地建设。2017 年以来，国家语委共设立"人工智能识别古文字软件系统研发与建设"等研究项目 30 多个。教育部人文社科项目支持的甲骨学在研项目有 11 项。加大对清华大学出土文献与中国古代文明研究协同创新中心、北京大学中国古代史研究中心，以及复旦大学出土文献与古文字研究中心、首都师范大学甲骨文研究中心等平台的指导和支持力度。在安阳师范学院立项建设"甲骨文信息处理创新团队"和"甲骨文信息处理"教育部重点实验室。在郑州大学建立国家语委"汉字文明传承传播与教育研究中心"。所有这些，都为甲骨文研究和传播汇聚了一批专门机构、专属团队和专业力量。

做好宣传普及，服务现代社会应用。2017年10月，甲骨文成功入选联合国教科文组织《世界记忆名录》。抓住并用好这一重要契机，我部牵头在故宫博物院举办了发布会和高峰论坛。2018年，在北京国际语言文化博览会上举办了甲骨文创意设计展。今年策划组织了纪念甲骨文发现120周年系列活动，在河南安阳举办了国际学术研讨会，在国家博物馆举办"证古泽今——甲骨文文化展"，制作甲骨文专题纪录片等，向社会广泛宣传推广甲骨文。形式多样的宣传普及活动，让刻在甲骨上的文字"活"了起来，让甲骨文从专业人员走进了社会大众和广大青少年，从"象牙塔"走入了文艺作品、博物馆的展示柜，从冷门变得越来越受关注。

甲骨文等"绝学"、冷门学科的发展有其自身规律和特点，也面临一些困难和挑战，需要我们持续努力，久久为功。下一步，教育部、国家语委将认真学习贯彻习近平总书记对甲骨文发现120周年贺信精神，坚定文化自信，深入研究甲骨文的历史思想和文化价值，促进以甲骨文为代表的中华优秀传统文化传承和发展。按照孙春兰副总理重要讲话要求，继续会同有关部门加大力度，重点做好以下四方面工作。

一是深入攻关，突破重点领域和关键环节。目前甲骨文释读等方面有待进一步研究和突破。我们将认真落实"甲骨文等古文字研究与应用实施方案"各项任务，加大协同推进和指导力度。重点推进《甲骨刻辞类纂新编》《甲骨文字考释集成》以及大型现代字典类工具书《字源》的出版、甲骨文全文数据库建设、甲骨文国际编码和字库研发等工作，力争在甲骨文释读等瓶颈问题上有新的突破。

二是汇聚力量，创新研究方法和技术手段。方法和技术升级是取得新突破的重要因素。指导成立高层次甲骨学研究战略联盟。以重大项目为引领促进多学科联合攻关，推动国际交流合作。借助信息处理、精密仪器等高新科技方法和手段，提升甲骨缀合、甲骨文分期断代研究水平。推动文博单位建设馆藏甲骨高清晰全息数据库，推动甲骨文等信息资源的开放共享。

三是着眼长远，加强人才培养和学科建设。甲骨文研究是一项长期工程，需要不断积蓄力量，储备人才，确保后继有人。注重培养高层次专门人才和学术梯队建设，特别是跨学科复合型拔尖人才，科学规划培养规模。促进学科交叉融合，将甲骨学研究从文字、历史、考古等学科领域拓展到文化、哲学、社会、军事、天文、地理等社会科学和自然科学领域。推动《甲骨文与殷商史》集刊和《殷都学刊》等专业期刊进一步办出特色和水平。完善冷门学科评估机制，努力摈弃以出版社和刊物的不同判断成果质量的简单做法。

四是注重应用，抓好内涵挖掘和传承转化。如何把几千年前的宝贵遗产有效转化为今天的育人资源，是必须完成好的时代课题。指导和推进教育部重大项目"甲骨文对中华思想文化的影响和作用研究"，深入发掘甲骨文等古文字所蕴含的历史思想文化价值，探究几千年发展形成的中华民族深厚文化传统和富有特色的思想文化体系，分析中华思想文化精神内涵，阐释中国特色社会主义所植根的文化沃土和历史渊源。落实立德树人根本任务，做好甲骨文在教育领域的提炼、转化和融合工作，让甲骨文的文化元素成为育人元素，在学校有关教材编写、文化传承基地建设中得到充分体现，为弘扬中华优秀传统文化、坚定"四个自信"作出新的更大贡献。

对甲骨文研究的认识和建议

利用这个机会，我谈几点认识体会和建议。

我从 1962 年开始跟从著名甲骨学家于省吾先生学习甲骨文。1965 年我发表了第一篇甲骨文方面的论文《说王》。于省吾先生是罗振玉之后识字最多的甲骨学家，他曾叮嘱我："王国维研究甲骨，写出了《殷周制度论》这篇史学名作，你应该也能这样。"鼓励我用甲骨文研究我国古代历史。我识出的甲骨文不多，但在研究商史方面小有成就。一是从甲骨文"王"字象有生杀大权的斧钺，找出中国古代王权起源于军事统帅的历史秘密。二是从甲骨文"比"和"从"两字的分辨，得出商王实际是领导各诸侯国联军的总司令，由此推导出商代诸侯制的实质是方国联盟，这对当时国家形式有新的认识。三是弄清楚了所谓"非王卜辞"并非为王占卜，而是为各父权制大家族"子"占卜的各种子卜辞。

当然，我的研究成果只是新中国成立以来，一代又一代甲骨研究者丰硕成果的一小部分。但是也可以说明甲骨文在研究我国古史方面有着其他史料所不能代替的作用。

习近平总书记在哲学社会科学工作座谈会上提出，要重视发展具有重要文化价值和传承意义的"绝学"、冷门学科。这是非常英明的指示。甲骨文不仅可以作为文献用来研究古代社会历史的各个方面，而且作为全世界独一无二的、三千多年来一直有连贯发展历史的汉字的前身，就是中华优秀文化的代表，是我们民族的根和魂。文字本身就是重要的研究对象。

另外，甲骨文是考古发掘出来的，它有文献史料的性质。但甲骨本身又是实物，龟甲、牛肩胛的种类和整治方式，出土的层位和如何分类等很多问题，都是考古学研究的对象。当然，我们既要看到甲骨文作为史料的重要性和优越性，也要看到它的局限性。一是它的残缺性，影响了信息的完整性。二是时代的不确定性，降低了作为史料的重要性。三是甲骨文字识别的有限性，降低了作为史料重大作用的发挥。因此，甲骨文还是有局限性的。

为了能更大地发挥甲骨文的重大作用，我提出以下建议。

一　加强甲骨文研究，首先就是要有人

一是在培养研究生时加强全面教育，为甲骨文研究提供充足后备军。以吉林大学古籍研究所培养古文字研究生为例，因为师资力量比较全面，学生必须在甲骨文、金文、战国文字、秦汉简牍、说文研究各方面都受过专业传授。

二是加强师资力量，特别注意加强甲骨文方面的师资队伍建设。四川大学现在把超龄的甲骨学者彭裕商又请回来带研究生，就很好。各校也可以把社会上从事甲骨研究的人请到校内做教师。教育部也可以考虑古文字专业硕士、博士点师资力量的合理调配，使这方面的人才培养更全面。

三是继续吸引更多学科的专家来参加甲骨文研究。不仅是史学、文字学、语言学，还应有社会学、民族学，甚至天文学、动物学、植物学、化学等多学科的专家参与进来。这样扩大视野，迟早会使甲骨学变成显学中的大显学。

四是从广泛意义上扩大研究的后备军。扩大关注甲骨文的人群，要写出受欢迎的甲骨文通俗读物，使甲骨文研究有更强大的群众基础。

二　加强研究就要统合更多的研究材料

首先是继续开展田野发掘，包括到殷墟以外的地区去找甲骨，不必限于商代。其次是继续做好各单位收藏甲骨的公布工作，更多地使用数字化手段方便大家使用。希望能就目前比较公认的分类法，公布某类字体甲骨的集成。像王卜辞，应抛开历组卜辞时代的争论，可出一部历组卜辞集成，便于进一步缀合与研究。

三　用立项来促进研究，组织队伍

根据这方面的经验，主要应该用较长期的重大项目来组织和培训新人队伍，这是最有效的。国家立项固然能提高甲骨文研究的重要性和地位，但现在做得过分机械。比如，一个项目一般三年，三年就要拿出成果，还有中期检查。事实上，文科研究很多都不是在限定时间内能完成的。李宗焜做《甲骨文字编》用了20年。从国家层面来说，做大项目可以定一个主要负责人，定一个一定要达到的目标。至于它到底要用多少年，花多少钱，不要做硬性规定，要考虑人文科学本身的特点。

（林　沄）

新时代甲骨文研究工作的继往开来

我报告两方面内容：一是关于中国社会科学院甲骨学殷商史研究中心在甲骨文商史研究与甲骨文保护性整理著录方面的工作；二是有关建议。

一 中国社会科学院甲骨学殷商史研究中心在甲骨文商史研究、甲骨文保护性整理与著录方面的工作

甲骨文是19世纪末发现的地下出土中国最早的成文古典文献遗产，也是汉字的鼻祖，传承着真正的中国基因。这门堪称"绝学"的甲骨文与甲骨学，内容繁复，是重建中国上古史，透视三千年前殷商社会生活景致，寻绎中国思想之渊薮、中国精神之缘起、中国信仰之源头、中国传统文化特质与品格之由来、中国艺术美学之发轫的最真实的素材。

新中国成立以来，甲骨文研究始终受到国家与社会各方的高度重视。早在新中国成立之初，国家制定的"十二年科学发展远景规划"中，就把《甲骨文合集》的编集列为历史学科一项重要文化工程。进入新世纪，党和国家更是把甲骨文研究提高到与中华优秀文化体系构建相系的战略高度，聚焦于如何满足人们对有关历史知识的渴求和传统文化的传承层面，关系到中华文明影响力和国家文化软实力的提升。2017年10月甲骨文成功入选联合国教科文组织《世界记忆名录》，标志着甲骨文在世界文化中的重要地位和对社会历史发展所产生的历久弥新的影响力。

中国社会科学院甲骨学殷商史研究中心是1992年在《甲骨文合集》编辑组基础上成立的。新世纪伊始，我们用了12年时间，上下求索，不泥古，不执今，不媚俗，立足于甲骨金文、考古及文献等多重史征，完成了11卷《商代史》的著述，"拉长"了中国上古史体系，填补了商断代史著的空白；编集了《甲骨文献集成》，汇总海内外各语种的甲骨学重要论著2480多种，极大地便

利了研习者。我们正在编著的《甲骨文合集三编》，总计著录甲骨文近3万片，不久将提供一部集大成的甲骨文著录集。我们还加强与海内外甲骨收藏单位的交流合作，迄今10年间已经整理了包括旅顺博物馆、重庆三峡博物馆、山东博物馆、天津博物馆、俄罗斯圣彼得堡国立爱米塔什博物馆在内多批次总计近2万片甲骨文的整理释读，出版了12种甲骨文著录新书，还有多种也将在两三年内推出。

此外，我们联合安阳师范学院计算机信息工程学院甲骨文信息处理教育部重点实验室，致力于甲骨文大数据平台"殷契文渊"的构建，甲骨文人工智能识别技术的研究和甲骨文碎片的计算机拼合，以及有序进行甲骨文三维建模数据库建设。利用超景深显微观察和物理测量甲骨文笔道轨迹的微痕变化，结合仿真实验，考订甲骨文断代问题，探索甲骨文的奥秘。

二 有关未来制订甲骨文研究发展规划的建议

在甲骨文发现120周年这个具有纪念意义的年份，我们特别希望国家有关部门在制订甲骨文研究的发展规划时，有以下几方面导向和新的拓展领域。

一是加强全社会对中华古典文字——甲骨文的敬畏之心。保护载入《世界记忆名录》的甲骨文的尊严，杜绝伪造乱用乱通假甲骨文字的现象。注重多元化、多路径的甲骨文研究理论、方案、方法的探索，完善甲骨学学科体系，加强知识产权保护，造就良好的甲骨学发展氛围。

二是从国家层面启动全国甲骨藏品单位的家底清理与著录。落实甲骨文抢救性保护措施，全面推动甲骨文的专业整理、科学研究和著录公布，推进甲骨文的知识展示与文创利用。

三是重视文理结合、打破界际，多学科、多部门、同方向、开放式协同创新攻关。建议从顶层设计甲骨文大数据平台的建设指南，提高甲骨文人工智能识别技术。适当增加甲骨文重大项目、重点课题和一般课题的设立，要建立实事求是的符合特殊学科特点的科研考核机制，不提倡"短平快"形式宣导，结项成果要经得起学术的检验，经得起历史的评判。

四是要着力"出学术精品，育高端人才"。注意甲骨文与甲骨学专门人才的培养，抚育一批名副其实的甲骨文科普园地。要重视甲骨学史的钩沉探赜，揭示尘封的沧桑历程,这对甲骨学的传承有促进作用。

新时代迎来了甲骨文研究的新际遇,刚才聆听了习总书记发来的贺信,使我们倍感振奋!我们将发凡契志,继往开来,一以贯之肩负起新的学术使命,沉心静气,明达致远,耕耘于古文字与古史研究领域,为传承和弘扬中华优秀文明而鞠躬尽力。

(宋镇豪)

充分利用考古发掘成果，将甲骨学研究推向新的阶段

我参与或主持了1973年和1991年两次殷墟甲骨文的发掘工作，这在研究甲骨文的领域中是很难得的机遇。考古给我提供了研究甲骨文的平台，在此我想以自己的亲身经历，谈谈殷墟考古与甲骨学研究的几点体会。

一 殷墟考古发掘将甲骨学研究推向新的阶段

殷墟考古出土甲骨文的历史价值，主要体现在3个方面。

一是考古出土甲骨的科学性。120年来，殷墟甲骨已出土了约15万片，其中大多数是1928年前农民私掘出土，科学发掘的有35000余片。私掘所得的甲骨，出土状况不明，且多属小片，大多数文字较少。考古发掘品，不仅可确知甲骨所出的具体地点、坑位、甲骨埋藏情况及同出的其他遗物等，还避免了鉴真辨伪的问题。

二是考古出土甲骨的集中性。1936年小屯北地YH127坑出土刻辞甲骨17096片，卜甲就有17088片，其中完整的刻辞卜甲有300余版。1973年小屯南地出土刻辞甲骨5335片，以卜骨为主，完整的刻辞卜骨有100多版。1991年花园庄东地H3坑出土甲骨1583片，有刻辞的689片，以大版的卜甲居多，完整的刻辞卜甲达300多版。数量如此之多的甲骨集中出土，为深入研究甲骨文提供了坚实的基础。

三是出土甲骨的丰富性。考古出土品中，常见大块的或完整的及文字较多的甲骨。1929年小屯出土了四版基本完整的有字卜甲，董作宾先生据此写了《大龟四版考释》，首创了"贞人说"。其后，又发表了《甲骨文断代研究例》，提出了甲骨文断代的五期分法与十项标准，使甲骨文研究进入了新阶段。

YH127坑甲骨涉及殷代政治、经济、文化、社会生活等各个方面。参加整理的胡厚宣先生，据此坑甲骨资料并结合以前所出的卜辞，写出了《甲骨学商史论丛》初集、二集，提出了很多新的见解，对甲骨学与商史研究起了巨大推动作用。

小屯南地甲骨，内容丰富，为甲骨学和商史研究提供了又一批重要资料，而且出土时大多有可靠的地层关系，并与陶器共存，这对甲骨文断代与殷墟文化分期研究都有重要意义。

花园庄东地出土甲骨最大的特点是占卜主体不是王而是一位与王有血缘关系的高级贵族"子"。《殷墟花园庄东地甲骨》一书出版后，激发了学术界对甲骨学与商史研究，特别是对"非王卜辞"及商代家族形态深入研究的热潮。

总之，殷墟考古发掘为甲骨文研究提供了新材料、新思路、新视野和新成果。

二 甲骨学研究成果又促进了殷墟考古不断向前发展

120年来，在构建甲骨学的思想、理论和方法的征程中，形成了具有自身特色和优势的学科体系。这些方面的学术成就，王宇信、具隆会《甲骨学发展120年》已进行了总结和回顾。我想强调的是，殷墟考古与甲骨学研究的关系非常密切，它们互相依存、互相促进、共同发展。如殷墟文化分期的绝对年代确定、殷墟考古发现的许多重要遗迹、遗物的年代和性质等考古学问题，都是依据甲骨文资料和甲骨学研究成果来探讨的。因此，应将二者有机结合起来，进行综合分析、比较，这样定会取得更大收获。

三 应对学科发展要求，立足学术前沿，拓展研究领域

习近平总书记特别强调，对甲骨文等古文字研究，要确保有人做、有传承。总书记的重要讲话，让我们倍感亲切。我们不能忘怀1928年到1937年主持殷墟考古及甲骨文发掘、整理的李济、董作宾、梁思永、郭宝钧、王湘、石璋如、高去寻、胡厚宣等学者。我们也不会忘记，新中国成立后，一直在殷墟进行考古发掘的老中青学者，以及他们辛勤发掘、踏实研究、开拓创新、追求真理的精神。

刘钊在《甲骨文研究的春天来了》一文中，提到新形势下甲骨文研究应该如何发展和提升的问题，我觉得很好。其中不少研究项目与我们收藏甲骨的单位和直面甲骨实物的人员有关。我们一定要继续做好殷墟遗址发掘，保护好珍贵的甲骨文物，发挥自身优势，将甲骨文研究提升到一个新阶段。

我深信，在党和政府的高度重视和大力推动下，未来的甲骨学研究，必定能创造新的辉煌！

（刘一曼）

继往开来，让古老汉字焕发出时代风采

我非常荣幸能参加这次纪念座谈会。刚才，聆听了习近平总书记为座谈会发来的贺信，深受鼓舞，心潮难平！总书记的贺信高度评价了甲骨文发现的重大意义，充分肯定几代甲骨学者辛勤努力所取得的显著成就，对广大研究人员寄予了殷切希望。总书记的贺信，不仅表明党和国家高度重视中华优秀传统文化的传承发展，更饱含着对潜心从事甲骨文等传统文化研究的专家学者的深切关怀！

清华大学出土文献研究与保护中心作为教育部"2011协同创新计划"的牵头单位，组建了出土文献与中国古代文明研究协同创新中心，联合中国社科院历史所、北京大学、复旦大学、吉林大学等11家单位，在甲骨文等古文字研究方面开展了大量研究工作。对新时代如何加强甲骨文研究，我谈几点认识：

第一，作为语言文字工作者，我们要勇于肩负起传承弘扬中华优秀传统文化的时代使命和历史责任，以纪念甲骨文发现120周年为新起点，继往开来，更加深入地开展甲骨文等古文字研究。百余年来，经过一代代学者的艰难探索，甲骨文研究已从鸿蒙初辟到巍然成学，享誉国际学术界。但我们也要清醒地认识到，甲骨文等古文字研究依然面临十分艰巨的任务。4000多个甲骨文中公认被释读出的只有三分之一左右，十几万片甲骨的缀合、分期、断代和解读困难重重，在甲骨学的不少问题上学者们还没能达成共识。除甲骨文之外，两万余件商周青铜器铭文、数十万枚新发现的战国秦汉简牍以及其他先秦古文字材料，分散收藏在不同的文博考古单位，亟待开展科学保护、系统整理和深入研究。我们要遵循总书记贺信中提出的要求，"坚定文化自信，发扬老一辈学人的家国情怀和优良学风，深入研究甲骨文的历史思想和文化价值"。为完成好甲骨文等古文字研究的艰巨任务，要重视培养青年学者队伍，创新研究手段和方法，加强多学科交流协作。同时，我们也建议国家加强甲骨文等古文字研究的统筹规划，发挥制度优势，组织力量，协同攻关，对分散收藏的古文字资料，开展科学保护、整理和研究，避免力量分散、重复投资、资源浪费。

第二，习近平总书记深刻地指出"中国字是中国文化传承的标志"，"这种传承是真正的中华基因"。我们要认真贯彻落实总书记的讲话和贺信精神，努力发扬光大汉字文化，将以甲骨文为标志的汉字所蕴含的深刻思想内涵和文化价值挖掘好、阐释好，从而彰显作为中华基因和文化根脉的古老汉字对提升文化自信、建设文化强国的重大价值和意义。在大力弘扬中华优秀传统文化的新时代，我们呼吁，全社会都要珍惜汉字，敬畏汉字，热爱汉字，让中华文明和汉字文化永续发展，为人类文明发展进步贡献出中华民族的智慧。为此，建议国家有关部门进一步加大对汉字和汉字文化研究的支持力度，以适应文化强国建设和信息化时代的需要，努力推进新时代汉字研究的全面振兴繁荣。汉字研究专业工作者还要积极关注汉字研究成果的应用和推广。推进汉字文化的普及，就是实实在在地传承中华优秀传统文化。专业工作者既要坚守书斋、甘于寂寞，也要走出书斋、服务社会，以群众喜闻乐见的方式，讲好汉字故事，将自己新的研究成果介绍给广大人民群众。国家语言文字工作，事关国家现代化建设和文化安全，我们要为国家语言文字政策的制定和语言文字工作提供智力支撑，自觉服务于国家语言能力提升和语文现代化事业。

第三，中华优秀传统文化的传承关键在教育，汉字文化的普及和传承要从教育抓起。我建议，在基础教育阶段，要重视吸收甲骨文等古文字研究的成果，将汉字的构形规则、历史发展和文化内涵适当引入语文教育，改进和丰富语文教学内容。教师不仅要教会学生认字写字，还要追根溯源，告诉学生汉字从何而来，让学生通过汉字的学习了解中华文化的基因，播下历史文化的种子。只有这样，博大精深的历史文化才会代代相传，以至久远。在改进学校语文教育的同时，我们同样要重视汉字文化的国际交流，通过留学生教育和海外孔子学院所开展的各层次汉字教学，让中华文化走向世界。

这次座谈会之后，我们要认真学习、充分领会总书记贺信和会议精神，结合实际抓好贯彻落实，不忘初心，不负使命，尽责尽力，为中华文化的传承和文化强国建设做出应有的贡献，让古老汉字焕发出时代风采！

（黄德宽）

国家图书馆历来重视馆藏甲骨的传拓、研究和推广

很荣幸作为甲骨收藏单位代表参加座谈会。2017年10月30日，联合国教科文组织"世界记忆计划国际咨询委员会"在巴黎教科文组织总部会议上，通过了新一期《世界记忆名录》，中国甲骨文名列其中。国家图书馆作为此次申报工作的最初推动者，还联合了故宫博物院、山东博物馆、中国社会科学院考古研究所、上海博物馆、北京大学、南京博物院、旅顺博物馆、中国社会科学院历史研究所、天津博物馆、清华大学等单位。在此我谨代表参与此次申报的11家单位，为能有机会参与到这项具有重要历史意义的工作中深感荣幸，为甲骨文最终成功入选《世界记忆名录》倍感骄傲和自豪！

距今已有3000余年的甲骨文，是中国现存最古老的成系统的成熟文字。现知存世甲骨约15万片，其中中国大陆存10多万片。国家图书馆收藏甲骨35651片，藏量约占存世总量的四分之一，是世界上收藏甲骨最多的单位。早在20世纪30年代，国图就开始收藏甲骨，到新中国成立前，藏量达3000片左右。中华人民共和国成立后，文化部文物局先后拨交3万多片甲骨，形成今天的规模。这其中有罗振玉、郭若愚、刘体智、胡厚宣等名家旧藏珍品，这些珍品基本已收入《甲骨文合集》《甲骨文合集补编》，为甲骨学研究提供了大量重要材料。

从20世纪50年代起，国图开始系统传拓馆藏甲骨，特别是在2002至2005年，完成了全部传拓工作。国图作为国家古籍保护中心，还推动甲骨保护纳入全国古籍保护工作范畴。2014年，国图在内的8家收藏单位所藏甲骨，首次入选第四批《国家珍贵古籍名录》，成为"中华古籍保护计划"的重点保护、传承对象。

国图历来重视馆藏甲骨研究。著名古史和古文字专家刘节先生、著名甲骨文专家曾毅公先生，先后在我馆工作过。抗战时期，我馆昆明办事处组织学者

编撰《国立北平图书馆考古学丛刊》,邀请陈梦家、董作宾等著名甲骨学家撰写了《甲骨丛编》《甲骨摄影考释》等著作。2015 年,国图与中华书局签署馆藏甲骨出版合同。2018 年,国图申报的国家社科基金重大项目《国家图书馆藏甲骨整理与研究》正式立项,国图馆藏甲骨整理研究进入快车道。目前已基本完成照片采集和释文,正加紧推进排序等整理研究,力争早日完成《国家图书馆甲骨全集》的整理出版。

国家图书馆一贯重视馆藏甲骨的揭示推广。2004 年开发"甲骨世界"资源库,在线发布馆藏甲骨,是国内最早通过网络发布甲骨资源的收藏单位。资源库每年按计划更新,截至目前,已发布馆藏甲骨近万片。学界在此基础上开展缀合研究工作,成果丰硕。

国家图书馆作为国家古籍保护中心、国家典籍博物馆,秉承"传承文明、服务社会"宗旨,在历次古籍展览中展出甲骨。1999 年,馆藏甲骨与其他珍品远赴纽约、洛杉矶展出,同时开展的面向美国少年儿童的"从甲骨到汉字"教育识字活动取得成功,10 次课程后,每位参与者都能认识约 50 个字。展览被《纽约时报》誉为 1999—2000 秋冬季纽约最佳展览。2012 年,国家图书馆为申报世界记忆遗产,专门举办"甲骨精品展"。2015 年举办的"甲骨文记忆展",在普及甲骨文知识、创新生动活泼的展陈形式上取得了较大成功,入选第十三届全国博物馆十大陈列展览。2018 年,该展被纳入"亚洲文明联展",是亚洲文明对话大会期间重要活动之一。截至目前,观众参观人次近 90 万人。展览还走出国门,到墨西哥、新西兰等国巡展,用最有代表性的甲骨文展示中华文化魅力。最近,为纪念甲骨文发现 120 周年,国图对"甲骨文记忆展"进行了改陈设计并已重新开展,与"中华传统文化典籍大展"相互配合,相得益彰,受到民众热烈欢迎。

中华文明以文字记载历史而享誉世界,甲骨文又是现存最早成体系的汉字。国家图书馆将一如既往,整理发掘馆藏甲骨资源,创新服务方式,和其他收藏单位一起促进广大群众了解中华民族文字之源、历史之根,真切感受优秀传统文化的魅力,激发对中华优秀传统文化的热爱,为坚定文化自信不断贡献力量。

(饶 权)

第二部分

工 作 篇

中共中央、国务院及相关部委公文中有关语言文字的内容

一　中共中央

（一）中共中央办公厅、国务院办公厅印发《数字乡村发展战略纲要》（2019年5月）

完善信息终端和服务供给。鼓励开发适应"三农"特点的信息终端、技术产品、移动互联网应用（APP）软件，推动民族语言音视频技术研发应用。全面实施信息进村入户工程，构建为农综合服务平台。

二　全国人民代表大会

（一）《中华人民共和国药品管理法》[①]（中华人民共和国主席令31号，2019年8月26日公布）

第四十九条　药品包装应当按照规定印有或者贴有标签并附有说明书。标签或者说明书应当注明药品的通用名称、成分、规格、上市许可持有人及其地址、生产企业及其地址、批准文号、产品批号、生产日期、有效期、适应症或者功能主治、用法、用量、禁忌、不良反应和注意事项。标签、说明书中的文字应当清晰，生产日期、有效期等事项应当显著标注，容易辨识。麻醉药品、

---

① 本文按照实施时间为2019年的标准收录涉及的法律、行政法规和部门规章，所以本文收录了2018年公布、2019年度实施的法律、行政法规和部门规章。如法律、行政法规和部门规章系修改并重新公布，其中语言文字条款内容有变化的收入本文，没有变化的不收录。

精神药品、医疗用毒性药品、放射性药品、外用药品和非处方药的标签、说明书,应当印有规定的标志。

三 国务院

(一)国务院办公厅关于促进 3 岁以下婴幼儿照护服务发展的指导意见(国办发〔2019〕第 15 号,2019 年 4 月 17 日)

安全健康,科学规范。按照儿童优先的原则,最大限度地保护婴幼儿,确保婴幼儿的安全和健康。遵循婴幼儿成长特点和规律,促进婴幼儿在身体发育、动作、语言、认知、情感与社会性等方面的全面发展。

(二)国务院办公厅关于进一步激发文化和旅游消费潜力的意见(国办发〔2019〕41 号,2019 年 8 月 12 日)

提升入境旅游环境。整合已有资源,提升入境旅游统一宣介平台(含 APP、小程序等移动端)水平。鼓励各地开发一批适应外国游客需求的旅游线路、目的地、旅游演艺及特色商品并在宣介平台上推荐。提升景区景点、餐饮住宿、购物娱乐、机场车站等场所多语种服务水平。

四 相关部委

(一)国家发展和改革委员会

1. 政府制定价格听证办法(国家发展和改革委员会令第 21 号,2018 年 12 月 10 日公布)

第十六条 参与听证会的人员应当遵守宪法和法律法规、遵守公共秩序、尊重社会公德,不得使用不文明用语,不得进行恶意攻击以及有组织的言论煽动,不得恶意片面传播听证发言内容,不得编造、传播虚假信息扰乱经济秩序和社会秩序,不得发表与定价方案无关的内容。

**2. 国家发展和改革委员会、中央网络安全和信息化委员会办公室、农业农村部、国家发展和改革委员会办公厅、中共中央网络安全和信息化委员会办公室秘书局、中国农业发展银行、农业农村部办公厅关于支持推进网络扶贫项目的通知（发改办高技〔2019〕901号，2019年9月10日）

加快提升网络覆盖。支持贫困地区信息基础设施建设，提升宽带用户接入速率和普及水平。支持实用移动终端研发和应用，满足贫困地区群众使用需求。支持开发网络扶贫移动应用程序，推广民族语音、视频技术研发。

（二）教育部

1. 教育部关于印发《教育部2019年工作要点》的通知（教政法〔2019〕7号，2019年2月3日）

支持民族地区加强学前和中小学少数民族教师培养培训工作，提高教师国家通用语言文字教学能力和信息化教学水平。

实施国家通用语言文字普及攻坚工程，举办第22届全国推广普通话宣传周，继续开展县域普通话情况调查。加强学校语言文字工作达标建设，开展县域普通话基本普及验收工作。制修订国家通用语言文字规范标准，推动《国家通用语言文字法》修订工作，推动《信息技术产品中语言文字使用管理规定》发布实施。完成中国语言资源保护工程一期建设。推进中华思想文化术语传播工程。举办纪念甲骨文发现120周年系列活动。加强国家语言文字推广基地建设，举办中华经典诵写讲系列大赛。拓展双边语言政策交流互鉴。

开展语言文字工作督导评估。

2. 教育部办公厅关于印发2019年教育信息化和网络安全工作要点的通知（教技厅〔2019〕2号，2019年2月27日）

进一步推进少数民族学科数字教学资源建设，完成朝鲜语、彝语初中数理化数字教学资源开发，启动民族中小学汉语学科数字教学资源的开发。

提供网络负面用语清单，规范网络用语用字，加强微语言传播治理工作。

发挥普法网作用，用好网言网语，开设网络课堂，打造宪法学习网络阵地。继续办好全国学生"学宪法 讲宪法"活动，实现大中小学各学段全覆盖。

开展"中华经典资源库"第六期项目建设，推动在贫困地区中小学使用并启动"一带一路"送经典活动。继续推进"中小学语文示范诵读库"项目建设。

完善中国语言资源采录展示平台，持续推动语言文字信息化关键技术研究与应用。建设和完善国家语委语言资源网,促进语言资源的服务和共享。

进一步优化网络孔子学院平台,以合作共享的形式吸纳全球优质教学资源,为广大汉语学习者提供更优质、便利的资源,实现注册学员数90万人。

3.《教育部关于做好新时期直属高校定点扶贫工作的意见》(教发〔2019〕4号,2019年4月17日)

推进语言扶贫。发挥高校师资和人才优势,帮助定点扶贫县推广普及国家通用语言文字。通过开展专项培训、派员下乡进村、组织大学生暑期社会实践、鼓励大学生假期返乡等途径,利用农民夜校、农民讲习所、乡村文化站、普通话学习手机APP等平台,组织开展青壮年农牧民普通话培训和职业技能培训、普通话水平不达标教师国家通用语言文字能力培训、基层干部普通话应用能力培训等。充分利用全国推广普通话宣传周等平台,宣传推广国家通用语言文字和中华优秀传统文化。

4. 教育部关于印发《中小学教材管理办法》《职业院校教材管理办法》和《普通高等学校教材管理办法》的通知(教材〔2019〕3号,2019年12月16日)

注重教材的系统性,结构设计合理,不同学段内容衔接贯通,各学科内容协调配合。选文篇目内容积极向上、导向正确,选文作者历史评价正面,有良好的社会形象。语言文字规范,插图质量高,图文配合得当,可读性强。

统筹利用现有政策和资金渠道支持教材编写、审核、选用使用及跟踪评价等工作。对特殊教育教材、少数民族文字教材等薄弱领域加大政策和财政经费支持力度。教材编写、出版单位应加大投入,提升教材质量,打造精品教材。鼓励社会资金支持教材建设。

少数民族文字教材管理,由国务院教育行政部门根据有关法律法规和本办法另行规定。

——以上节选自《中小学教材管理办法》

有较高的文字水平,熟悉教材语言风格,能够熟练运用中国特色的话语体系。

——以上节选自《职业院校教材管理办法》

学术功底扎实,学术水平高,学风严谨,一般应具有高级专业技术职务。熟悉高等教育教学实际,了解人才培养规律。了解教材编写工作,文字表达能力强。有丰富的教学、科研经验,新兴学科、紧缺专业可适当放宽要求。

——以上节选自《普通高等学校教材管理办法》

(三)司法部

1. 全国刑事法律援助服务规范(中华人民共和国司法行政行业标准 SF/T 0032-2019,2019 年 2 月 25 日公布)

刑事法律援助承办机构应根据本机构的律师数量、资质、专业特长、承办法律援助案件情况、受援人意愿等因素确定承办律师。对于可能判处死刑、无期徒刑的案件,应安排具有一定年限刑事辩护执业经历的律师担任辩护人;对于未成年人刑事案件,应安排熟悉未成年人身心特点的律师办理;对于盲、聋、哑人或外国人(无国籍人)及不通晓当地语言的受援人,应为承办律师安排必要翻译人员。

法庭审理过程中,对于语言表达方式明显不适合本案未成年被告人智力发育程度或心理状态,或者存在诱供、训斥、讽刺或者威胁等情形的,承办律师应及时提请审判长予以制止。

(四)人力资源社会保障部

1. 人力资源社会保障部、财政部关于深化会计人员职称制度改革的指导意见(人社部发〔2019〕8 号,2019 年 1 月 11 日)

论文不作为会计人员职称评审的限制性条件。外语和计算机应用能力不做统一要求,由用人单位或评审机构根据需要自主确定。

2. 人力资源社会保障部、国家发展改革委、财政部、国务院扶贫办关于做好易地扶贫搬迁就业帮扶工作的通知(人社部发〔2019〕47 号,2019 年 5 月 23 日)

(十)增强培训精准性。各地要根据搬迁群众的就业需要和技能需求,创新培训模式,通过在安置区开展就地就近培训,或组织出来集中培训等方式,满足搬迁群众培训需求。结合岗位需求和搬迁群众自身特点,开展订单式培训、定向培训、定岗培训,力争培训一人,就业一人。结合搬迁群众需要,在职业技能培训项目中可适当增加通用职业素质培养、城市生活常识、企业务工常识、国家通用语言、法律法规等培训内容。

(十一)提高培训补贴标准。各地可采取项目制等方式为搬迁群众中符合条件人员提供就业技能或创业培训,并按规定发放培训补贴和生活费补贴。有条件的地区可结合实际需要和财力水平,对培训中增加城市生活常识、国家通用语言培训等培训项目适当提高补贴标准。

（五）自然资源部

1. 自然资源部立法工作程序规定（自然资源部令第 1 号，2018 年 12 月 27 日公布）

第三十一条　部门规章文本的英文翻译工作由法治工作机构组织。

部门规章公布后三十日内，起草机构应当将英文译本送审稿送法治工作机构。

法治工作机构应当组织专家进行审查，报部审定后形成部门规章英文文本，并在部门户网站或者官方微信公众号等媒介上公布。

部门规章以中文文本为标准文本。

2. 自然资源规范性文件管理规定（自然资源部令第 2 号，2018 年 12 月 27 日公布）

第二十三条　公开发布规范性文件时，起草机构应当负责同步对其涉及重大政策的决策背景、主要内容、落实措施等进行解读。必要时，可以邀请专家、第三方研究机构等，用通俗易懂的语言和易于接受的方式解读，便于社会公众遵照执行。

（六）交通运输部

1. 铁路工程建设项目招标投标管理办法（交通运输部令 2018 年第 13 号，2018 年 8 月 31 日公布）

投诉书有关材料是外文的，投诉人应当同时提供其中文译本。

2. 民用航空器飞行机械员合格审定规则（交通运输部令 2018 年第 15 号，2018 年 8 月 31 日公布）

第 63.31 条　资格要求

（a）适用于下列条件的申请人：

（1）至少持有按照《民用航空器驾驶员合格审定规则》（CCAR61）颁发的带有该航空器型别等级的商用驾驶员执照，对于飞机还应当持有飞机仪表等级；或者

（2）具有国家航空器飞行机械员飞行经历的人员。

（b）申请人满足下列条件后，局方可以为其颁发飞行机械员执照：

（1）年满 18 周岁；

（2）5 年内无犯罪记录；

（3）无严重失信行为记录；

（4）能正确读、听、说、写汉语或者英语，无影响双向无线电对话、机组交流的口音和口吃。申请人因某种原因不能满足部分要求的，局方应当在其执照上签注必要的运行限制；

（5）持有局方颁发的现行有效 II 级体检合格证；

（6）具有高中或者高中以上文化程度；

（7）满足本规则第 63.37 条所规定的飞行经历要求；

（8）通过了本规则第 63.39 条所要求飞行技能的实践考试。

3. 交通运输标准化管理办法（交通运输部令 2019 年第 12 号，2019 年 5 月 13 日公布）

第七条　鼓励组织和参与制定国际标准，持续推进交通运输标准的外文翻译和出版工作，加强与世界各国在交通运输标准方面的交流与合作。

4. 交通运输部关于印发《城市轨道交通客运组织与服务管理办法》的通知（交运规〔2019〕15 号，2019 年 10 月 16 日）

第二十七条　车站客运人员应按规定统一着装，正确佩戴服务标志，答复乘客咨询时应坚持首问负责、礼貌热情、用语规范，使用普通话（乘客提问时使用方言或外语的除外）。

5. 铁路机车车辆驾驶人员资格许可办法（交通运输部令 2019 年第 43 号，2019 年 12 月 2 日公布）

第十一条　申请驾驶证的，应当具备以下条件：

（一）年龄在 18 周岁至 45 周岁。

（二）身体健康，符合国家对驾驶人员健康标准的要求，驾驶适应性测试合格，有良好的汉字读写能力并能够熟练运用普通话交流。（以下略）

（七）文化和旅游部

1. 文化和旅游部关于印发《游戏游艺设备管理办法》的通知（文旅市场发〔2019〕129 号，2019 年 11 月 6 日）

第七条 面向国内市场生产、进口、销售、经营的游戏游艺设备的外观标识、游戏内容、操作说明等应当使用国家通用语言文字。

（八）国家卫生健康委员会

1. 医疗机构投诉管理办法（国家卫生健康委员会令第 3 号，2019 年 3 月 6 日公布）

医疗机构可以结合实际情况，制定医疗风险告知和术前谈话制度，规范具体流程，以患者易懂的方式和语言充分告知患者，并取得其书面同意。

2. 国家卫生健康委、国家发展改革委科技部、财政部人力资源社会保障部、自然资源部、住房城乡建设部、市场监管总局国家医保局、中国银保监会关于印发促进社会办医持续健康规范发展意见的通知（国卫医发〔2019〕42 号，2019 年 6 月 10 日）

优化医学类专业技术职称评审制度，医师申报临床类高级职称时，对外语成绩不做统一要求，对论文、科研等不做硬性规定，侧重评价临床工作能力和服务质量。

（九）中国人民银行

1. 信用评级业管理暂行办法（中国人民银行、国家发展和改革委员会、财政部、中国证券监督管理委员会令〔2019〕第 5 号，2019 年 11 月 26 日公布）

第二十六条 信用评级机构公布受评债务融资工具及受评经济主体信用评级结果，应当符合下列要求：

（一）评级结果应当包括评级等级和评级报告，评级报告应当采用简洁、明了的语言，对评级对象的信用等级和有效期等内容作出明确解释；

（二）按照本办法第三十八条的规定公布评级结果；

（三）存在多个评级结果的，多个评级结果均应当予以公布。

业务管理部门另有规定的，从其规定。

（十）国家税务总局

1. 关于耕地占用税征收管理有关事项的公告（国家税务总局公告 2019 年第 30 号，2019 年 8 月 30 日发布）

残疾人服务机构，是指为残疾人提供养护、康复、托管等服务的社会福利机构。具体包括为肢体、智力、视力、听力、语言、精神方面有残疾的人员提供康复和功能补偿的辅助器具，进行康复治疗、康复训练，承担教育、养护和托管服务的社会福利机构。

2. 非居民纳税人享受协定待遇管理办法（国家税务总局公告 2019 年第 35 号，2019 年 10 月 14 日）

本办法规定的资料原件为外文文本的，按照主管税务机关要求提供时，应当附送中文译本，并对中文译本的准确性和完整性负责。

（十一）国家市场监督管理总局

1. 市场监督管理行政处罚程序暂行规定（国家市场监督管理总局令第 2 号，2018 年 12 月 21 日公布）

外文书证或者外国语视听资料等证据应当附有由具有翻译资质的机构翻译的或者其他翻译准确的中文译本，由翻译机构盖章或者翻译人员签名。

2. 国家市场监管总局关于印发贯彻实施《深化标准化工作改革方案》重点任务分工（2019—2020 年）的通知（国市监标技〔2019〕88 号，2019 年 4 月 17 日公布）

实施《国际标准化人才培训规划（2016—2020 年）》，培养一批懂标准、懂业务、懂外语、懂规则的复合型国际标准化人才。

3. 国家市场监督管理总局规章制定程序规定（国家市场监督管理总局令第 8 号，2019 年 4 月 23 日公布）

第七条 制定规章应当做到备而不繁，形式严谨规范，内容具体明确，逻辑清晰严密，文字准确简洁，具有可操作性。

4. 保健食品标注警示用语指南（国家市场监管总局公告 2019 年第 29 号，2019 年 6 月 10 日发布）

保健食品标签设置警示用语区及警示用语。警示用语区位于最小销售包装包装物（容器）的主要展示版面，所占面积不应小于其所在面的 20%。警示用语区内文字与警示用语区背景有明显色差。

（十二）国家广播电视总局

1. 未成年人节目管理规定（国家广播电视总局令第 3 号，2019 年 3 月 29

日公布）

第十七条 国产原创未成年人节目应当积极体现中华文化元素，使用外国的人名、地名、服装、形象、背景等应当符合剧情需要。

未成年人节目中的用语用字应当符合有关通用语言文字的法律规定。

（十三）中国银行保险监督管理委员会

1. 健康保险管理办法（中国银行保险监督管理委员会令2019年第3号，2019年10月31日公布）

第四十条 保险公司销售健康保险产品，不得夸大保险保障范围，不得隐瞒责任免除，不得误导投保人和被保险人。

投保人和被保险人就保险条款中的保险、医疗和疾病等专业术语提出询问的，保险公司应当用清晰易懂的语言进行解释。

2. 中国银保监会外资银行行政许可事项实施办法（中国银行保险监督管理委员会令2019年第10号，2019年12月26日）

第七条 本办法要求提交的资料，除年报外，凡用外文书写的，应当附有中文译本。以中文和英文以外文字印制的年报应当附有中文或者英文译本。

本办法所称年报应当经审计，并附申请人所在国家或者地区认可的会计师事务所出具的审计意见书。

（十四）中国证券监督管理委员会

1. 科创板首次公开发行股票注册管理办法（试行）（中国证券监督管理委员会令第153号，2019年3月1日公布）

发行人申请首次公开发行股票并在科创板上市，应当按照中国证监会制定的信息披露规则，编制并披露招股说明书，保证相关信息真实、准确、完整。信息披露内容应当简明易懂，语言应当浅白平实，以便投资者阅读、理解。

2. 境外证券期货交易所驻华代表机构管理办法（中国证券监督管理委员会令第157号，2019年7月25日公布）

本条所列除第（四）项外，凡用外文书写的文件，均需附中文译本。

3. 公开募集证券投资基金信息披露管理办法（中国证券监督管理委员会令第158号，2019年7月26日公布）

第七条　公开披露基金信息，不得有下列行为：

（一）虚假记载、误导性陈述或者重大遗漏；

（二）对证券投资业绩进行预测；

（三）违规承诺收益或者承担损失；

（四）诋毁其他基金管理人、基金托管人或者基金销售机构；

（五）登载任何自然人、法人和非法人组织的祝贺性、恭维性或推荐性文字；

（六）中国证监会禁止的其他行为。

第八条　公开披露的基金信息应当采用中文文本。同时采用外文文本的，基金信息披露义务人应当保证不同文本的内容一致。不同文本之间发生歧义的，以中文文本为准。

第九条　公开披露的基金信息应当采用阿拉伯数字；除特别说明外，货币单位应当为人民币元。

4. 非上市公众公司信息披露管理办法（中国证券监督管理委员会令第162号，2019年12月20日公布）

信息披露文件应当采用中文文本。同时采用外文文本的，挂牌公司应当保证两种文本的内容一致。两种文本发生歧义时，以中文文本为准。

（许小颖）

国家通用语言文字工作

一 国家通用语言文字推广普及

全国推普周活动影响广泛。以"普通话诵七十华诞,规范字书爱国情怀"为主题开展第22届全国推广普通话宣传周系列宣传活动,组织各地开展丰富多彩、各具特色的宣传推广活动,营造全社会共同参与推普的良好氛围。支持"三区三州"及部分中西部省区的60个县域开展推普下乡等活动。加大推普宣传力度,打造全方位、全媒体、广覆盖宣传矩阵。中共中央宣传部、中央广播电视总台、教育部在《新闻联播》等报道推普周相关活动;制作宣传海报和公益广告,交通运输部、民航总局、铁路总公司、教育部在全国交通枢纽加大推普宣传;在《光明日报》发表国家语委主任田学军同志署名文章和专家理论文章,在人民日报、新华网等30多家主流媒体密集报道推普周有关活动;在"学习强国"APP上开设宣传专栏并上线专项答题。

全国普通话普及情况调查结果持续更新。依托全国普通话普及情况调查平台开展2019年普及率调查,完成2273个县的调查,上传调查数据信息99万条,准确掌握全国普通话普及情况动态数据。

国家语言文字推广基地建设取得阶段性成果。遴选各级各类学校、文化场馆、企事业单位等60家单位为首批国家语言文字推广基地,打造语言文字工作特色优势阵地和示范引领新平台。

语言文字管理干部培训稳步推进。开展全国幼儿园骨干园长、中小学骨干校长、语委干部和教育督导干部语言文字工作培训,共培训740人。

二 推普助力脱贫攻坚

攻坚合力不断加强。组织25家国家语委委员单位成立推普助力脱贫攻坚部际协调小组，印发任务清单。教育部、国家语委、国务院扶贫办、中国移动、科大讯飞签署《"推普脱贫攻坚"战略合作框架》，推广"语言扶贫"APP项目。教育部、共青团中央联合开展"推普助力脱贫攻坚"大学生暑期社会实践活动，组织239支实践团队深入贫困地区开展推普宣传。教育部、国家语委、国务院扶贫办联合开展"学前学会普通话"行动。筹划实施幼儿普通话教育项目"童语同音计划"。组织北京、浙江等东部6省份对口支援"三区三州"推普助力脱贫攻坚。

重点人群培训成效突出。委托甘肃、西藏等10省份举办少数民族教师普通话提升国培班、委培班，委托江西、贵州、新疆生产建设兵团举办农村骨干教师语言文字能力提升示范培训，委托中西部10省份开展建档立卡贫困人口中的青壮年农牧民、基层干部等群体普通话示范培训，带动地方培训264.3万人次。

普通话学习资源不断丰富。组织编写《幼儿普通话365句》。围绕《普通话1000句》研发94集微课程。在"语言扶贫"APP上线央视农业频道关于农业科学技术和知识的节目资源。研制农牧民普通话学习效果评测标准。

地方主体责任进一步压实。督促各地政府制定落实推普助力脱贫攻坚工作的时间表和路线图。加大"三区三州"等地区推普助力脱贫攻坚调研力度，召开推普脱贫攻坚中期推进会、片区推进会、落实战略合作框架专项工作推进会。将加强民族地区推普助力脱贫攻坚要求纳入《2019年对省级人民政府履行教育职责评价的测评体系》。

宣传阵地不断扩大。开设"推普助力脱贫攻坚""推广普通话""推普三下乡"等两微平台，阅读量超过5000万人次。广泛宣传2019年"推普助力脱贫攻坚"全国大学生暑期社会实践活动，超过200家主流媒体进行宣传报道，微信公众号发布新闻报道近200条，微博话题访问量超过1300万人次。

科研保障作用切实发挥。指导召开我国首个以语言扶贫为主题的论坛"中国语言扶贫与人类减贫事业论坛"，发布首个以语言扶贫为主题的宣言《语言扶贫宣言》。指导推进语言扶贫的理论研究。

三　中华优秀传统文化传承弘扬与语言资源保护

纪念甲骨文发现 120 周年系列活动隆重举办。习近平总书记向甲骨文发现和研究 120 周年致贺信，孙春兰副总理出席纪念甲骨文发现 120 周年座谈会并做重要讲话。这是首次在国家层面举办纪念活动，充分体现了党和国家对以甲骨文为代表的中华优秀传统文化的高度重视。习近平总书记首次对语言文字工作致贺信，为语言文字事业发展全局指明了方向，具有里程碑意义，对凝聚战线力量、推动事业发展、建设文化强国将发挥重要作用，也将有力促进甲骨文研究等冷门、"绝学"的传承发展。

教育部、国家语委协同中央宣传部、文化和旅游部、科技部、国家文物局、中国社科院、河南省人民政府等 8 家单位，举办纪念性、学术性、普及性系列活动，总结甲骨文研究保护成果，阐释甲骨文思想文化精髓，彰显新时代文化繁荣发展的新局面。纪念甲骨文发现 120 周年学术研讨会共有 200 余位中外专家学者参会，取得丰硕成果。由一场甲骨文专题展（"证古泽今"甲骨文专题文化展）、一本纪念册（《甲骨春秋》）、一个专题纪录片（《甲骨春秋》）、一个焦点访谈节目（《因为刻骨，所以铭心》）、一套"学习强国"专项问答题"五个一"组成的"组合拳"，为纪念活动增添亮点。

中华经典诵读工程全面深入实施。"中国诗词大会"第四季观众规模达 3.89 亿人，视频播放量和微博阅读量超过 6.67 亿次。举办包括经典诵读大赛、诗文创作大赛、"祖国印记"学生篆刻大赛、"迦陵杯·诗教中国"诗词讲解大赛等在内的 2019 年首届中华经典诵写讲大赛，数十万人参与。委托中西部 10 个省份举办"送经典下基层"系列活动，共组织各类培训、乡村课堂、诵读活动等 510 场，与民族地区、边远山区的学校、单位"结对子"83 个，参与志愿服务人数近千人。继续建设"中小学语文示范诵读库"第二期项目，完成 5 本统编语文教材的课文示范朗读。委托编写《中华经典诗词分级诵读本（7—9 级）》、中华经典读本手语版和盲文版、中国经典诗词名家选释与翻译丛书。委托西南大学等 6 所高校开展经典诵写讲专项师资培训，培训 620 名骨干教师，加强人才队伍建设。2020 年 2 月底前完成 1 万名中小学教师线上培训。设立中华经典诵读工程秘书处,建立良好工作机制。建设中华经典诵读工程官方网站和微信公众号,网站页面浏览量超过5600万次、微信公众号关注人数60万人以上。

中国语言资源保护工程取得明显成效。语保工程一期2019收官之年设立的222个各类调查点顺利完成并通过验收。工程超额完成1500个点的总体规划,实际完成总调查点数达1715个,涵盖全国所有省(区市)、120多个语种和主要方言。出版《中国濒危语言志》系列丛书30册,并荣登"'中版好书'2019年度榜"。印发《中国语言资源集(分省)实施方案》和《中国语言资源集(分省)编写出版规范》。会同联合国教科文组织共同发布首届世界语言资源保护大会重要成果性文件——"保护和促进世界语言多样性《岳麓宣言》",向世界传递中国声音、贡献中国智慧和方案。为表彰语保工程建设中作出突出贡献的单位和个人,经全国评比达标表彰工作协调小组批准,教育部、国家语委组织开展"中国语言资源保护奖"评选表彰工作,这是教育部获批的首个一次性表彰项目。

中华思想文化术语传播工程稳步推进。开展术语选译,整理、诠释、翻译700条中华思想文化术语,出版《中华思想文化术语》第7辑。召开"中国文化,国际共享"——2019中华思想文化国际传播研讨会,深入推进学术研究。与国际著名学术出版机构合作推出"中华思想文化术语研究丛书"英文版。针对不同受众开发系列术语读物,面向低龄儿童策划"中国智慧"系列图书,浓缩敦煌文化核心精神出版《敦煌文化关键词》。"学习强国"APP设立"每日中华文化专词双译"栏目介绍中华思想文化术语。目前,已累计面向"一带一路"24个沿线国家开展26个语种的版权输出。

四 语言文字规范化标准化信息化建设

规范化标准化建设扎实推进。发布《中华通韵》《汉语手指字母方案》两项语言文字规范及第八批外语中文规范译名,出版《义务教育常用词表(草案)》《公共服务领域译写指南》(俄文、日文版),完成《通用规范汉字笔顺规范》《汉字部首表(修订)》等规范的研制。以干部、中小学教师、教研人员、出版等行业工作人员为对象,以中西部地区为重点举办9期语言文字规范标准培训班,培训1500余人。总结语言文字督导评估经验做法并加强跟踪问效,推动已通过国家督导评估的地区抓好整改落实。

语言文字信息化建设取得重要成果。落实语言文字信息化关键技术研究与应用工程实施方案，开展工程进展情况中期评估，推动研究成果产出。加强部门协作，开展应对藏文域名入根工作。指导有关单位开展"中华精品字库工程"建设，指导举办"字载中华——中华精品字库工程成果展"，满足社会大众和互联网媒体的多样化汉字字体需求。

五 规划部署与制度建设

事业规划部署不断加强。召开2019年全国语言文字工作会议暨推普脱贫攻坚中期推进会，研究事业发展思路并作出工作部署。筹备全国语言文字会议，就会议主题及当前和今后一个时期语言文字事业的发展方针、目标、任务等广泛听取意见，研究起草相关配套文件。启动国家语言文字事业"十四五"发展规划调研工作。调整国家语委委员单位及委员。

语言文字法治建设稳步推进。着手研究修订《国家通用语言文字法》，起草《国家通用语言文字法实施条例（草案）》，全面梳理各部委和语言文字战线意见建议。加快《信息技术产品语言文字使用管理规定》立法进程。指导北京大学编写出版《网络语言蓝皮书》，加强微语言传播治理工作。

语言文字事业发展成果系统梳理。开展"口述历史——新中国语言文字事业70周年发展回顾"编写采录工作，编写出版新中国语言文字事业70年纪事和画册，全方位、多角度记录展现70年来语言文字事业发展成就。

六 语言生活监测、引导与服务

第三届中国北京国际语言文化博览会成功举办。重点打造"新中国成立70周年语言文字事业成就展"和企业展区两大展览板块，系统展示新中国成立70年来中国语言文字事业辉煌成就。举办"语言智能与语言多样性"国际语言文化论坛，中国语言产业论坛暨语言服务高峰论坛、中国语言康复论坛、京津冀中小学校长语言文化论坛等。

语言服务助力北京冬奥会。继续实施《北京冬奥会语言服务行动计划》。统筹协调京、冀力量，开展优化城市语言环境相关工作。完善语言技术集成及服务成果，为普及冬奥知识、宣传冬奥文化提供全方位、立体化手段。研发"北京冬奥项目知识图谱资源及问答系统"和"智能问答平台"，构建大规模知识图谱，提供实时便捷的冬奥会问答服务。发布冬奥术语平台V2版，新增与冬奥会首场测试赛相关的高山滑雪等多语言竞赛术语，开发术语标注和提取功能，推出移动端APP，进一步扩大服务范围。

国家语言生活皮书影响持续扩大。发布2018年度中国语言文字事业发展状况，出版《中国语言文字事业发展报告（2019）》《中国语言生活状况报告（2019）》《中国语言政策研究报告（2019）》《世界语言生活状况报告（2019）》。在海外知名出版社出版《中国语言生活状况报告》英文版第4—5卷、韩文版第3卷和日文版第2卷，持续扩大中国语言文字事业国际影响力。开展"汉语盘点2019"等文化品牌活动，发布2019年度字词及十大新词语、十大流行语、十大网络用语。

七 语言文字科学研究

服务事业发展能力持续增强。完成年度科研立项，聚焦脱贫攻坚、"一带一路"建设、粤港澳大湾区、新农村建设等国家重大战略和重点工作设立科研项目93项。结项111项，产出专著、资政报告等科研成果700余项。试行科研项目集中鉴定，取消部分周期较短项目中期检查，进一步增强项目负责人经费使用权限。完善国家语委科研管理系统，提升管理信息化水平。研发国家语委专家库，增补并更新专家信息1000余人。

国家语委科研机构迈向内涵式发展。完成国家语言文字智库建设试点，形成《国家语言文字智库建设试点工作报告》，发布试行《语言文字智库测评指标体系》，进一步扩大试点范围，推动国家语委科研机构向智库转型。召开国家语委科研机构年度工作会，推动各机构全面加强建设。进一步完善科研机构体系布局，教育部语信司、河南省教育厅、郑州大学共建"汉字文明传承传播与教育研究中心"。国家语言文字政策研究中心、国家语言资源监测与研究教育教材中心、国家语言资源监测与研究网络媒体中心、海外华语研究中心经考察进入新的共建周期。

人才队伍建设系统推进。扎实做好国家语委"三班一盟一论坛"中青年专家队伍培养体系的实施。举办国家语委第五期语言文字应用研究优秀中青年学者研修班。教育部语信司、国家留学基金委联合实施第三期"语言文字优秀中青年学者出国研修项目"。教育部、国家民委联合举办第五届全国民族语文应用研究中青年学者研修班。语言文字应用研究中青年学者协同创新联盟第五届学术研讨会在山东师范大学举办。

八 语言文字交流与合作

"全球中文学习平台"上线发布。"全球中文学习平台"将努力打造能够随时随地、自主学习中文的网络学习环境，为"人人皆学、处处能学、时时可学"的学习型社会提供重要支撑。建立开放式平台建设机制，成立全球中文学习联盟，首批发起单位共21家。

内地和港澳、大陆和台湾地区语言文化交流合作不断深化。与港澳合作开展普通话水平测试，参与测试5200人次。组织编写澳门普通话学习教材。组织内地3所高校40名师生赴港澳开展"中华经典诵读展演交流活动"。举办港澳中小学教师普通话培训班以及粤港澳、两岸中学生语言文化交流夏令营。发挥两岸语言文字交流与合作协调小组作用，支持召开第三届两岸语言文字调查与语文生活研讨会。

语言文字国际交流合作深入拓展。开展首期海外中文教师中华经典诵写讲研修活动，26个国家和地区的100名海外中文教师参加研修。实施"搭建语言之桥——俄罗斯语言政策专家访华项目"。在圣彼得堡国际文化论坛框架下，举办中俄语言政策与规划会议，深入拓展交流合作。在中外高级别人文交流框架下，进一步加强与英、德、法三国的语言文字双边交流合作，与谢菲尔德大学签署《关于开展语言文字交流合作意向书》，与德国哥廷根大学商讨实施"语言文字中青年学者出国研修项目"，与法国文化部语言总司研商"第四届中法语言政策与规划比较国际研讨会"筹备工作。出席联合国教科文组织召开的"面向大众的语言技术：促进世界语言多样性和多语能力国际研讨会"并作主旨发言，推进多边语言文字国际合作与交流。

（周道娟、李　强）

少数民族语言文字工作

一　五部委全国大学生民汉双语志愿服务团建设任务圆满完成

国家民委联合中央宣传部、中央文明办、教育部、共青团中央等五部委，经各地申报、专家评审、部委研究等程序，以12所高校为依托单位，于2018至2019年分两批建成12支全国大学生民汉双语志愿服务团，并开展了双语志愿服务活动。

在2018年完成第一批6支服务团建设任务之后，2019年建成的有西南民族大学、苏州大学、西北民族大学、内蒙古民族大学、贵州民族大学、新疆师范大学等6支全国大学生民汉双语志愿服务团。国家民委教育科技司、中宣部宣传教育局、教育部民族教育司、共青团中央统战部等有关部门负责人先后分头出席西南民族大学和苏州大学服务团成立仪式，加强工作指导。

2019年，各服务团深入践行工作宗旨，积极开展各类志愿服务活动，各项活动取得了良好社会效益，促进了各民族语言相通心灵相通，服务了民族工作大局，很好地培养、锻炼了青年，成为各有关高校立德树人、贯彻落实社会主义核心价值观的有效载体。

二　国家民委启动全国双语学习特色村镇（实践基地）建设工作

为深入贯彻习近平总书记关于以语言相通促进各民族沟通认同重要指示精神，扎实推进民族地区各民族学习使用国家通用语言文字和少数民族语言文字工作，助力基层脱贫攻坚和民族团结，国家民委启动全国双语学习特色村镇

（实践基地）建设工作。经各地申报、专家评审、综合比较、网上公示等程序，最终确定21个全国双语学习特色村镇（实践基地）建设单位。2020年1月9日，《国家民委办公厅关于印发设立全国双语学习特色村镇（实践基地）名单的通知》（民办发〔2020〕3号）正式印发，具体名单为：内蒙古自治区呼和浩特市赛罕区人民路街道兴康社区、内蒙古自治区兴安盟科右前旗乌兰毛都苏木、辽宁省鞍山市铁西区永乐街道办事处永丰社区、辽宁省朝阳市喀喇沁左翼蒙古族自治县南哨街道白音爱里村、吉林省松原市前郭尔罗斯蒙古族自治县前郭尔罗斯镇荷芽社区、吉林省延边朝鲜族自治州珲春市新安街道长安社区、黑龙江省佳木斯市同江市八岔赫哲族乡、黑龙江省大庆市杜尔伯特蒙古族自治县克尔台乡前伍代村、广西壮族自治区百色市田林县利周瑶族乡、广西壮族自治区河池市东兰县武篆镇、四川省阿坝藏族羌族自治州红原县邛溪镇玛萨村、四川省凉山彝族自治州喜德县两河口镇两河口村、贵州省黔西南州布依族苗族自治州晴隆县三宝街道、贵州省黔东南苗族侗族自治州黎平县双江镇四寨村、云南省临沧市沧源佤族自治县勐角民族乡糯掌村、云南省普洱市澜沧拉祜族自治县酒井哈尼族乡勐根村、西藏自治区拉萨市城关区八廓街道鲁固社区、甘肃省武威市天祝藏族自治县天堂镇天堂村、甘肃省酒泉市阿克塞哈萨克族自治县阿勒腾乡、青海省玉树藏族自治州玉树市团结社区和青海省海西蒙古族藏族自治州天峻县新源镇。

三 国家民委开展"1＋×"国家级民族语文翻译基地建设工作

为创新推动全国民族语文翻译资源优化与翻译服务能力提升，助力民族地区经济社会发展，进一步铸牢中华民族共同体意识，促进各民族像石榴籽一样紧紧拥抱在一起，共同团结奋斗、共同繁荣发展，根据《国务院"十三五"促进民族地区和人口较少民族发展规划》（国发〔2016〕79号）等文件所明确的相关任务，国家民委于2019年向全国12个民族语文工作重点省区及中国民族语文翻译中心（局）开展调查研究工作。经研究，决定依托中国民族语文翻译中心（局）建设国家级民族语文翻译基地，并由该基地牵头，根据各地实际和需求，通过沟通协商，以签订合作协议的方式，设立若干分基地。

2019年12月，《国家民委办公厅关于设立并建设"1＋×"国家级民族语文翻译基地的通知》正式印发有关地方和单位。文件明确，中国民族语文翻译中心（局）要坚持以习近平新时代中国特色社会主义思想为指导，以政治建设为统领，认真按照《设立并建设"1＋×"国家级民族语文翻译基地工作方案》及其实施方案抓好组织实施，确保高质量完成基地设立工作并持续推进建设和发展，切实发挥应有作用。各有关地方民族语文工作部门和委属各相关单位要密切配合，大力支持，加大投入，共同建设好"1＋×"国家级民族语文翻译基地。

四 举办第 12 期全国民族语文翻译工作业务骨干高级研修班

2019 年 9 月 22 日至 28 日，国家民委联合人力资源和社会保障部举办第 12 期全国民族语文翻译工作业务骨干高级研修班。研修班以朝鲜语文为主要方向，学员共计 67 名，主要来自东北三省和北京等地的有关单位。研修班抓住国庆 70 周年契机，组织开展了唱红歌激情教学，参观了"庆祝中华人民共和国成立 70 周年成就展"，使全体学员受到党史国情深刻教育，增强思想政治素质。此外，研修班重点突出朝鲜语文翻译技能实训、朝鲜语言文化、朝鲜语言信息化等内容，使学员切实提高业务能力。该班次的举办进一步促进了民族语文翻译人才队伍建设及民族语文翻译事业发展。

五 举办第 5 期全国民族语文应用研究中青年学者研修班

2019 年 7 月 14 日至 19 日，国家民委联合教育部、国家语委举办第 5 期全国民族语文应用研究中青年学者研修班，来自 12 个省区、16 个民族成分的 67 名学员参加研修。此班次主要面向 35 周岁以下基层一线民族语文青年学者，累计研修 5 天，突出政治统领、民族语文应用研究和中青年特点。通过研修，学员增强了站在服务党和国家事业发展大局高度谋划民族语文应用研究工作的意识，增强了民族语文应用研究能力。

（审稿人：田联刚

撰稿人：丁文杰、嵇青青、杨 静）

第三部分

领 域 篇

中国语言扶贫（2019）*

2019年是"脱贫攻坚战"的攻坚之年，推普脱贫攻坚计划也迎来了关键之年。

一 统筹部署

4月3日，2019年全国语言文字工作会议暨推普脱贫攻坚中期推进会在云南昆明召开。会议聚焦推普脱贫攻坚，总结2018年语言文字工作，谋划2019年工作思路举措，部署推普脱贫攻坚等项重点任务。关于推普脱贫攻坚工作，教育部副部长、国家语委主任田学军特别指出，要坚决落实中央专项巡视整改任务，加大培训力度，动员各方力量，加强督导落实，在抓"责任"、抓"落实"、抓"示范"、抓"培训"、抓"合力"上下功夫。

4月24日，推普脱贫攻坚部际协调会在京召开，25家国家语委委员单位有关负责人参加会议。此次会议动员各部门、全社会力量支持参与推普脱贫，集思广益、协同合作、形成合力，以推普脱贫助力脱贫攻坚。会议决定成立推普脱贫攻坚部际联络小组，建立长期工作机制，加强委员单位的沟通交流，扎实推动推普脱贫攻坚工作。会后，国家语委将印发推普脱贫攻坚部际联络小组工作机制和任务清单。

11月14日至15日，教育部语言文字应用管理司在广西民族大学召开国家语言文字推广基地和中华经典诵读工作研讨会暨推普脱贫攻坚片区推进会，就国家语言文字推广基地建设、中华经典诵读工程、推普助力脱贫攻坚行动计划落实等工作，特别是目前的进展情况、存在的主要问题及下一步意见建议进行

---

* 本文是北京市教委财政科研类专项项目"高校智库与社会服务能力建设项目（名称：语言因素助力脱贫攻坚的政策、路径与成效；项目号：SK2020ZK05）"的阶段性研究成果。

了深入的交流研讨。

二 政策协同

中央各部委围绕语言助力脱贫攻坚，出台了一些政策和措施。

中央网信办、国家发展改革委、国务院扶贫办、工业和信息化部联合印发了《2019年网络扶贫工作要点》，部署了7个方面25项重点任务。除了常规项目，还专门提到要"开展少数民族语言语音技术研发应用和推广"，以及加快数字乡村建设，普及信息技术知识，帮助贫困人口提升信息技能。

教育部、国家语委等八部门发布了《关于开展第22届全国推广普通话宣传周活动的通知》；教育部办公厅发布了《关于实施中华经典诵读网络专项培训并开展2019年度培训的通知》。

国家语委相继出台了《国家语言文字工作委员会办公室关于加强语言文字培训工作的管理办法》（国家语委）、《教育部语言文字应用管理司关于深入实施国家通用语言文字普及攻坚工程的通知》（语用司）、《教育部语言文字应用管理司关于落实推普脱贫攻坚有关工作的通知》（语用司）。

各地各级政府、语委办也发布了相关政策。

新疆维吾尔自治区《新疆维吾尔自治区推普脱贫攻坚行动实施方案》；浙江省《浙江省教育厅办公室关于做好推普脱贫攻坚结对支援工作的通知》；广西壮族自治区《自治区教育厅 自治区扶贫办 自治区语委关于做好2019年推普脱贫工作的通知》《贺州市推普脱贫攻坚行动（2018—2020年）实施方案》；四川省《关于印发雷波县推普脱贫攻坚实施方案（2018—2020年）的通知》；甘肃省卓尼县教科局《卓尼县2019年青壮年农牧民普通话培训工作实施方案》等。

三 精准施策

中央和地方各部门、各级政府紧紧围绕推普脱贫攻坚规划，主要围绕以下几个方面精准施策。

1. 推普三下乡。团中央青年发展部、教育部语言文字应用管理司继续开展"推普脱贫攻坚"全国大学生暑期专项社会实践活动。与2018年相比，2019年遴选出238支团队超过2000名学生，规模更大、层次更深、参与更广泛、形式更丰富。2019年10月28日《新闻联播》报道了江苏师范大学前往甘肃、贵州、四川等地开展推普脱贫攻坚调研实践活动的事迹。

2. 全国推普周。2019年9月16日，教育部部长陈宝生在第22届全国推普周开幕式上指出，"要加大推普脱贫攻坚力度，充分发挥普通话提高劳动力基本素质的重要作用"。

3. 县域普通话普及情况调查。2017年3月，教育部、国家语委下发了《关于开展普通话基本普及县域验收工作的通知》，确保"到2020年，在全国范围内基本普及国家通用语言文字"目标的实现，县域普通话普及情况调查即是此次验收工作的核心环节。根据《教育部语用司关于做好2019年全国普通话普及情况调查工作的通知》，2019年的调查工作继续进行。

4. 出版《幼儿普通话365句》。对"三区三州"推普脱贫攻坚的专项调研表明，推动贫困地区3岁至6岁幼儿学习普通话工作至关重要。在这一背景下，语文出版社联合中国教育电视台，组织学前教育专家和幼儿园骨干教师，在实地调研及广泛征求意见的基础上，了解学龄前儿童语言发展状况、普通话学习环境和幼儿园教师需求，共同完成了《幼儿普通话365句》的编写，2019年8月正式出版。

5. "学前学会普通话"项目继续推进。6月17—19日，"推普脱贫乡村行暨学前学会普通话"系列活动走进来宾市忻城县和百色市隆林各族自治县；6月25日，全国政协委员、央视新闻主播海霞一行到新疆维吾尔自治区喀什地区麦盖提县开展"石榴籽计划"（学前学会普通话）调研工作。

6. 开展推普脱贫攻坚战略合作。2019年4月，教育部、国务院扶贫办、国家语委、中国移动通信集团有限公司、科大讯飞股份有限公司签署《"推普脱贫攻坚"战略合作框架》，开发普通话学习APP项目，重点帮扶"三区三州"不具备普通话沟通能力的贫困群众及全国建档立卡的贫困群众提升国家通用语言文字应用能力，解决因语言不通而阻碍脱贫就业的问题。

7. 典型示范。2019年4月，全国语言文字工作会议暨推普脱贫攻坚中期推进会上，罗城仫佬族自治县县长潘秋琳做了题为《实施语言扶贫 助力脱贫攻坚》的经验介绍，是全国唯一一个县级单位在会上作典型发言。主要经验有：以精准培训工程夯实推普脱贫，以经典诵读工程带动推普脱贫，以规范化达标工程强化推普脱贫。①

8. 办培训班。教育部及相关部门举办了一系列培训班。如打好教育脱贫攻坚战专题培训班（4月），地方语委干部语言文字工作能力提升培训班（5月），藏语文工作者国家通用语言文字素养培训班（11月）。各地也举办了相关的培训活动。如云南省弥渡县的推普脱贫攻坚普通话培训会（3月），广东省的推普脱贫攻坚暨经典诵读乡村行2019年南粤大学生暑期社会实践专项培训活动（5月），陕西省县域普通话普及情况调查工作培训班（6月），重庆市大足区的推普脱贫攻坚行动普通话培训（10月）等。

9. 推普脱贫攻坚对口支援。按照国家语委的相关要求，浙江、北京、江苏、广东等东部省份与对口支援区县在2019年继续深化东西部扶贫协作，助力打赢推普脱贫攻坚战。

四 实地调研

教育部、国家语委等相关职能部门继续深入一线调研，为推普脱贫攻坚战掌握主动权。

3月底4月初，教育部副部长、国家语委主任田学军一行到云南临沧市沧源县开展推普脱贫攻坚专项调研。先后到小学和幼儿园实地走访调研，了解学校语言文字工作、学前学习普通话、华文教育以及教育脱贫等情况；并深入村落了解村民需求，赠送推普脱贫专用手机和《普通话1000句》《幼儿普通话365句》学习用书。

4月28—30日，教育部语信司副司长刘宏带队赴"三区三州"——甘肃甘南藏族自治州夏河县教科局，启动两个基层党组织的结对帮扶、联学联建。期间，双方就推普脱贫攻坚工作进展，特别是双语教师、青壮年农牧民国家通用语言文字培训，学校国家通用语言文字教学现状和存在困难进行了交流研讨，并赠送相关学习资料。

7月17—19日，教育部语用司副司长王晖带队赴云南怒江州泸水市调研，了解青壮年劳动力普通话学习资源情况、普通话普及程度及实际应用水平、学习普通话在精准脱贫中的需求和作用，了解当地推广使用手机开展青壮年农牧

---

① 教育部语用司：http://www.moe.gov.cn/s78/A18/moe_807/201905/t20190509_381230.html。

民普通话学习效果评价的困难。

7月22日，教育部副部长、国家语委主任田学军一行到贵州修文县调研教育脱贫攻坚工作，实地考察了学校语言文字工作和学校在暑期利用乡村学校少年宫丰富留守儿童的生活、促进留守儿童成长的情况，看望了正在开展暑期支教的大学生，并了解他们的支教生活情况。

7月23日至24日，教育部副部长、国家语委主任田学军，教育部语用司、语信司司长田立新一行到青海开展推普脱贫攻坚专项调研，实地调查了解学前教育阶段普通话不达标教师专项培训、师生普通话水平、学校普通话学习推广以及辐射社会推普工作情况。在与村委会干部、建档立卡贫困户群众及少数民族青壮年亲切交流时，深入了解了当地普通话普及程度和实际应用水平，群众学习普通话的需求、作用及有效渠道、方式，并向当地群众捐赠推普图书，鼓励大家讲好普通话，助力打赢精准脱贫攻坚战。

9月23日，教育部副部长、国家语委主任田学军一行到贵州省黔东南苗族侗族自治州雷山县调研推广普通话力助脱贫攻坚工作，对雷山县县推广普通话力助脱贫攻坚工作进展给予充分肯定，强调要不断加强推广普通话工作宣传和运用实际，高效推进地区旅游事业发展，促进经济增长，切实发挥语言基础性作用，争取脱贫攻坚和教育事业工作更上新台阶。

10月9日，教育部语用司司长徐晓萍一行到甘肃临夏回族自治州东乡县开展教育脱贫攻坚调研工作，深入课堂与师生进行访谈交流，参观了学校的硬件设施和校园文化建设，查看相关资料了解东乡县教育脱贫攻坚工作进展情况，并给中小学、幼儿园赠送学习材料。

五　学术探讨

一部论文集

2019年10月，在"人类减贫事业与中国语言扶贫论坛"前夕，《语言扶贫问题研究》（第一辑）由商务印书馆出版。该书围绕"语言扶贫的理论与实践、语言能力与人力资本、儿童语言教育与贫困代际阻断"这三个主题，选取了21篇有代表性的文章，附"语言扶贫问题研究已发表论著索引"。该书作为商务印书馆"语言战略研究丛书"的第一本,是国内聚焦语言与贫困问题的首本文集。

两个研究专题

2019年伊始,《语言战略研究》杂志就推出了"语言与贫困"研究专题。本专题从准备到刊出历时8个月,由王春辉教授主持,共组稿7篇。

2019年9月,《云南师范大学学报》(哲学社会科学版)第四期的"语言国情"专栏刊发了一组四篇"语言与贫困"研究专题,由李宇明教授主持。

此外,以"语言+贫困/扶贫"为主题搜索"知网",还搜索到了近20篇文献。

学术会议

(1)中国语言政策及语言规划学术研讨会

2019年9月14日至15日,"第五届中国语言政策及语言规划学术研讨会"在北京外国语大学召开。来自全国50多所高校和科研机构的100余位专家学者齐聚北外中文学院,就语言与扶贫等方面的议题展开了讨论。

(2)中国语言扶贫与人类减贫事业论坛

在第27个国际减贫日和第6个国家扶贫日即将到来之际,10月15日至16日,中国语言扶贫与人类减贫事业论坛在京举行。这是我国首次聚焦语言扶贫主题的论坛。论坛由国家语言文字工作委员会、国务院扶贫办政策法规司指导,《语言战略研究》编辑部主办。有关同志分别介绍了推普助力脱贫攻坚的工作情况,与会人员围绕"推普脱贫攻坚的经验与成效""语言能力、语言教育与脱贫攻坚""语言技术的运用、中国语言扶贫的展望与人类减贫事业"等主题进行深入研讨。

论坛发布了《语言扶贫宣言》①。《宣言》指出,国家通用语言文字是打破地域区隔、传播信息和技术的工具,也是阻断贫困代际传递的重要基础。学习国家通用语言文字并提升学习者的能力水平是语言扶贫的基础路径和核心经验。《宣言》呼吁更多的专家学者、社会各界关注并投入到语言扶贫事业中。

---

① 内蒙古通辽市《通辽日报》曾在2019年4月26日第5版刊登了通辽市汉语言文字工作委员会发出的"推普脱贫攻坚倡议书"。

（3）第十一届全国语言文字应用研讨会

11月15日至17日，中国应用语言学会、教育部语言文字应用研究所主办的"第十一届全国语言文字应用学术研讨会"在广西民族大学召开。会议以"语言扶贫的理论与实践"为主题，围绕语言扶贫的理论研究，语言扶贫的政策、方略与实践，语言扶贫与语言教育、语言服务、语言技术、语言经济的关系等多项话题进行了深入研讨。

（4）"推普脱贫攻坚"研讨会

12月29日至30日，教育部语言文字应用研究所和江苏师范大学主办的2019年"推普脱贫攻坚"研讨会在江苏徐州举行。会上，专家学者围绕"推普助力脱贫攻坚的理论与实践"开展学术交流，就推普助力脱贫攻坚的组织实施、存在问题和评估验收进行了深入研讨。会议号召全国高校积极参与2020年"推普助力脱贫攻坚"大学生社会实践活动，为坚决打赢脱贫攻坚战、全面实现小康社会贡献高校力量。

（王春辉）

云南怒江推普助力精准扶贫调查*

云南怒江傈僳族自治州是我国国家级深度贫困地区"三区三州"之一。为深入了解该地区推普助力精准扶贫情况，我们于 2019 年 6 月对怒江州及福贡县等地进行了实地调研，查阅了相关部门的推普扶贫数据，并通过座谈会、访谈、听课和调查问卷等，获得大量第一手资料。

一 基本情况

怒江州是以傈僳族为主的多民族聚居区，有傈僳族、怒族、独龙族等多个"直过民族"（由原始社会直接过渡到社会主义社会的民族），直过民族村民在高黎贡山、怒江峡谷中生活，自然条件恶劣，社会经济文化发展较为落后。2018 年末全州常住总人口 55.3 万人。福贡县与泸水市相连，西与缅甸接壤，下辖 7 个乡（镇）、57 个村委会，全县总人口 10.7 万人，有傈僳族、怒族、白族、纳西族等 20 个少数民族。

我们对怒江州和福贡县的教育体育局、扶贫办，匹河怒族乡和石月亮乡政府，匹河怒族乡的沙瓦村委会和老姆登村委会、石月亮乡的利沙底村委会、知洛村委会、亚朵村委会，当地 5 所初级中学和小学分别进行了调研。匹河怒族乡位于福贡县最南端，距县城 50 千米，人口约 1 万，以怒族为主，是全国唯一的怒族乡，辖老姆登等 9 个村委会、47 个自然村、96 个村民小组，有贫困村 9 个，其中深度贫困村 8 个；石月亮乡位于福贡县北部，距县城 48 千米，辖利沙底等 9 个村委会，人口近 1.3 万人，以傈僳族村民为主，其次是怒族村民。以下是所调研的 5 个村的基本情况。

---

* 本文是国家语委"十三五"重点科研项目"少数民族地区推普的精准扶贫效应及完善路径研究"（ZDI135-66）的阶段性成果。

表3-1 5个村的基本情况（2018）

行政村	常住人口	贫困户人口	贫困人口比例（%）	已脱贫人口	已脱贫占贫困人口比例（%）	耕地面积（亩）	人均耕地面积（亩）
沙瓦	1297	989	76.3	237	24.0	1731	1.33
老姆登	1280	634	49.5	423	66.7	931.7	0.73
利沙底	1877	1264	67.3	676	53.5	1500	0.80
知洛	1533	1151	75.1	383	33.3	1021	0.67
亚朵	1590	1051	66.1	860	81.8	1066	0.67

上表中4个村贫困人口都在66%以上，而老姆登村有丰富的旅游资源，经济发展状况较好，贫困人口少于其他村；在已脱贫人数中亚朵村和老姆登村较好。

二 推普精准扶贫工作

中共怒江州委、州政府对推普脱贫攻坚工作极为重视，2018年1月15日，教育部、国务院扶贫办和国家语委联合发布《关于印发〈推普脱贫攻坚行动计划（2018—2020年）〉的通知》。4月2日，云南发布了《云南省教育厅等七部门关于印发〈云南省"直过民族"和人口较少民族推广普通话及素质提升实施方案〉的通知》，怒江州10月19日下发《怒江州教育局等六部门关于印发〈怒江州推普脱贫攻坚实施方案（2018—2020年）〉的通知》，方案结合怒江州实际，从指导思想、主要目标、基本原则、主要任务、具体措施、强化保障能力等六方面作出翔实的工作部署，使怒江州的推普脱贫工作有了具体可行的行动指南。怒江州扶贫办率先统计了2018年建档立卡户使用普通话情况，摸底排查少数民族贫困村民使用普通话情况，为更好开展推普脱贫工作奠定了基础。具体情况见表3-2。

表3-2 调查点2018年建档立卡贫困户普通话情况

地区	总人口	少数民族人口		贫困人口		青壮年（18—45岁）		
		人数	占比%	人数	占比%	人数	会讲普通话	占比%
福贡县	71175	70964	99.70	37272	52.37	31667	22812	72.04
匹河乡	7800	7748	99.33	5806	74.44	4277	3589	83.91
石月亮	8443	8415	99.67	5526	65.67	3721	3057	81.50

从表中看出，建档立卡户贫困人口中少数民族人口占比极高，都在 99% 以上；青壮年中会说普通话情况良好。两个乡都开展了普通话培训，会讲普通话比例高于全县。

福贡县各乡镇根据州教育体育局、扶贫办统一部署，于 2018、2019 年对建档立卡户村民开展了普通话培训工作，开展集中培训，每次培训 5—7 天，培训结束后进行普通话测评。以下是 2018、2019 年福贡县、匹河乡、石月亮乡的普通话培训及合格统计情况。

表 3-3 2018、2019 年建档立卡贫困户参加普通话培训后测评合格人数（单位：人）

地　区	2018 年培训合格人数	2019 年培训合格人数	合计
福贡县	7047	6293	13340
匹河乡	742	976	1718
石月亮乡	1350	900	2250

福贡县、匹河乡和石月亮乡贫困村民使用普通话人数有了极大提升。

同时，福贡县根据上级部署，开展创建"普及普通话示范村"活动，积极推普。2018 年创建 15 个，2019 年创建 14 个，其中匹河乡和石月亮乡两年各建 4 个。各地已形成说普通话的社会氛围，我们在调研中也明显感受到这种变化。当地村委会干部和驻村工作队员交流时，都主动用普通话交谈；我们入户调研和村里问路时，村民也能用普通话做一般性交流。

三　访谈情况及分析

（一）访谈情况

在各村委会召开座谈会后，我们在村长或驻村工作队的带领下，深入各村建档立卡贫困会家庭入户访谈，了解村民实际情况。

访谈的 57 人中，年龄集中在 30—45 岁之间，是青壮年人口；年龄最大的 67 岁，最小的 19 岁。家庭人口多数在 4 人及以上，只有 3 名男子尚未结婚，是单身家庭。调查覆盖人群合理，能了解到村民真实情况。

表 3-4 访谈对象民族构成情况

乡	总数	怒族		傈僳族		白族	
		人数	比例（%）	人数	比例（%）	人数	比例（%）
匹河乡	24	23	95.8	0	0	1	4.2
石月亮乡	33	17	51.5	16	48.5	0	0
合计	57	40	70.2	16	28.1	1	1.7

两乡合计未入学者11人，小学未毕业10人，共21人，占36.8%。这部分人文化程度较低，多数不会写自己的名字。两乡合计小学毕业23人，初中及以上13人，共36人，占63.2%。学历最高的是中专和高中，有3人。这部分人文化程度较高，能写汉字，也能辅导孩子学习，口语交流情况较好。

表 3-5 访谈对象语言使用情况

乡	文化程度		怒语、傈僳语、普通话		怒语、普通话		傈僳语、普通话		怒语、傈僳语		家庭交流用语		
	类别	总人数	人数	比例%	人数	比例%	人数	比例%	人数	比例%	怒语	傈僳语	普通话
匹河乡	小学及以上	19	16	84.2	2	10.5	1	5.3	0	0	18	0	1
	小学以下	5	4	80	0	0	0	0	1	20	5	0	0
	合计	24	20	83.3	2	8.3	1	4.2	1	4.2	23	0	1
石月亮乡	小学及以上	17	0	0	0	0	17	100	0	0	0	17	0
	小学以下	16	1	6	0	0	12	75	3	19	0	16	0
	合计	33	1	3	0	0	29	87.9	3	9.1	0	33	0

注：表中的普通话也包括汉语方言。使用普通话是指在访谈中只要能回答调查者所询问的日常生活情况、家里基本情况即可，普通话一般在三级甲等或以下，对普通话要求不高。

匹河怒族乡的村民全都能使用母语怒语或白语，有20人兼通傈僳语和普通话，2人不会傈僳语但会普通话，1人不会普通话但兼通傈僳语，此人是调查中年纪最长的，已67岁。22人基本能说普通话，整体情况较好，21人兼通傈僳语，是多语兼通者。在石月亮乡调查的3个行政村中，怒族村民17人，都已转用傈僳语；傈僳族16人，都使用傈僳语，其中30人会说普通话，是双语人，只有3人不会普通话。

使用普通话与文化程度有一定关系，文化程度高的普通话较好，文化程度低的普通话稍差，有的只能作简单交流。小学及以上文化程度的都会说普通话，小学以下的有4人不会说普通话。家庭交流主要使用怒语或傈僳语，普通话比例不高，仅有1户，丈夫是白族，不会怒语，家庭交流主要用汉语方言或不太标准的普通话，访谈时的语言使用也如此。

表3-6 访谈对象外出务工情况（单位：人、%）

乡	会说普通话		到省外务工		未到省外务工		本地务工	
	类别	人数	人数	比例（%）	人数	比例（%）	人数	比例（%）
匹河乡	会	23	7	30	16	70	3	13
	不会	1	0	0	1	100	0	0
	合计	24	7	29.2	17	70.8	3	12.5
石月亮乡	会	30	26	88.7	4	13.3	4	13.3
	不会	3	0	0	3	100	1	33.3
	合计	33	26	78.8	7	21.2	5	15.2

调查对象中，匹河乡到省外务工人员较少，因当地老姆登村等有丰富的旅游资源、气候适宜，茶叶等经济林木种植普遍，村民在本地务工和家庭种植有较好收入，到省外务工比例为29.2%；有的在省内务工或州内务工。石月亮乡自然生态、旅游资源等较差，到省外务工比例较高，会普通话的村民达到88.7%，即使未到省外务工，也在本地务工，几乎都有外出务工经历，人们通过外出务工增加收入；不会普通话的村民一般不能到省外沿海城市务工，只能在家乡务工，收入低于省外务工人员。

两个乡的村民以种植业为主要来源；外出务工，石月亮乡比较突出，家庭成员中几乎都有外出务工经历。公益性岗位主要是由国家提供的护林员、安全员、天保员等8种岗位，每月有固定收入，须完成相应公益性工作。会普通话的村民收入来源多样，而不会普通话的村民，收入来源相对单一，主要从事种植业和在本地打零工。

(二)调研结论

1. 村民掌握普通话对经济收入、家庭教育有直接影响

村民掌握普通话对家庭经济收入有直接关系。一同外出务工的村民,有的不会普通话,出去一段时间无法适应,只能回到家乡;会普通话的人,可同管理者交流,帮助那些不会普通话或普通话不好的村民,更能适应在外地的工作,收入比那些不会普通话的村民高一些。

村民掌握普通话后,重视孩子的家庭教育。村民知道普通话的重要性,在家中对孩子的学习比较重视,有时还能辅导孩子,对成长有较大帮助。如果父母不会普通话,在家里看电视等,只能看一些普通节目,不利于孩子的成长。

2. 多重因素影响村民掌握和使用普通话

文化程度的影响。小学及以上学历的受访者,使用普通话顺畅,能指导家里孩子写作业;参加普通话培训后,普通话说得更好,交流自信。

外出务工的作用。有的村民去过浙江、广西、杭州等地务工,虽是文盲,但在与外地人接触中逐渐学会了普通话,回来后普通话说得较好,自然大方;而未外出务工的人显得害羞,不敢交流。

媒介语的影响。乡村政府以及对口帮扶的企业、机构组织的培训,全程用普通话教学,使村民逐渐学会普通话。电视等对村民的普通话使用有影响,儿童喜欢看动画片,普通话学习更快;大人平时看新闻联播、种植业方面节目也接触到普通话,学会简单用语。

4G 网络的覆盖,智能手机的广泛运用,促进了普通话的使用和学习。部分年轻人用手机购物,30 岁左右的村民还喜欢刷抖音、用微信交流,接触汉字与普通话机会增多,有助于普通话的学习和运用。有的在手机上下载"语言扶贫"APP 程序,学习普通话,可提升学习效果。

四 问题与建议

1. 缺乏普通话使用环境。村里没有使用普通话氛围,孩子回家使用情况也不普遍,家长、孩子自然交谈时一般使用民族语言,没有体现"小手拉大手"的效果。建议营造普通话学习和使用的语言环境,村里党员、驻村队员、外来培训人员等应带头说普通话，开会时多用普通话交流。让在校就读的孩子回家教父母说普通话，使用"语言扶贫"APP后续强化。

2. 普通话培训周期短，时间不确定，质量难以保证。例如有时培训仅有5天，没有一定普通话基础，只能学到最基本的东西，要达到能说会用还须有后续跟进和支持。建议普通话培训的后续跟进应落实，在农闲时或春节前后，适当延长培训时间。村民外出务工前也可组织培训。

3. 村民居住分散，山高坡陡，交通不便，加之有的村民对普通话的重要性认识不足，普通话培训的组织工作较为困难。建议发挥村干部、驻村工作队的重要作用，深入每个贫困家庭帮扶，如指导他们下载使用"语言扶贫"APP。

4. 培训经费不足。由于贫困地区地方财政无法筹措经费用于推普脱贫工作，建议国家层面列出专项经费。

（周锦国、李丽花、丁乙玲）

粤港澳大湾区广播语言使用调查*

2019年9月1日,中国首个专门面向粤港澳大湾区播出的国家级电台——中央广播电视总台粤港澳大湾区之声正式开播,成为大湾区广播新成员。大湾区之声节目分为新闻、财经、生活、文化、音乐等五大板块,共23档节目[①],如《湾区,早晨!》《"港"清楚》《问答大湾区》《韵味岭南》等,节目以粤语播报为主,并设有客家话、潮汕话等方言节目。粤港澳大湾区是我国广播电台的发达地区,聚集了众多受众广泛、影响力大的广播电台。大湾区之声的开播体现了国家对利用广播电台媒体服务粤港澳大湾区建设的重视。本报告利用网络平台对大湾区广播电台节目播音语言使用情况进行抽样调查,从播放时长和节目类型两个维度对播音语言进行分析。

一 调查方法与对象

2019年11月至2020年2月期间,通过蜻蜓FM、喜马拉雅、FM电台收音机、香港收音机(HKRadios)、RTHK Mine、香港电台随身版(RTHK OTG)等网络播放平台检索粤港澳大湾区各地广播电台频道,进行收听调查。

本次调查了广州、深圳、珠海、东莞、佛山、惠州、中山、江门、香港等9地43个电台的801个节目,累计调查广播时长982.75小时。调查样本中,广州的电台数、节目数和广播时长所占比重都最大,其次是香港的,江门的样本相对较少。样本量存地区差异,一方面是各地本身创建的电台数量有差异,广州和香港的电台数、电台节目数相对其他地区要多,另一方面是本文主要通过几个流行的应用程序(APP)平台开展调查,没有在这几个平台上播放的电台

---

* 本文为2019年教育部人文社会科学研究青年基金项目"粤港澳大湾区语言服务体系建设研究"(19YJC740073)、国家语委重大科研项目"粤港澳大湾区语言状况及规划研究"(WT135-58)阶段性成果。

① "乐曲、节目预告"和"节目结束语"未计算在内。

无法调查,这也会导致样本量出现地区性的差异。见表3-7。

收听人数是测度电台媒体社会需求和社会影响力的一个重要指标。表3-7显示,本次调查的珠三角八市电台日收听人数达11838.60万人次,其中广州电台日收听人数最多,深圳次之。由此观之,电台虽是传统媒体,但是在人们的日常生活中仍然具有不可或缺的地位。在新型冠状病毒肺炎防控期间,所调查的广播电台中88.26%的节目都播出或转播了疫情防控相关信息,体现了电台媒体在及时披露突发应急事件信息和知识中的作用。

表3-7 大湾区广播电台调查信息表

序号	城市	电台数量（个）	节目数量（个）	广播时长（小时）	收听人数[①]（万人次）
1	广州	13（30.23%）	263（32.83%）	305（31.04%）	8755.40
2	深圳	5（11.63%）	77（9.61%）	109.50（11.14%）	1379.50
3	珠海	2（4.65%）	43（5.37%）	48（4.88%）	7.90
4	佛山	6（13.95%）	102（12.73%）	133（13.53%）	1272.80
5	惠州	3（6.98%）	47（5.87%）	67（6.82%）	20.80
6	东莞	2（4.65%）	38（4.74%）	48（4.88%）	60
7	中山	2（4.65%）	53（6.62%）	44.25（4.50%）	262.20
8	江门	2（4.65%）	50（6.24%）	36（3.66%）	80
9	香港	8（18.6%）	128（15.98%）	192（19.54%）	——
总计		43	801	982.75	11838.60

二 播音语言与时长

（一）播音语言数量情况

所调查的电台广播有两种情况:一种是没有主播的纯音乐时段,称其为无

---

① 收听人数为"蜻蜓FM""喜马拉雅""FM电台收音机"2月5日单日累计收听人数。

主播时段，一种是有主播播音的时段。本文主要考察的是主播播音用语。主播播音根据所使用语言的数量，分为单语言播报和双语言播报。

单语言播报分为普通话类、粤方言类和英语类，双语言播报主要表现为大节目中套小节目，大小节目主播使用不同语言播报，一个为普通话，一个为粤方言。各地播音语言使用情况如表3-8所示。

从时长上看，大湾区电台播音语言以单语言为主，占71.68%，其次是无主播，占27.35%。九地中，珠海、佛山、惠州、东莞、中山和江门等六地只有单语言播报和无主播的纯音乐时段，广州、深圳和香港还有双语播报。香港广播电台的播音语言最为多样化，涵盖普通话、粤方言、英语以及普通话和粤方言多种类型。部分地区电台无主播时段占比较大，如佛山和深圳电台的纯音乐时段将近40%，珠海和江门的也超过30%。

表3-8 播音语言数量情况（单位：小时、百分比）①

地区	无主播	单语言播报	双语言播报	总时长
广州	95.50（31.31%）	202（66.23%）	7.50（2.46%）	305
深圳	40（36.53%）	68.50（62.56%）	1（0.91%）	109.50
珠海	15（31.25%）	33（68.75%）	0	48
佛山	52（39.10%）	81（60.90%）	0	133
惠州	2（2.99%）	65（97.01%）	0	67
东莞	13.50（28.13%）	34.50（71.88%）	0	48
中山	9.75（22.03%）	34.50（77.97%）	0	44.25
江门	11（30.56%）	25（69.44%）	0	36

① 因部分电台直播时长跨度较大、网站容量有限不能回放和软件设备问题等因素影响，故未能收集各电台同一天的节目内容。但电台节目的语言使用具有相对稳定性，因此尽管部分电台资料的收集时间不一，也不会对该电台语言设置的结果带来太大的影响。具体调查时段如下：东莞、深圳、佛山、珠海、中山、江门的电台信息收集于2020年1月13日；惠州各电台信息收集于2020年1月17日；广州、香港的各电台信息收集于2019年11月—2020年2月。

（续表）

香港	30.05 （15.65%）	160.95 （83.83%）	1 （0.52%）	192
总时长	268.8 （27.35%）	704.45 （71.68%）	9.50 （0.97%）	982.75

单语言播报中，以粤方言为主，占总时长的42.83%，其次是普通话，占26.10%。地区分布上，深圳、珠海、惠州和东莞等地以普通话为主，60%以上时段为普通话，广州、佛山、中山和香港则以粤方言为主，一半以上时段为粤方言播报，香港有14%左右时段为英语播报。有的电台粤方言中还夹杂着当地方言，例如佛山电台FM90.1有个别节目以顺德方言作为播音语言，佛山电台FM94.6有"粤方言＋顺德话"的播音语言形式，体现了本土特色。

（二）播音语言使用情况

除去纯音乐时段，调查电台中主播播音时段累计为713.95小时，所使用的播音语言有普通话、粤方言和英语。各语言覆盖时长和比例情况如表3-9所示。总体上看，大湾区电台播音语言使用最多的是粤方言，占58.79%，普通话次之，占36.09%，英语再次之，占3.74%。播音语言的使用情况存在地区差异，具体表现为：深圳和惠州的电台播音语言全部为普通话，东莞和珠海的电台播音语言有普通话和粤方言，但普通话占主导地位，占总播音时长的80%以上；广州、中山、佛山、江门和香港的电台播音语言以粤方言为主，粤方言播音时长占总播音时长的70%以上，其中佛山电台的粤方言播报时长超过90%。

表3-9 各播音语言使用情况（单位：小时）①

语言城市	普通话	粤方言	英语	播音总时长
广州	37.75 （17.20%）	171.75 （78.25%）	0	209.50
深圳	69 （99.28%）	0.50 （0.72%）	0	69.50
珠海	31 （93.94%）	2 （6.06%）	0	33

---

① 双语言类节目，按照普通话和粤方言各占一半时长来计算。

（续表）

佛山	8 （9.88%）	73 （90.12%）	0	81
惠州	65 （100%）	0	0	65
东莞	29 （84.06%）	5.50 （15.94%）	0	34.50
中山	7 （20.29%）	27.50 （79.71%）	0	34.50
江门	6.50 （26%）	18.50 （74%）	0	25
香港	8 （4.94%）	126.88 （78.35%）	27.07 （16.72%）	161.95
总计	261.25 （36.09%）	425.63 （58.79%）	27.07 （3.74%）	713.95

三 节目类型与语言使用

（一）节目类型

本次调查的801个节目大致可分为八种类型[①]：（1）财经类，包含楼市、股市、证券、基金等财经分析资讯类节目；（2）生活类，包含情感咨询、社区生活、教育医疗等生活服务类节目；（3）文娱类，包括历史文化、书籍小说，书评以及娱乐类节目；（4）体育类，体育赛事等；（5）新闻类，包括时事快讯、社会热点等新闻节目；（6）音乐类[②]；（7）其他。调查中，数量较大的是音乐类、生活类和新闻类节目，占比分别为28.09%、27.47%和19.85%。各类节目数量情况见表3-10。

[①] 根据节目单名称所指示的内容来分类，调查中发现一些电台实际播出的内容与节目名称并不完全一致，为从节目类型上考察语言使用问题，我们主要根据节目名单来划分。
[②] 音乐类节目在内容上属于文化娱乐类，但因调查发现音乐类节目占比较大，因此将其单列为一类。

表 3-10　节目类型数量分布情况（单位：个、%）

序号	节目类型	数量	百分比
1	音乐	225	28.09%
2	生活	220	27.47%
3	新闻	159	19.85%
4	文娱	87	10.86%
5	财经	53	6.62%
6	体育	39	4.87%
7	其他	18	2.25%

（二）各类节目语言数量

不同类型的节目，因其节目内容和功能定位有差异，受众主体存在差异，这对其播音语言的选择也会有一定影响。本次调查发现，各类节目都是单语言播报为主，生活、新闻、文娱和体育类节目单语言播报节目数在该类节目总数中占到90%以上；音乐类节目中，51.56%的节目为无主播纯音乐节目，生活、文娱、体育和其他类节目中也有一定数量的节目为纯音乐节目，也就是实际播报内容与节目单的内容有出入；生活、新闻和财经类节目有部分为普通话和粤方言双语言播报，其中财经类节目双语言播报的节目数占比达到11.32%。详见表3-11。

表 3-11　各类节目播音语言数量分布

节目类型	无主播	单语言播报	双语言播报	总计
音乐	116（51.56%）	109（48.44%）	0	225
生活	4（1.82%）	214（97.27%）	2（0.91%）	220
新闻	1（0.63%）	154（96.86%）	4（2.52%）	159
文娱	3（3.45%）	84（96.55%）	0	87
财经	0	47（88.68%）	6（11.32%）	53
体育	3（7.69%）	36（92.31%）	0	39
其他	3（16.67%）	15（83.33%）	0	18

(三)各类节目语言使用

除无主播节目外,有主播播音的节目共 671 个,播音语言有普通话、粤方言和英语。调查发现,各类节目播音语言以粤方言和普通话为主,英语的使用普遍较少,三种语言在使用比例上存在节目类型差异。根据粤方言和普通话覆盖率的不同,大致可以分为两种情况。一是普通话高于粤方言,新闻类节目属于该种情况。159 个新闻类节目中,79 个使用普通话播音,69 个使用粤方言,10 个使用英语,占比分别为 50.00%、43.67% 和 6.33%;二是粤方言高于普通话。生活、文娱、财经、体育和其他类型节目播音语言为粤方言的高于为普通话的。其中,生活类和文娱类节目粤方言播音占比分别为 66.67% 和 67.86%,普通话播报分别占 32.87% 和 30.95%;财经、体育和其他类型粤方言播音节目都超过 80%,普通话播音的节目比率相对较低。各类节目的播音语言使用情况如表 3-12 所示。

表 3-12 各类节目语言使用情况

节目类型	普通话	粤方言	英语	总计
音乐	51（46.79%）	51（46.79%）	7（6.42%）	109
生活	71（32.87%）	144（66.67%）	1（0.46%）	216
新闻	79（50.00%）	69（43.67%）	10（6.33%）	158
文娱	26（30.95%）	57（67.86%）	1（1.19%）	84
财经	9（16.98%）	43（81.13%）	1（1.89%）	53
体育	1（2.78%）	35（97.22%）	0	36
其他	1（6.67%）	13（86.67%）	1（6.67%）	15

各类节目语言使用存在地区差异。香港各类节目基本都以粤方言为主,其中财经、生活、体育和文娱类节目粤方言播音都占比 85% 以上,新闻类节目普通话、粤方言和英语都有,23 个节目中,使用粤方言和英语的各 10 个（43.48%）,普通话 3 个（13.04%）。在各类节目中,新闻类节目的英语使用率

最高。广州、中山和江门电台节目基本上也是以粤方言为主,新闻类和音乐节目中普通话使用率相对较高。深圳、珠海、东莞和惠州四地各类电台节目都以普通话为主,甚至全部为普通话。具体如表 3-13。

表 3-13 各地各类节目语言使用情况(个)①

节目类型	城市 语言 种类	香港	广州	深圳	珠海	东莞	佛山	中山	江门	惠州	总计
财经	普通话	1	2.50	**2.50**	1	1	0	0	0	1	9
财经	粤方言	**17**	**17.50**	0.50	0	0	**3**	**3**	**2**	0	43
财经	英语	1	0	0	0	0	0	0	0	0	1
生活	普通话	0.50	7.50	**19**	**14**	**10**	0	2	1	**17**	71
生活	粤方言	**32.50**	**60.50**	0	0	4	**22**	**19**	**6**	0	144
生活	英语	1	0	0	0	0	0	0	0	0	1
体育	普通话	0	0	**1**	0	0	0	0	0	0	1
体育	粤方言	**1**	**24**	0	0	0	**7**	**2**	**1**	0	35
体育	英语	0	0	0	0	0	0	0	0	0	0
文娱	普通话	1	3	**12**	**3**	0	2	2	0	**3**	26
文娱	粤方言	**13**	**25**	0	0	**1**	**9**	**3**	**6**	0	57
文娱	英语	1	0	0	0	0	0	0	0	0	1
新闻	普通话	3	15	**13**	**14**	**7**	3	4	6	**14**	79
新闻	粤方言	**10**	**26**	0	2	0	**15**	**9**	**7**	0	69
新闻	英语	**10**	0	0	0	0	0	0	0	0	10
音乐	普通话	1	7	**15**	**4**	**9**	1	1	3	**10**	51
音乐	粤方言	**15**	**14**	0	1	0	**14**	**3**	**4**	0	52
音乐	英语	**7**	0	0	0	0	0	0	0	0	7
其他	普通话	0	0	**1**	0	0	0	0	0	0	1
其他	粤方言	0	**9**	0	0	0	**4**	0	0	0	13
其他	英语	1	0	0	0	0	0	0	0	0	1

四 结 语

大湾区电台播音语言以单语为主,占 71.68%,其次是没有主播的纯音乐时段,占 27.35%;使用的播音语言有普通话、粤方言和英语,其中粤方言覆盖面

---

① 各城市在各类电台节目中使用最多的语言的节目数量已在表中用加粗表示。

最广，占58.79%，普通话次之，占36.09%，英语再次之，占3.74%。

播音语言的使用情况存在地区差异，具体表现为：深圳和惠州的电台播音语言全部为普通话，东莞和珠海的电台播音语言有普通话和粤方言，但普通话占主导地位，占总播音时长的80%以上；香港、广州、中山、佛山和江门的电台播音语言以粤方言为主，粤方言播音时长占总播音时长的70%以上，其中佛山电台的粤方言播报时长超过90%。

大湾区电台节目类型多样，占比较大的是音乐类、生活类和新闻类节目。除音乐类节目外，各类节目都是单语播报为主，生活、新闻、文娱和体育类节目中单语播报节目数占该类节目总数的90%以上；音乐类节目中，逾半数的节目为无主播的纯音乐节目。

各类节目播音语言以粤方言和普通话为主，英语的使用普遍较少，三种语言在使用比例上存在节目类型差异，总体来看，新闻类节目普通话使用率较高，其他类型节目粤方言播报为主。

各类节目语言使用存在地区差异。香港各类节目播音语言基本都是粤方言为主，其中财经、生活、体育和文娱类节目粤方言播音都占比85%以上，新闻类节目普通话、粤方言和英语都有，普通话占13.04%，粤方言和英语的各占43.48%，在各类节目中新闻类节目的英语使用率最高；广州、中山和江门电台节目基本上也是以粤方言为主，新闻类和音乐节目中普通话使用率相对较高；深圳、珠海、东莞和惠州三地各类电台节目都以普通话为主，甚至全部为普通话。

各地广播电台的语言使用状况是当地语言生活的重要组成部分，同时又受到当地语言生活状况的影响。构建和谐的湾区语言生活，需要有和谐的广播电台语言生活。加强大湾区广播电台语言建设，一方面需要对大湾区广播电台的语言使用状况进行普查，另一方面需要以《粤港澳大湾区发展规划纲要》为指引，科学制定大湾区广播电台语言规划，处理好普通话、粤方言及其他方言和英语等语言在广播电台播音语言中的地位关系，满足大湾区广播电台面向湾区内外不同受众的需求。

（王海兰、谭韵华、刘栩妍、詹嘉琪）

广播电视领域语言状况

近十年是广播电视媒体飞速发展的十年,广播电视事业发展进入了新时代。广电传统媒体和新兴媒体融合发展向深度迈进,打造了一批新型主流媒体和传播载体;广播电视村村通工程,地面数字电视传输网络建设等广电公共服务体系加快升级;广电行政管理体制改革顺利推进,内部活力和运行效率得到了大幅提升。在国家通用语言文字推广普及和提高方面,广播电视起到了引领示范作用。

一 基本情况

(一)播出机构状况[①]

近十年来,我国播出机构的数量基本稳定,在2600家左右浮动。具体来看,2009—2014年播出机构数量呈现逐年减少趋势,平均每年以1%的幅度递减;2016年较2015年有一个小幅度上升,幅度约为4%,但总体保持稳定。在播出机构中,广播电台和电视台的数量都呈现出递减趋势,而与之形成对比的是广播电视台的数量则是呈递增态势。这与中央提出的"两台合并"精神是相一致的。[②]

表3-14 2009—2018年我国播出机构变化

	2009	2010	2011	2012	2013	2014	2015	2016	2017	2018
广播电台	251	227	197	169	153	149	147	169	134	124
电视台	272	247	213	183	166	159	157	187	144	135
广播电视台	2087	2120	2153	2185	2207	2214	2218	2269	2338	2348
播出机构	2654	2638	2607	2579	2568	2564	2564	2667	2656	2647

我国广播电视内容创作生产持续繁荣。广播节目制作时长基本保持稳定增

[①] 本部分数据来源于2010—2019年《中国广播电视年鉴》。
[②] 《广电总局关于规范广播电台电视台合并工作的通知》(广发〔2010〕61号)。

长态势，十年间制作时长增加了超过130万小时，年平均增长率约为2.0%；电视节目制作时长总体来讲也呈增长趋势，十年间制作时长增加了超过90万小时，年平均增长率约为3.3%。

表3-15 2009—2018年我国广播电视节目制作时长（万小时）变化

	2009	2010	2011	2012	2013	2014	2015	2016	2017	2018
广播	671.65	681.42	693.70	718.82	739.12	764.73	771.82	782.03	788.83	801.76
电视	265.36	274.29	295.05	343.63	339.78	327.74	352.02	350.72	365.18	357.74

与广播电视节目制作时长持续增加相比，近十年来电视剧制作数量总体上呈先增长后缩减的趋势。2009—2012年电视剧制作数量稳步提升，年平均增长率约为9.8%，2012年达到了最高点17703集，此后产量开始缩减，至2014年减少了4.6%。2013年，国家广电总局颁布了《电视剧拍摄制作备案公示管理办法》，在政策调控和市场杠杆的双重引导下，电视剧产业总体上由数量增长转向了质量提升。2016、2017年国家新闻出版广电总局相继发布了《关于进一步规范电视剧及相关广告播出管理的通知》《关于进一步做好影视剧行政许可管理工作的通知》《关于支持电视剧繁荣发展若干政策的通知》，在一定程度上促进了电视剧质量的提升，同时也抑制了电视剧产量。

表3-16 2009—2018年我国发行电视剧（万集）变化

	2009	2010	2011	2012	2013	2014	2015	2016	2017	2018
电视剧	1.29	1.47	1.50	1.77	1.58	1.60	1.65	1.43	1.35	1.37

我国广播电视行业从业人员数量逐年稳定提高，十年间从业人员数量增幅超过27万人，年平均增长率约为3.7%。其中播音员主持人数量也呈现出增长态势，十年间增长6000余人，但增长幅度却低于整个行业。

表3-17 2009—2018年我国广播电视行业从业人员数量（万人）变化

	2009	2010	2011	2012	2013	2014	2015	2016	2017	2018
从业人员	70.58	75.09	78.64	82.04	84.43	86.44	90.07	91.92	97.69	97.90
播音员、主持人	2.46	2.57	2.80	2.82	2.97	2.91	3.02	3.06	3.08	3.10

广播电视传统媒体与新媒体不断融合。中央人民广播电台（以下简称央广）牢固树立媒体融合发展意识，把"台网并重、先网后台"作为创新发展的基本原则，在报道中坚持新媒体优先，以自身采编能力为依托，全方位整合新闻资源，多渠道延伸传播。截至2018年，央广网及旗下的国家应急广播网、中国民

族广播网、你好台湾网等3家垂直网站拥有的各类用户合计约400万；央广网负责日常运营的中心(频率)官方微博21个，共覆盖粉丝约6000万；央广以中心、频率名义注册的微信公众号25个，覆盖粉丝200多万；截至2017年7月，脸书上的汉语、英语、藏语、维吾尔语账号覆盖人数超过150万，互动人数近50万人次。中央电视台(以下简称央视)坚持"台网并重、先网后台、移动优先"的战略理念，全力打造自主可控、具有强大影响力的新媒体平台，在推进落实全台"一键触发"机制、抢占新闻报道"第一落点"等方面取得成效；对重要时政报道实现"首页首条首屏"全媒体呈现；统筹建立7×24小时无缝隙反应机制；利用4K、竖屏、航拍、微视频等投放抖音等新兴社交平台揽获青年受众，累计播放量破7亿；"三微一端"全平台累计用户数近4亿。[①]

（二）近十年广播电视语言管理状况

2001年发布实施的《国家通用语言文字法》就广播电视语言使用做出了较为细致的规定，要求"广播、电影、电视用语用字应当以国家通用语言文字为基本的用语用字"，这标志着我国广播电视语言管理进入了法制轨道。2013年和2017年国务院两次修订的《广播电视管理条例》秉承了《国家通用语言文字法》精神，进一步明确"广播电台、电视台应当使用规范的语言文字。广播电台、电视台应当推广全国通用的普通话。"近十年我国对广播电视语言使用的管理都是以这两个法律法规为基本政策依据的。

1. 广播电视中普通话使用的管理

近年来，为了进一步规范广播电视用语的使用，在《广播电视管理条例》的基础上，国家广电行政部门又具体针对广播电台、电视台中的播音员与主持人、节目嘉宾和电视剧的普通话使用做出了细化的规定。

2013年12月31日，国家新闻出版广电总局发出《关于规范广播电视节目用语推广普及普通话的通知》。通知要求：播音员主持人除节目特殊需要外，一律使用标准普通话。不得模仿地域特点突出的发音和表达方式，不使用对规范语言有损害的俚语俗词等；用词造句要遵守现代汉语的语法规则，避免滥用生造词语和不规范网络用语；要规范使用外国语言文字，不在普通话中夹杂不必要的外文。各级广播电视播出机构要把规范使用普通话纳入播音员主持人和编

---

① 曲宗生主编《中国广播电视年鉴（2019）》第168页，中国广播电视年鉴社，2019年版。

辑记者培训、考核和奖惩体系；认真开展规范用语自查自纠，做好播前审查，含有不规范用语的内容一律不得播出。

通知还对节目嘉宾语言使用提出了要求：加强对嘉宾规范使用语言的提醒和引导。播出机构邀请嘉宾参与节目时事先对其规范使用语言做出提示，对于嘉宾刻意模仿地域特点突出的发音和表达方式、随意使用方言、夹杂外语等情况及时提醒纠正。

2015年6月3日，国家新闻出版广电总局发布《关于进一步加强广播电视主持人和嘉宾使用管理的通知》，进一步强调了普通话作为播音员主持人执业资格注册的条件，通知要求：广播电视机构要按照《广播电视编辑记者、播音员主持人资格管理暂行规定》（广电总局令第26号）加强主持人资格管理，严格执行主持人持证上岗和执业注册制度，不得使用无执业资格证书（《中华人民共和国播音员主持人证》）和未按规定进行执业注册的人员担任主持人。

2009年7月20日广电总局发布的《关于严格控制电视剧使用方言的通知》中提到：1.电视剧的语言（地方戏曲片除外）应以普通话为主，一般情况下不得使用方言和不标准的普通话。2.重大革命和历史题材电视剧、少儿题材电视剧以及宣传教育专题电视片等一律要使用普通话。3.电视剧中出现的领袖人物的语言要使用普通话。

通知不仅强调了在电视剧中使用规范语言的重要性，也对广播影视行政管理部门提出了更高的管理和审查要求：各省级广播影视行政管理部门要严格电视剧完成片的审查，投入制作的电视剧一般情况应以普通话为主。对电视剧中不该使用、大量使用、失度使用方言的情况要严格把关，及时纠正，不纠正者不得播出。对于明显的方言电视剧和大量使用方言的电视剧，各级广播电视审查管理部门应视情况予以引导、纠正或制止，广电总局将视情况做出播出调控。

2. 广播电视用字用词的管理

2010年1月1日起施行的《广播电视广告播出管理办法》对广播电视广告中的用字用词做出明确规定，要求"使用绝对化语言，欺骗、误导公众，故意使用错别字或者篡改成语"将在广播电视广告中予以禁止。

2011年2月18日，国家广播电影电视总局发布了《关于进一步加强电视剧文字质量管理的通知》，对电视剧文字质量的管理提出了要求，指出"电视剧制作机构应对所制作的电视剧进行文字质量检查，确保电视剧用字用语正确、规范,避免出现字幕错别字,同时尽可能减少读音错误、用词错误和表达错误"。

2014年11月26日,国家新闻出版广电总局发出的《关于广播电视节目和广告中规范使用国家通用语言文字的通知》,进一步强调了广播电视节目和广告中国家通用语言文字的使用,要求各类广播电视节目和广告应严格按照规范写法和标准含义使用国家通用语言文字的字、词、短语、成语等,不得随意更换文字、变动结构或曲解内涵,不得在成语中随意插入网络语言或外国语言文字,不得使用或介绍根据网络语言、仿照成语形式生造的词语,如"十动然拒""人艰不拆",等等。

2015年7月14日,国家新闻出版广电总局发布了《关于加强真人秀节目管理的通知》,也对节目语言使用提出了要求,即"要主动融入社会主义核心价值观,发挥好真人秀节目的价值引领作用。节目组对嘉宾要加强培训、引导和把关,防止错误不当的言行在节目中播出。"

3. 电视手语使用的管理

手语是听力残疾人使用的特殊语言文字,是我国目前2830万听力障碍者最主要的交流工具。① 电视作为听力残障者重要的信息获取渠道,国家历来重视电视手语使用的管理。

2012年8月1日,国务院发布实施《无障碍环境建设条例》,这是我国有关电视手语管理的第一部行政法规,弥补了我国专门的无障碍环境的规制性要求以及电视手语管理要求在立法方面的缺失。该条例对电视新闻节目要配备手语提出了要求,指出"设区的市级以上人民政府设立的电视台应当创造条件,在播出电视节目时配备字幕,每周播放至少一次配播手语的新闻节目"。

2018年6月18日,中央宣传部、中国残联、教育部、国家语委、国家广播电视总局联合印发《关于推广国家通用手语和国家通用盲文的通知》。其中,对电视领域的国家通用手语使用提出了以下要求:广播电视管理部门要采取多种形式广泛深入宣传国家通用手语,加大电视节目手语翻译国家通用手语的培训力度,采取有力措施,落实在国家公务活动、电视和网络媒体、公共服务、信息处理中使用国家通用手语的要求。2019年起,中央电视台、省级电视台手

---

① 中国残疾人联合会,《中国残疾人事业统计年鉴2019》,中国统计出版社,2019年11月。

语栏目、党和国家重大活动的手语同声传译、出版物逐步使用国家通用手语。2020年起，地市级电视台手语栏目和地方公务活动的手语同声传译逐步使用国家通用手语。

二 外语、手语和少数民族语言节目播出情况

（一）外语节目播出情况

截至2018年底，中国国际广播电视台每天使用65种语言，通过对外无线广播、境内外落地电台、网站、多媒体移动端、社交媒体等平台，播出6773小时音频、2277小时视频节目，每天制作216小时音频（不含境外节目制作室）、30小时视频节目。在境外拥有102家本土电台，14家广播孔子课堂，30家境外节目制作室。

近年来，中央电视台加强了与国外主流媒体合作。截至2018年底，国际视频通讯社签约用户覆盖全球1954个电视频道和1188个新媒体平台。海外落地频道用户总数达2.8亿，在162个国家和地区实现整频道落地。长城平台以及央视国际频道海外落地共发展全球收费用户约4550.62万。初步建立全台国际传播效果评估体系，对外宣节目效果、国传项目效果、海外落地推广效果等进行科学评估。影视译制规模不断扩大，海外中国剧场55家。[1]

2016年12月31日，中国国际电视台正式开播。全国两会首次起用外籍记者报道，对重大主场外交活动采用特殊编排，进行48小时连续报道。坚持"电视主打、移动优先、融合传播"战略，建成启用CGTN融媒中心，打造新闻一体化生产体系。[2]

（二）手语节目播出状况[3]

近十年来我国电视手语节目逐年递增，其中省级电视手语节目数量基本稳定在30个左右，地市级电视手语节目数量上升较快，从2009年的142个，增加到2018年的264个，十年间增长了122个，增长率为86%。与省市形成鲜明

---

[1] 曲宗生主编《中国广播电视年鉴（2019）》，中国广播电视年鉴社，2019年版。
[2] 曲宗生主编《中国广播电视年鉴（2018）》，中国广播电视年鉴社，2018年版。
[3] 本部分数据来源于2009—2018年《中国残疾人事业发展统计公报》。

对比的是，2011年10月22日，中央电视台新闻频道《共同关注》才开始增设手语主播，这也是央视首个手语式新闻资讯类节目。

截至2018年底，我国296档电视手语节目，从手语节目数量上，跟国外比不算少，但与我国当前约1300套的电视频道以及1700多家县级广播电视台相比，提供手语翻译节目的电视频道仅有5%左右。若按照每个频道平均日播出节目12小时来算，每个手语节目时长20分钟来算，我国电视频道中的手语节目比例仅有0.1%左右，还有较大的提升空间。

表3-18　2009—2018年我国电视手语节目变化（单位：个）

	2009	2010	2011	2012	2013	2014	2015	2016	2017	2018
省级	26	29	28	30	36	30	29	29	31	31
地市级	142	161	168	184	227	201	233	240	254	264

（三）少数民族语言节目播出状况

截至2018年底，中央人民广播电台共开设了蒙古语、藏语、维吾尔语、哈萨克语、朝鲜语五种民族语言频率。党的十九大召开后，中央人民广播电台五种民族语言广播在《全国新闻联播》统一挂栏播出《携手迈进新时代》，采访报道民族地区和民委系统传达学习贯彻党的十九大精神的情况。[①] 各民族语言频率纷纷加强全媒体内容的生产和传播。在网络平台方面，中央人民广播电台中国民族广播网2018年页面浏览总量1560万次；在微信公众号方面，民族语言微信公众号总用户量从2017年的44万增长到2018年的57.6万，阅读量也从3381万增长到了5800万。

三　建　议

（一）完善广播电视融媒体节目语言管理的相关政策

在媒体融合的大背景下，当前广播电视与新兴媒体在内容、渠道、平台、经营、管理等各方面加快深度融合，新的融媒体节目形态不断涌现，该类节目存在不规范、不准确使用国家通用语言文字的现象，广播电视行政主管部门应

---

① 曲宗生主编《中国广播电视年鉴（2018）》，中国广播电视年鉴社，2018年版。

该针对这类新出现的节目，完善节目语言管理政策，进一步加强对该类节目语言使用的管理。

（二）加强广播电视语言监管

目前我国有关广播电视语言规范使用的规定相对比较完善，从法律、政府规章到规范性文件基本上形成了广播电视语言管理政策体系。良法还需善治，当前广播电视领域语言使用失范问题主要表现在监管不力上。广播电视行政主管部门要将日常监管和重点排查相结合，充分运用大数据、云计算等先进技术，同步进行监测监管系统升级改造和建设，推进监测监管系统的网络化、智能化、协同化，全面提升广播影视监测监管能力，确保规范使用国家通用语言文字的要求得到落实。

（三）提高广播电视相关从业人员国家通用语言文字素养

我国广播电视从业人员2019年将突破100万，这就要求各级广播电台、电视台应当对播音员、节目主持人、电视评论员和编辑记者等的国家通用语言文字水平和使用情况进行监测和定期评定；根据评定结果，有针对性地进行政策及专业培训，加强对播音员、节目主持人、出镜记者进行普通话培训，对编辑、记者、中文字幕机操作人员等进行规范汉字培训，不断提高其语言文字专业素养，提高其规范使用国家通用语言文字的意识。

（袁　伟、冀际安）

科技名词工作状况

近十年来,全国科技名词委的名词工作发展迅速,审定公布了一批规范名词和两岸对照名词,努力推进术语学学科建设,所公布的名词在社会上也得到普遍认可和广泛使用。

一 科技名词的审定、公布

全国科技名词委一直十分重视修订科技名词审定原则及方法,完善审定工作程序,提升名词审定工作质量和水平。

截至2019年底,全国科技名词委已组建百余个名词审定分委员会,覆盖基础科学、工程与技术科学、农业科学、医学、人文社会科学及军事科学等各个领域;参与名词工作的各领域专家学者达6000余人,他们都是学科或行业领域一流的专家学者,其中包括数百位中国科学院、中国工程院院士。

科技名词体系更加完善。结合科技名词工作实际,以学科或行业为基础,全国科技名词委制定了科技名词分类体系,完善了科技名词工作的整体规划。

规范名词出版工作进一步加强。2009—2019年,全国科技名词委累计公布出版了54种学科规范名词。同时,汇集已出版的学科规范名词,于2016、2017年出版《科学技术名词·工程技术卷》(全藏版,224399条)和《科学技术名词·自然科学卷》(全藏版,135590条)丛书。近十年来公布出版的各学科规范名词如表3-19。

表3-19 2009年以来公布出版的各学科规范名词

序号	书名	出版年份	出版社
1	《生物化学与分子生物学名词》(第二版、定义版)	2009	科学出版社
2	《细胞生物学名词》(第二版、定义版)	2009	科学出版社
3	《电力名词》(第二版、定义版)	2009	科学出版社

（续表）

4	《古生物学名词》（第二版、定义版）	2009	科学出版社
5	《大气科学名词》（第三版、定义版）	2009	科学出版社
6	《测绘学名词》（第三版、定义版）	2010	科学出版社
7	《中医药学名词》（内妇儿科等，定义版）	2011	科学出版社
8	《语言学名词》（定义版）	2011	商务印书馆
9	《材料科学技术名词》（定义版）	2011	科学出版社
10	《微生物学名词》（第二版、定义版）	2012	科学出版社
11	《地理信息系统名词》（第二版、定义版）	2012	科学出版社
12	《教育学名词》（定义版）	2013	科学出版社
13	《世界历史名词》（定义版）	2013	商务印书馆
14	《泌尿外科医学名词》（定义版）	2014	科学出版社
15	《中医药学名词》（外科等6个学科，定义版）	2014	科学出版社
16	《全科医学与社区卫生名词》（定义版）	2014	科学出版社
17	《放射医学与防护名词》（定义版）	2014	科学出版社
18	《物理医学与康复名词》（定义版）	2014	科学出版社
19	《机械工程名词》（第四分册、定义版）	2014	科学出版社
20	《机械工程名词》（第五分册、定义版）	2014	科学出版社
21	《药学名词》（第二版、定义版）	2014	科学出版社
22	《建筑学名词》（定义版）	2014	科学出版社
23	《组织学与胚胎学名词》（第二版、定义版）	2014	科学出版社
24	《人体解剖学名词》（第二版、定义版）	2014	科学出版社
25	《心理学名词》（第二版、定义版）	2014	科学出版社
26	《计量学名词》（定义版）	2015	科学出版社
27	《医学美学与美容医学名词》（定义版）	2015	科学出版社
28	《管理科学名词》（定义版）	2015	科学出版社
29	《地方病学名词》（定义版）	2016	科学出版社
30	《林学名词》（第二版、定义版）	2016	科学出版社
31	《显微外科学名词》（定义版）	2016	科学出版社
32	《化学名词》（第二版、定义版）	2016	科学出版社

(续表)

33	《老年医学名词》（定义版）	2017	科学出版社
34	《化工名词（一）》（石油炼制·煤制油及天然气·生物质制油）（定义版）	2017	科学出版社
35	《核医学名词》（定义版）	2018	科学出版社
36	《呼吸病学名词》（定义版）	2018	科学出版社
37	《生物物理学名词》（第二版、定义版）	2018	科学出版社
38	《计算机科学技术名词》（第三版、定义版）	2018	科学出版社
39	《物理学名词》（第三版）	2019	科学出版社
40	《冶金学名词》（第二版、定义版）	2019	科学出版社
41	《结核病学名词》（定义版）	2019	科学出版社
42	《阿尔茨海默病名词》（定义版）	2019	科学出版社
43	《肠外肠内营养学名词》（定义版）	2019	科学出版社
44	《精神医学名词》（定义版）	2019	科学出版社
45	《植物学名词》（第二版、定义版）	2019	科学出版社
46	《烧伤学名词》（定义版）	2019	科学出版社
47	《图书馆·情报与文献学名词》（定义版）	2019	科学出版社
48	《计划生育名词》（定义版）	2019	科学出版社
49	《化工名词（二）》（基本有机化工）（定义版）	2019	科学出版社
50	《化工名词（三）》（化学工程基础）（定义版）	2019	科学出版社
51	《运动医学名词》（定义版）	2019	科学出版社
52	《电力名词》（定义版）	2019	科学出版社
53	《手外科学名词》（定义版）	2019	科学出版社
54	《感染病学名词》（定义版）	2019	科学出版社

二　两岸名词对照

海峡两岸使用同样的语言，但在科学技术领域对同一事物和概念的命名有着很大差异。从20世纪90年代开始，全国科技名词委启动了两岸名词对照工作。2009年以来，两岸名词对照共出版17种分学科的海峡两岸科技名词对照本和两种海峡两岸科技名词工具书。近十年来出版的两岸名词书籍统计如表3-20。

表 3-20 2009 年以来出版的海峡两岸名词对照书

序号	书名	出版年份	出版社
1	《海峡两岸测绘学名词》	2009	科学出版社
2	《海峡两岸地理信息系统名词》	2010	科学出版社
3	《海峡两岸生物化学与分子生物学名词》	2010	科学出版社
4	《海峡两岸免疫学名词》	2010	科学出版社
5	《海峡两岸细胞生物学名词》	2010	科学出版社
6	《海峡两岸遗传学名词》	2010	科学出版社
7	《海峡两岸地理学名词》	2011	科学出版社
8	《海峡两岸经贸名词》	2012	商务印书馆
9	《海峡两岸大气科学名词》（第二版）	2012	科学出版社
10	《海峡两岸海洋科学技术名词》	2012	科学出版社
11	《海峡两岸天文学名词》	2013	科学出版社
12	《海峡两岸生态学名词》	2013	科学出版社
13	《海峡两岸化学名词》	2013	科学出版社
14	《海峡两岸材料科学技术名词》	2014	科学出版社
15	《海峡两岸心理学名词》	2016	科学出版社
16	《海峡两岸音乐名词》	2016	科学出版社
17	《海峡两岸化学工程名词》（第二版）	2017	科学出版社
工具书	《两岸科技常用词典》	2015	商务印书馆
工具书	《两岸科学技术名词差异手册》	2015	大连理工大学出版社

全国科技名词委组织编纂了《中华科学技术大词典》，收录两岸 96 个学科、约 50 万条科技名词，实现大陆名与台湾名的对照、中文名和英文名的对照。全书分 10 卷出版，即数理化卷、地学卷、生物学卷、工程技术（上）、工程技术（中）、工程技术（下）、农业卷、医学卷、社会科学卷、人文科学卷。该书 2016 年列入国家出版基金项目，2019 年由商务印书馆正式出版。

三 科技名词应用

科技名词规范被纳入国家新闻出版领域行业标准。2015 年 1 月，国家新闻出版广电总局印发关于批准发布 19 项行业标准的通知，科技名词作为学术出版规范被纳入其中。这是我国第一部专门针对科技名词规范应用问题编写的成文标准。

科技名词规范被纳入全国出版人员职业资格考试当中。从2015年开始，全国科技名词委参与全国出版职业资格考试命题、审题和阅卷活动，新从业人员规范使用科技名词的意识和能力得到提升。

科技名词规范培训工作持续进行。全国科技名词委着力打造"科技名词规范与出版物质量提高培训班"教育品牌，举办培训班。截至目前，已对全国各出版机构的几千名编辑出版从业人员进行了培训。全国科技名词委还组织知名专家多次在辞书培训、编辑业务培训、图书质检培训等场合宣讲国标《学术出版规范 科学技术名词》。

信息化平台建设取得成效。2016年3月18日，全国科技名词委新版官网正式上线，从版面设计、栏目设置、用户体验、运营管理等方面都进行了优化升级。2016年6月15日，以"支撑服务"作为基本定位的知识服务平台——"术语在线"正式上线，8月份推出移动端，聚合了全国科技名词委权威发布的审定公布名词数据库、海峡两岸名词对照数据库等全部科技名词，采用新一代智能搜索引擎，配以个性化排序算法，具备检索联想提示功能，是目前全国最大最权威的专业知识服务平台。

2019年7月15日，中宣部宣传舆情研究中心与全国科学技术名词审定委员会合作推出的"每日科技名词"栏目在"学习强国"学习平台上线。"每日科技名词"栏目每天在"学习强国"学习平台"推荐"频道推送一组规范科技名词，包含中英文名称、学科归属、定义及相关名词等内容。"每日科技名词"上线以来，得到受众的广泛关注与好评。已推出的"暗物质""北斗卫星导航系统""稀土金属""大数据""引力波"等科技名词已得到几十万人次的点赞。

四　科技名词工作合作与研究

2009年以来，全国科技名词委主办的双月刊《中国科技术语》已达60余期，刊载前沿的术语类文章，已成为科技术语领域唯一的学术期刊。全国科技名词委还先后组织出版了"中国术语学建设书系"和"中国科学技术名词规范化理论建设书系"。全国科技名词委联合相关机构，共举办了七届中国术语学建设研讨会和三届"面向翻译的术语研究"学术研讨会，凝聚专家队伍，打造开放、共享、协同创新的术语学研究平台。

近十年来，全国科技名词委与国内外相关部门和组织保持着密切的交流与合作。国内与中宣部、教育部、中国社会科学院、商务印书馆、中国辞书学会、中国翻译协会等机构和组织交流较多，国外与俄罗斯、德国、奥地利、西班牙、哈萨克斯坦、韩国等国家的术语学机构、组织或专家进行了广泛的交流活动。

五 两大工作亮点

亮点之一：科技新词规范工作

2013年，PM2.5的中文名定名在社会上引起了广泛反响。我国部分地区受到雾霾天气影响，PM2.5由于其物理特性及对人体健康的影响特性备受关注。但由于一直没有统一的中文名，常以字母词的形式出现在报刊、广播电视、网络等媒介，给社会应用和学术交流带来很不利的影响。鉴于此，全国科技名词委通过"调研名词使用状况——组织多领域专家研讨——广泛征求意见——召开专业委员会名词审定会——向社会发布并推荐使用规范名词"等程序开展了PM2.5中文定名工作，力图为其确定科学严谨、易于推广使用的中文名。经热烈讨论，"细颗粒物"这一名称得到大部分专家的认同。

2014年，新词工作委员会正式发布了首批科技新词。除官网微博和微信发布以外，还在光明网推出了包括"首批科技新词"等七个栏目在内的专题网站，采取多种形式开展发布活动。相关文章被相关媒体广泛转载。

2018年，针对passive house中文名在社会上使用时比较混乱的情况，全国科学技术名词审定委员会在京召开passive house中文命名专项讨论会，会上就passive house的"被动房""被动式节能房""被动式低能耗建筑"等21种疑似叫法进行了逐个分析和讨论，对passive house的中文定名基本形成了共识。还组织了《科技名词怎么翻译？一个小词儿引发的大讨论》一文在《中国科学报》头版发表，国内众多媒体予以转载。

亮点之二：科技名词与科学普及

2017年，全国科技名词委联合社会公益组织"未来论坛"举办了"守望蓝天：决战雾霾前线"科普讲座活动。主动取得新华网支持，无偿拍摄了"探索元素周期表'第七行'的秘密"和"如何给那些奇怪的元素宝宝取中文名"两个视频并在新华网播放,分别取得日播放超50万次的好成绩。

2017年,全国科技名词委通过中科院、中国核学会、中国物理学会、全国科技名词委的官网、官方微博和微信等,开展113、115、117、118号新元素中定名征集活动,在业界引起普遍关注。经广泛征求意见和充分讨论,中国科学院、国家语言文字工作委员会、全国科学技术名词审定委员会在北京联合举行新闻发布会,正式向社会发布了113号、115号、117号、118号元素中文名称。

六 问题与建议

一是缺乏法律法规和制度上的保障。长期以来我国科学技术名词工作缺少法律法规上的保障,当前开展此项工作的基本依据还是1987年国务院印发的国函142号文件。《国家通用语言文字法》有关条款涉及科技名词,但只是着眼于将术语翻译成中文,不能成为科技名词的法律法规和制度依据。建议加大法律法规和制度建设力度,将科学技术名词规范和使用纳入科学技术进步法、科学技术普及法、国家标准化法、新闻出版条例等法律法规中。

二是缺乏跨部门协调机制,出现"多龙治水"现象。我国科学技术领域、标准化领域和立法领域都对科学技术名词的规范有所涉及,但长期以来缺少协调机制,造成科学技术名词不一致,不利于社会使用。建议建立科学技术名词审定公布机构与标准化机构、国家立法部门的协调机制,明确各自的职能分工;专门就同一概念在科学技术领域、标准化领域和立法领域的名称不一致进行协商,达成一致。

三是财政资金投入不足。虽然国家财政投入逐年有所增加,但每年工作经费远远不能满足当前科学技术名词工作的需要。经费的问题严重限制了审定公布科学技术名词规模、数量,离建设体系完备、有规模、学科全覆盖的数据库要求相距甚远,严重影响科学技术名词规范事业的发展。建议加大财政资金投入,推进科学技术名词规范化建设、数据化建设、国际化建设,提质增效。

(王 琪)

方言文化的保护与传承

进入21世纪以来，举国上下对于方言文化的重要性认识不断加深，中共中央办公厅、国务院办公厅2017年1月印发的《关于实施中华优秀传统文化传承发展工程的意见》指出：要"大力推广和规范使用国家通用语言文字，保护传承方言文化。"各地各部门积极响应，集思广益，开展形式多样的各种活动，方言文化保存初见成效。

一　现状与态势

就整体而言，方言文化保存的态势可分三种情况。

1. 全局式。2015年由教育部、国家语委、财政部主导启动"中国语言资源保护工程"，堪称新中国成立以来最大规模的语言资源调查工程，工程由北京语言大学中国语言资源中心主持，由各省（区市）语委具体实施，动员全国上千名专家，对汉语方言（900点）和少数民族语言（300点）进行多角度的调查，并配以高品质的音视频资料，另对200个濒危语言或方言点进行抢救式的调查。经过近5年的建设，成效显著，对于宣传和保护各民族语言（方言）文化，起到很好的推动作用。

2. 局部式。典型事例为湖南省实施的"湖南方言调查'响应'计划"，计划由湖南卫视著名主持人汪涵资助发起，于2015年7月启动，由湖南工业大学陈山青教授和南京大学陈立中教授共同主持，分方言和口头文化两部分，目前已调查方言点50余个。

3. 零星式。主要指各地各高校由个人为主体的方言文化研究项目或课题。另外，近年来，出版社出版的区域方言文化著作亦达到数百种。

就保存的性质而言，可分为以下三种类型。

1. 记录性。多数的方言文化保存皆属记录性，其中又分纸笔记录和纸笔

+音视频记录两种,前者以民间文人所写的笔记、杂文为多,如杨慕如《品味湘乡话》、舒饭《石岐话词语笔记》等,后者以专业学者所主持的大中小型语言文化调查项目,但出版时不一定会带有音视频(主要是出于技术及成本的考虑),如由浙江大学出版社出版的《浙江方言资源典藏》(16册,2019)。

2. 娱乐(普及)性。主要是指媒体推出的以方言为主题的娱乐节目,如湖南经视的"多彩中国话"(2016)、"方言听写大会"(2015)、湖南卫视的"越策越开心"(2002—2015)等,"江苏方言听写大赛"(2014)则由江苏广播电视台综艺频道策划,广东南方卫视陈星工作室与暨南大学等高校合作推出"谁语争锋"(2014)大型方言娱乐节目,颇受欢迎;福建电视台从2014年起连续几年举办福建方言文化大赛。这些节目虽然以娱乐为主要目的,但共同的特点是较接地气、口语化,影响力大,客观上对保留、传承方言文化,起到正面的作用,有的还公开出版了节目的音视频合集;此外,省地市级电视台(电台),也有一些普及方言文化的栏目,如北京电视台7频道的"北京话 话北京"栏目,广东梅州电视台的"客家印象""这里是客家"栏目,梅州电台的"讲牙舍"栏目,台山电视台的"得闲倾偈"栏目,梅县电视台的"客家方圆"栏目等。

3. 教学(传承)性。面对各地方言的流失,不少学者、教师积极行动,编写方言文化教材或普及读物,推动年轻一代在熟悉普通话的同时,也掌握本土方言,如北京的陈平原、上海的钱乃荣(《上海话900句》)、厦门的周长楫(《闽南话800句》)、广东的丘学强(《新时空粤语》)、高然(《现代粤语口语》)等,而陈平原、林伦伦、黄挺主编《潮汕文化读本》(广东教育出版社,2017),经潮汕地区中小学试用,反响热烈;甘于恩主编《绘声绘色看方言》(新世纪出版社,2018)用音视频形式保存、传播三大方言童谣,获得社会的肯定;韩山师范学院林朝虹团队以绘本形式在幼儿园、小学开展潮州歌谣传唱活动,从小培养儿童的母语能力,效果显著;梅州市曾宪梓中学编写《客言 客韵 客文》校本教材,引导中学生挖掘客家话资源,投身于方言资源保护的活动中;广州大南路小学校长叶丽诗(后调任建设大马路小学)长期致力广府文化进校园,推动广府文化融合校园,用心将传统优秀文化传递给下一代。

二 活动与成果

就参与的人群而言,参与方言文化保存的有:专业人员、半专业人员和业余人员，限于篇幅，这里主要只列举专业人员的一些活动和成果。

（一）重要事件

进入新世纪以来，由于社会各方面的推动，方言文化保存和保护呈现勃勃生机，有几个大的标志：

1. 认识到语言是一种资源，一种生态，语言或方言文化需要加以保存和呵护，越来越成为全社会的共识。

2. 语言资源保护工程启动，成立了一些致力于方言文化保护的机构。如北京语言大学的中国语言资源中心、陕西师范大学语言资源开发研究中心、山西大学的方言与口传文化典藏研究中心、山西大学语言资源保护传承与开发利用协同创新中心、华南师范大学的岭南文化研究中心、暨南大学的语言资源保护暨协同研创中心、岭南师范学院粤西方言与文化研究所以及韩山师范学院潮学研究中心等，从人力和物质上提供了有力保障，语言或方言文化保护从个人调研转入团队作业的阶段。

3. 方言文化的交流平台越来越多。主要有：中国语言资源研讨会、中国方言文化影视典藏研讨会、西北方言与民俗国际学术研讨会、闽南方言与文化研讨会、南方汉语方言研讨会（前身为"岭南语言资源理论与实践研讨会"）等。不少高校和研究机构都创办新媒体的传播平台，宣传方言文化。如公众号"语宝""乡音"（北京语言大学），"语言资源快讯""语言资源"（暨南大学），"方言与文化"（武汉大学），"八桂乡音"（广西大学）等，影响越来越大。

4. 建立实体或线上语言文字博物馆，系统整理各地方言文化成果，用现代化的呈现方式，宣传方言文化的价值和保护理念。目前已经建好或在建的博物馆有：贺州学院语言博物馆（2016年建成）、贺州学院民族文化博物馆（2016年筹建）、广西民族大学语言博物馆（2019年筹建）、岭南方言文化博物馆（2018年筹建）、北京语言文化数字博物馆（2017年建设）、上海外国语大学语言博物馆（2018年筹建）等。

5. 媒体运用方言元素推动传播的深层次转向。有的时评节目导入了方言，更接地气，更受欢迎，如宁波电视台二套的"来发讲啥西"，绍兴电视台的《师爷说新闻》，山东齐鲁电视台的"拉呱"；有的开设了方言类的专题节目，如广东潮州电视台的"林江讲古"，福州电视台的"攀讲故事会"，泉州电视台的"泉州讲古";综艺节目涉及方言的就更多,如上海电视台的"嘎讪胡"等。这些节目的成功,对方言文化的保存和保护,起到了促进作用。

6.世界语言资源保护大会的召开,标志着语保事业走向规范化、常态化、国际化的道路。2018年9月在湖南长沙举办"世界语言资源保护大会",与会者从多角度、多侧面探讨了语言保护的理论与实践,并发表《岳麓宣言》,文件强调"文化多样性和多语主义在促进多元、公平、开放和包容的知识社会方面发挥着重要作用",倡导"为保护语言多样性提供必要的环境条件和服务,探索语言多样性、环境保护与经济增长共赢的可持续发展模式",获得良好的社会反响。

(二)出版物

方言文化的成果源源不断地推出。影响较大的有:《中国方言民俗图典系列》(侯精一、李守业、曹志耘主编,语文出版社,2014)、《中国语言文化典藏》(20卷,曹志耘主编,商务印书馆,2017)、《中国濒危语言志》(30册,曹志耘总主编,商务印书馆,2019);各地也逐步出版跟方言文化相关的系列丛书,如世界图书出版公司推出"闽南侬闽南文化与语言文库"(高然主编),计划出齐20册,内容涉及闽南话口语、谚语、笑话、小说、歌谣、故事、曲艺等;暨南大学出版社推出"岭南文化书系"共30册,其中多数与方言文化相关。

语言资源保护一期工程于2019年12月基本结束(个别省区延至2020年1月),各省区市目前已经投入人力、物力,编纂各地的语言资源集,这也是方言文化保存的一大亮点。

(三)公益活动

暨南大学汉语方言研究中心与企事业和地方的合作,与广州图书馆开办多期"公益粤语"培训班,开设20余期"知粤讲堂"公益讲座;与南方卫视合办方言文化综艺节目;与番禺社区合作开展"粤讲粤好"(粤语进社区)活动;为各地语保活动提供理论和技术指导;定期招募语保志愿者,开展线上+线下活动,初步在语言资源活化方面走出一条路子。中山(三乡)尚古传统文化保育中心把方言文化的保存与非遗项目传承相结合;广州羊城网劳震宇等尝试用粤音诵读经典文学作品。

三 问题与建议

方言文化保存还存在一些不足与短板。大致有以下几点：

（1）方言文化保存的面还不够广，语保工程的选点侧重县城或市区，广大的乡村还无暇顾及，如何解决这一问题，需要集思广益；

（2）方言文化保存的内容还有待拓展，语保工程第一期的选字只有1000个，例句也只有50个，这对于保存语言的全貌远远不够；

（3）方言文化的宣传力度还很欠缺，社会上对于方言文化的价值和重要性认知不足，甚至存在不少误区；

（4）方言文化保存的社会化程度还不深，社会上还有许多对方言文化保存非常热心的人士，苦无用武之地，如何引导他们加入语保行列，应该引起主管部门和专业人士的深思。

（5）各地乡土文化教材编写有待加强。

针对上述问题，建议如下：

（1）有关主管部门要就语言资源和方言文化保护提出具有战略性的近、中、远期规划；

（2）要改变目前自上而下的基本态势，形成自上而下和自下而上的对流态势，调动全社会的力量来保护和抢救语言资源；

（3）要善于利用新媒体，拓展语言资源保护的广度和深度；

（4）从使用人群入手，从根本上改善语言资源"断流"的现象。

汉语方言数量众多，从长远来看，方言文化保存不可能平均用力，面面俱到。我们要处理好大方言和小方言的关系，处理好城市方言和乡村方言的关系，处理好一般方言和濒危方言的关系，分清轻重缓急，该抢救的就抢救，该调查的就调查，该传承的就传承，最大限度地动员社会力量，提升我们国家方言文化保存事业的效度。

（甘于恩）

走进现实的网络语言*

目前对很多人来说，网络生活已成为一种基本生活方式、生存方式：线上社交、网络购物、移动支付，等等。据最新的统计数据，截至2019年6月，我国网民规模达8.54亿，互联网普及率达61.2%；手机网民规模达8.47亿，使用手机上网的比例达99.1%。而对一些人特别是零零后来讲，已不知OICQ（opening I seek you）为何物了，它就是腾讯在1999年2月上线的一款即时通讯软件，也就是我们现在耳熟能详的QQ。从那时起，作为一种新的表达样式，网络语言也随着方便、快捷、让人乐此不疲的网上聊天逐渐走入国人的社会生活，今年正好是二十年，这也是网络语言由远及近、深刻影响我们语言生活的二十年。

一　路径：从"舶来品"到"本土化"

所谓网络语言，就是伴随着互联网的应用与普及而出现的一种语言现象。我们会很自然地想到，它不是我们本土语言生活原生的，因为没有网络，就不会有网络语言，而网络无疑是一个地道的"舶来品"。

作为人类20世纪以来最伟大的发明之一，互联网络最早应源于美国国防部在20世纪60年代末开始使用的阿帕网（ARPAnet），并在80年代中期进入民用领域，毫无疑问，它是一个高科技的产物。所以，网络语言最初指的是网络编程所使用的语言，如C语言、JAVA、HTML等，即以某种自然语言为基础的计算机能够理解和执行的形式语言。

根据我们的检索结果，"网络语言"一词最早用在国内文献中的时间，是1991年，文中"介绍一种基于网络图论的编程方法—网络语言"。此后，"网络语言"也一直用来指称计算机及网络科学中的某种人工语言，如

---

* 国家社科基金重大项目"青少年网络语言生活方式及其引导策略研究"（14ZDB158）阶段性成果。

《更坦白的网络语言》中"系统是应用 ASP、VBScript、JavaScript 等先进网络语言、网络数据库技术和可视化程序语言开发的"。①

第一次用"网络语言"来指称网络传播过程中的自然语言现象的,是 1996 年一篇摘译自法语的文章《〈Keep Smiley〉或新的网络语言》,介绍了"Internet 网络采用的专用语言,这些语言符号表示这样或那样的概念和对象"②,其中的 Smiley,就是我们常说的笑脸符。

而人类历史上的第一个网络表情符号已在 1982 年 9 月 19 日诞生,这天上午的 11 时 44 分,美国卡耐基·梅隆大学计算机科学的斯科特·法尔曼教授在电子公告板上第一次输入一串 ASCII 字符 :-),最初将其定义为"发言者是在开玩笑",这也是他"送给世界的小礼物"。③ 就是这样一个看似简单、普通的笑脸,却开启一个网络表情的时代。④

图 3-1 法尔曼教授的笑脸符　　图 3-2 于根元主编《中国网络语言词典》封面

国内最早介绍"网络文化中的新语言"的文章中,列出了 37 个网络语言与英语的对照表,它们"基本源自英文的缩写,有些是从电报惯用的简语发展而来",其中一些现今仍在广泛使用,如 B4、BTW、CU、IC、OIC、P2P、U、Ur、VG 等⑤。由此可见,这种最初以"网络"来命名的新兴的网络语言和那些表情符号,也都是纯粹的"舶来品"。

而随着我国网络应用的推广、网民人数的增加,网民开始创造属于自己

---

① 中国互联网络信息中心《第 44 次〈中国互联网络发展状况统计报告〉》,http://www.cnnic.net.cn/hlwfzyj/hlwxzbg/hlwtjbg/201908/t20190830_70800.htm。
② 三川《更坦白的网络语言》,《中国电子与网络出版》2003 年第 1 期。
③ 杨则正《〈Keep Smiley〉或新的网络语言》,《管理科学文摘》1996 年 11 期。
④ 蒋骞《36 年前的今天,人类第一个网络表情符号诞生……》,https://new.qq.com/omn/20180919/20180919A1C6Q5.html。
⑤ 徐云程《网络语言——一种新型的 PC 编程方法》,《电子技术与应用》1991 年 7 期。

的网络语言，如在我国第一部《网络时尚词典》中，就收录了诸如：斑竹（版主）、恐龙（女性网民）、青蛙（男性网民）、大虾（大侠）、东东（东西）、伊妹儿（e-mail 的谐音）、MM（美眉）等；还有288条"数字代码语言"，其中多数已不为网民所知、所用，只有个别还在使用，如1314（一生一世）、1414（意思意思）、520（我爱你）、5201314（我爱你一生一世）、555（呜呜呜哭声）、7456（气死我了）、88（拜拜）、886（拜拜咯）等。

与此同时，网民们为适应网络传播方便、快捷的特性，充分利用汉语的语言特点和资源，不断推陈出新，有汉语拼音记音或缩略形式的，诸如：hehe（呵呵）、xiaxia（怪笑状）、kao（靠），以及 plmm（漂亮美眉）、fq（愤青）、rpwt（人品问题）等；更有大量汉字型的，诸如：菜鸟（网上新手）、馨香（信箱）、竹页（主页）、拍砖（发表意见）等，以及各种数字、字母、字符、汉字的混合；一些古字、旧词也在网络传播环境下被赋予了新义，将它们再次激活，如"山寨""他的囧你的槑我们心中巨大的雷"。

如今，网络已成为汉语新词语的孵化器、试验场和集散地，网络语言在其"本土化"的道路上不断与时俱进。

二 样态：从"多语码"到"多模态"

网络语言具体是什么，它以什么样态呈现，对此，很早就有学者做出了明确的阐释：

从不严格的意义上划分，广义的网络语言大体上可以分为三类：一是与网络有关的专业术语，如鼠标、硬件、软件、病毒、宽带……二是与网络有关的特别用语，如网民、网吧、触网、黑客、短信息……三是网民在聊天室和BBS上的常用词语和符号，如美眉、大虾、斑竹、恐龙、菜鸟、公鸡等。狭义的网络语言仅指第三类……具有生动风趣、简洁省事、人情味浓、个性化色彩强的特点。

的确，网络语言刚刚在网民的键盘上跳跃、进入国人视野的时候，网络交际场景还较为简单，如最初人们经常使用的电子邮件、电子公告板（BBS）等，以及经常上网冲浪的各种网络社区；网络传播技术还没有现在这样强大，表现手段也还没有现在这么多样，网上聊天和BBS就成为网络语言的主要策源地。

网络语言更多地表现在词语层面的嵌入式使用，按社会语言学的理论就是"语码混合"，即在一个词、一句话、一段文中，字母、数字以及电脑所能提供的各种符号，与通用汉语文混杂在一起。下文可以视为网络语言多语码混合的经典案例：

　　昨天晚上，我的GG（哥哥）带着他的"恐龙"（丑陋的）GF（女朋友）到我家来吃饭，饭桌上，GG的GF一个劲地向我妈妈PMP（拍马屁），那酱紫（样子）真是好BT（变态），7456（气死我了），我只吃了几口饭，就到QQ（网络寻呼机）上"打铁"（发帖子）去了。①

　　这是一段为国内报刊和网站广为报道的小学生作文的开头，曾被作为网络语言冲击中小学语文的佐证，实为一则虚假新闻。其中就混合了汉语拼音字母缩写、英文字母、数字，以及汉字、汉字谐音转写等多种类型的网络语言。而2006年前后由台湾输入，并经大陆新生代网民发扬光大、一时风光无二的"火星文"，则将网络语言的语码混合发展到极致，例如：

　　偶ㄉ电脑坏掉ㄣ害偶一整天都粉 sad~ >"<
　　／苋葯电脑坏才卓叻，嗏磢⑴整忢哪ㄔ艮伤吣~

　　这两句引自百度百科的火星文，定会让很多人一时无法解读，实际上它们表达的同一个意思，即"我的电脑坏掉了，害我一整天都很伤心"。这种极端的陌生化，最终使火星文走向了"娱乐至死"，逐渐退出了主流舞台，成为网络语言传播"速生速朽"的历史存照。与此同时，随处可见的网络低俗语言现象，也成为网上网下共同诟病的对象，有青年作家就曾撰文质问：不说"逼""屌""婊"，我们就不会说话了吗？人民网舆情监测室也在2015年6月发布了《网络低俗语言调查报告》，对此类现象进行了较深刻的分析、批判。客观地讲，这并非是网络语言的主流，网络语言历经褒贬，带给我们的更多还是对社会生活的符号化映射、鲜活的陌生感，以及中国网民语言智慧的充分释放。

　　随着信息技术的快速发展，特别是移动互联、智能终端的普及与应用，网络传播进入一个自媒体时代。自媒体的多种应用，更加充分展示了网络超文本、超链接传播的优势，彻底打破此前各种字符的线性排列、单一模态的传播方式，将静态的各种字符、图片与动态的音频、视频、动图等网络所能提供的各种表

---

① 易文安《网络时尚词典》，海南出版社，2000年10月第1版。

达手段有机地组织在一起,尽显多种模态的传播效果。2016年1月中旬"fb表情包大战",就是一场发生在虚拟世界的多模态之战——"斗图",双方攻击的武器不再是传统的枪炮,而是各种你熟悉或不熟悉的表情包;下图3-3为2018年12月30日《环球时报》微信客户端上的一篇推文,除文字符号外,还使用了4个静态表情图、2个动态表情图、1个视频、4个视频截图、3幅留言区截屏(15条留言中,三分之二混合了文字和常用表情符号;5个没有使用表情符号的,有3个使用了一连串的"哈哈哈")。多模态语篇已成为网络语言传播的一个基本特征。

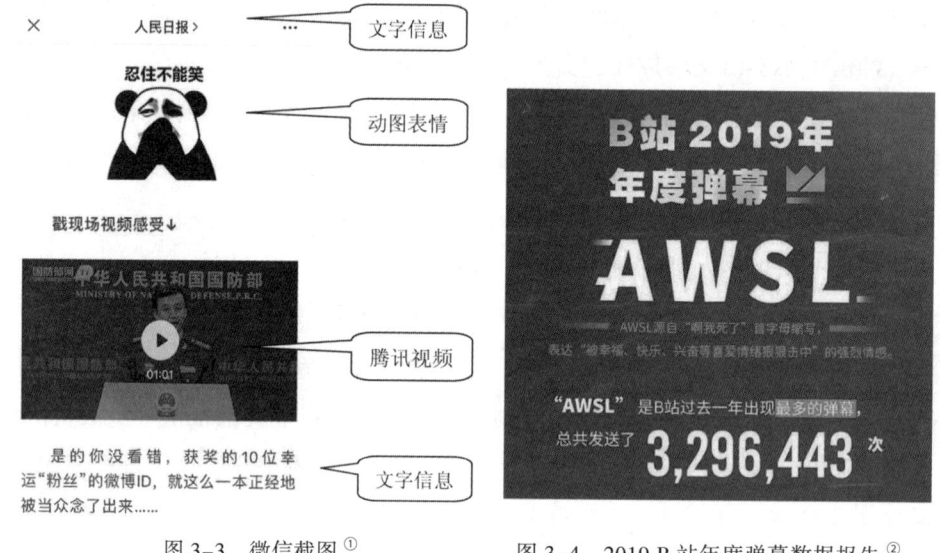

图 3-3 微信截图① 　　　　图 3-4 2019 B 站年度弹幕数据报告②

三　群体:从"小众"到"大众"再到"分众"

互联网,简单地理解,就是无数台电脑和存储设备的联结。这些高科技的电脑和上网设备曾经价格不菲,再加之昂贵的上网资费,都使普通民众望而却步。因此,当那些网络交际用语以其非常态、陌生化的面孔出现在人们的眼前时,它还属于一种小众化的语言消费品,因此就有人将那些网络词语视为黑话、

---

① 环球时报微信客户端《救命!国防部想把我笑死……!》,https://mp.weixin.qq.com/s/JvfZH4HUE_EIZLQmMedRUQ?scene=25#wechat_redirect。

② 观察者《AWSL 成 B 站年度弹幕,这些年轻人在想啥?》,https://www.guancha.cn/politics/2019_12_05_527414.shtml。

秘密语，甚至嗤之以鼻，称《网上黑话一箩筐》[①]，认为《网络语言冲击现代汉语》[②]、《网络语言破坏汉语的纯洁》[③]。这在当时，还是有一定的代表性。

对此，我们应充分认识到，互联网的科技属性决定了网络语言最初只能是一种小众的语言现象。同时，作为高科技的产物，网络信息以其键盘输入、屏幕阅读诉诸视觉的书面化传播，在很大程度上改变了人类自诞生之时起口耳相传的有声语言方式，以及人类文明发展到一定阶段产生并延续至今的"白纸黑字"的书面语言方式，也自然会产生与之相适应的新的传播样式，如那些曾被广为运用的拟声词形式，以及不断推陈出新、发展壮大的表情符号和表情包，就是为了适应网络传播的非现场性所造成的言语交际情态的缺失而产生的，以充分满足网络上表情达意的需要。

随着我国互联网事业的高速发展，我国网民数量呈现快速增长的态势，到2014年6月，我国网民规模达6.32亿，互联网普及率达到46.9%，手机使用率达83.4%，首次超越传统PC的使用率[④]。这使得原本就开放、缺少"把关人"的网络平台，更为平民化、大众化和便利化，网络语言成为大众喜闻乐见、不可或缺的表达形式，网民也从以往被动的语言消费者，变身为既是消费者也是创造者，全民参与网络上的语言创造。

这期间，发生了两个具有标志性的文化事件。

一是，2010年11月10日，网络词语"给力"出现在了《人民日报》头版新闻的标题《江苏给力"文化强省"》中，这个看似普通的标题，却被普遍认为是网络语言"转正"的标志，也由此带动"给力"的高频使用，"给力"也毫无悬念地当选2010年的"十大网络流行语"。

另一是，历时5年修订完成的《现代汉语词典》（第6版）于2012年6月面世，其中不仅收录了与计算机、互联网有关的网络词语，如"博客、播客、博文、微博、网聊、网购、超媒体、物联网"等，还收录了"被××、粉丝、给力、雷人、山寨、土豪、宅男、宅女"[⑤]等反映网民在线生活的新词新义，虽

---

① 佚名《网上黑话一箩筐》，《信息化建设》1999年第8期。
② 姚玉成《网络语言冲击现代汉语》，《辽宁财税》2000年第7期。
③ 闪雄《网络语言破坏汉语的纯洁》，《语言建设》2000年10期。
④ 中国互联网络信息中心《第34次中国互联网络发展状况统计报告》，http://www.cnnic.net.cn/hlwfzyj/hlwxzbg/hlwtjbg/201407/t20140721_47437.htm。
⑤ 新浪网《现代汉语词典第6版收录被代表雷人等新词》，http://news.sina.com.cn/c/2012-07-16/062924780771.shtml。

然这也招来某些质疑,但却受到广大网民的热捧。

作为新中国第一部规范性词典,《现代汉语词典》对网络词语的收录,这实际上就是告诉我们,网络语言已不再是小众网民的专属,而是通用语言的一部分。至此,网络语言也完成了其大众化的过程。

此后,四字的"洪荒之力"更是让网上网下连成一片,成为我们身处网络时代的共同标签;我们已经习惯用"点赞""朋友圈""硬核""厉害了×××"来传递我们的肯定和赞叹,用"退群""友谊的小船说翻就翻"来表达我们的否定与无奈,网络语言也就频繁地出现在领导人的讲话和主流媒体的话语中。据相关统计报告,截至2019年第三季度,微信月活跃账户数达11.51亿,"捂脸"成功蝉联年度最受欢迎的表情;男性的热搜词分别是"小姐姐、ETC、不忘初心",女性则是"口红、网红、吃瓜"。①你会发现,当网络语言流行时,网民个个都是语言创造者、段子手;当快手、抖音盛行时,网民个个都是好编剧、好演员。

而与此同时,网络应用平台也更加多样化、个性化,并催生出各种粉丝圈,网民更喜欢称之为"饭圈",如网络游戏饭圈、弹幕饭圈、足球饭圈,以及韩圈(韩国明星粉丝圈)、日圈(日本明星粉丝圈)等,每个饭圈的用语都不尽相同,可以说圈和圈之间是"有壁"的,这又使得基于特定平台的用语、"圈语言"出现小众化的现象。如英雄联盟圈中"下饭"是指某人技术不好,"蓝领"则是用来形容擅长抗压、风格稳健、需求资源不多的选手;又如弹幕中大量使用的汉语拼音缩写形式,xswl(笑死我了)、zqsg(真情实感)、szd(是真的)、dbq(对不起)、sjb(神经病)等,还有可大量派生造词的,"××粉"就有"女友粉、男友粉、私生粉、黑粉、白嫖粉"等。饭圈用语具有明显的经济性、排他性和娱乐性等特点,如2019年B站公布的年度弹幕数据中,awsl(啊我死了)被发送了三百余万次,位居榜首,参见上图3-4。

小众化的饭圈语言,是网络语言随着使用群体的增长而出现的再分化现象,正所谓"人与群分,物以类聚"。这种分众化无疑会给圈外的人们带来某些新的陌生感,但我们仔细考察就会发现,饭圈语言的发展符合社会语言学的基本

---

① 澎湃《2019微信数据报告出来了!竟然……》,https://www.thepaper.cn/newsDetail_forward_5480482。

原理，而且作为网络语言的下位变体，仍具有网络语言的诸多共性特点，比如前面的汉语拼音首字母缩写形式，是早就存在的一种类型；谐音造词、旧词新义等，更是网络语言常用的手法。而有些饭圈语言，也随着网民"身在曹营心在汉"网络生活方式，走出自己的圈子进入网络语言，乃至线下的语言使用中，如2019年各类流行语评选的最大赢家"我太难（南）了"，最早就是出现在快手视频网站上的一个"土味视频"。

四 启示与建议

目前，互联网可以说是无处不在，网络生活俨然就是我们的基本的社会生活，由网络构筑的虚拟世界与现实世界的边界正在消解，走向全方位的融合，例如海内外收视观众总规模达11.73亿2019年的央视春晚，[1]快手成为其官方合作伙伴、内容分布平台，抖音成为其独家社交媒体平台，由此开创春晚社交传播的新方式。[2]网络语言也全面走进我们的现实语言生活，套用网上的"见与不见体"来说：你见，或者不见，它就在那里，层出不穷；你爱，或者不爱，它就在那里，大浪淘沙。对此，我们应保持清醒的认识。

第一，理性认识网络语言的生成与发展。语言是随着社会的发展而不断发展变化的，语言的变异是经常性的、绝对的，语言规范则是阶段性的、相对的。网络语言是网络传播工具与传播环境的必然产物，应运而生，它加速了网络时代的语言变异。可以说，网络语言的魅力就在于它的变与不变，它既有效地保证了网络的信息传播，又不断给我们带来各种新鲜感。网络语言它也必然会随着网络传播技术的更新换代、使用群体的需求与应用而迭代发展，一方面可能会在一定程度上回归有声语言传播，另一面也会跟随年轻群体的代际脚步继续它的分众化。

第二，科学评价网络语言对国家通用语言的影响。几乎是在网络语言扑面而来的同时，《中华人民共和国国家通用语言文字法》于2001年正式实

---

[1] 新华网《2019年央视春晚 跨媒体传播刷新纪录》http://www.xinhuanet.com/info/2019-02/06/c_137801760.htm。

[2] 搜狐网《快手成为央视春晚官方合作伙伴：获春晚短视频版权》，https://www.sohu.com/a/292639456_163726。

施,对国家通用语言和文字做出了明确的界定。二十年来,网络语言充分利用了谐音手段,但却未能也不可能改造现代汉语的语音系统;曾经风靡一时"XXing""……的说"等,也没有丝毫动摇现代汉语的语法结构。它的确可以体现"现代人生存和思维状态",但不可能"代表21世纪语言发展的方向"。

第三,客观看待网络语言对现实语言生活的影响。早在2001年,著名作家冯骥才就曾认为网络语言给我们的民族语言带来了冲击,甚至造成一定的"烧伤度"。① 不可否认,网络语言给语言使用、语言生活都带来了一定的冲击,如"雁过留声"的各种网络低俗语言、杀人于无形的网络语言暴力,但这种冲击更多地来自于网络语言的陌生化与应接不暇。如同一百年来,现代汉语的发展所经历的五四运动、改革开放的两次高潮②,网络时代则是第三次高潮,二十年过去了,汉语依然是那个汉语,只是更加丰富多彩,更能满足互联网的思维与表达。

第四,有效引导网络语言朝着健康的方向发展。网络语言发展到今天,毋庸置疑,它已是我们汉语文的有机组成部分,正在为网民抑或是非网民所使用,决定网络语言朝什么方向发展的不是网络语言自身,而是使用和创造网络语言的网民群体。网络是一把双刃剑,网民和他们创造的网络语言亦不能免俗,我们应树立多模态、分层次的网络语言规范观,在营造风清气正、宽松和谐的网络空间的同时,不断提升网民特别是年轻一代网络原住民的自身素质和语言使用习惯,进而为网络语言的健康发展提供用之不竭的动力。

(汪 磊)

---

① 人民网《网络语言:让我欢喜让我忧》,http://www.people.com.cn/electric/210316/w03.html。
② 同上。

广州人语言使用现状调查*

粤语是当下强势汉语方言之一，在海内外有很大影响。广州作为粤语代表城市，在国际大都市建设过程中迅速集聚了国内外不同地域人口。根据广州市统计局发布的数据[①]，2015年末广州市常住人口为1350.11万人，流动人口为572.98万人，占42.44%。粤语与普通话、英语在此不可避免地产生接触和竞争。本调查将语言使用状况、语言使用者和语言传承三者结合起来，通过问卷及部分调查对象的访谈，探究全球化背景下广州人使用粤语、普通话和英语的现状和社群差异，思考粤语传播传承的有效途径。

一 调查说明

（一）调查问卷的设计

问卷由三部分构成：第一为个人背景信息，包括性别、年龄、文化程度和家庭背景等；第二为语言使用情况，包括母语、能使用的语言及在私人场合、公共场合的语言使用；第三部分为调查受访者子女（年龄在18岁以下，具备语言能力）的语言掌握及语言使用状况。

（二）调查对象和变量的设定

我们只将父母一辈已在广州定居，且本人在广州出生长大的广州人作为调查对象，如果被访者有子女，亦一并了解他们子女的语言掌握和使用情况。年龄段为18—50岁。我们将18—35岁界定为青年，36—50岁界定为中年；将文

---

* 国家社科基金项目"粤语代际语料调查记录及变异、显危研究"（项目号：15BYY056），《广州大典》与广州历史文化研究资助专项"广州人粤语传承状况研究"（项目号：2016GZY25）的阶段性成果；广东省公共外交与跨文化传播研究基地成果之一。

① http://www.gzstats.gov.cn/tjdt/201604/t20160412_24388.html; http://www.gzstats.gov.cn/tjgb/glpcgb/201702/t20170221_25655.html。

化水平分为"本上""本下"两段,即本科及本科以上,本科以下;家庭背景分为"父母双方均在广州出生长大"(下文称"本土背景")和"父母一方或双方不在广州出生长大"(下文称"移入背景")两类。

经过预调查、问卷修改等步骤后,2017年2月到3月实施正式调查,在荔湾、越秀、海珠、天河、白云等几个广州中心区域获取被试,共回收问卷300份,有效问卷290份,有效率为96.7%。

(三)访谈

在问卷调查结束后,我们就统计相关所得,找到部分受访者通过面对面、电话、微信等方式进行访谈,印证统计结果,进一步了解原因。

(四)调查对象的基本情况

表3-21 调查样本构成情况(N=290)

性别	年龄	文化水平	家庭背景
男 142(48.97%)	青年 72(24.83%)	本上 39(13.45%)	本土 16(5.52%) 移入 23(7.93%)
		本下 33(11.38%)	本土 27(9.31%) 移入 6(2.07%)
	中年 70(24.14%)	本上 39(13.45%)	本土 19(6.55%) 移入 20(6.90%)
		本下 31(10.69%)	本土 12(4.14%) 移入 19(6.55%)
女 148(51.03%)	青年 71(24.48%)	本上 44(15.17%)	本土 21(7.24%) 移入 23(7.93%)
		本下 27(9.31%)	本土 20(6.90%) 移入 7(2.41%)
	中年 77(26.55%)	本上 35(12.09%)	本土 12(4.14%) 移入 23(7.93%)
		本下 42(14.48%)	本土 28(9.66%) 移入 14(4.83%)
分类总计 (N=290)	青年 143(49.31%) 中年 147(50.69%)	本上 157(53.14%) 本下 133(46.86%)	本土 155(53.45%) 移入 135(46.55%)

二 语言使用现状

（一）母语、能使用的语言及其代际差异

本调查中，母语指的是最先会说的方言或语言；能使用的语言，是指对某种语言或方言有一定的掌握，能够在生活、工作、学习中使用。问卷中这两项都可单选或多选。调查结果如表3-22所示。

表3-22 广州人的母语和能使用的语言

母语	母语为单言			母语为双言或多言			
	粤语	普通话	其他方言	粤+普	粤+其他方言	普+其他方言	粤+普+其他方言
	227 (78.28%)	19 (6.55%)	12 (4.14%)	20 (6.89%)	4 (1.38%)	6 (2.07%)	2 (0.69%)

能使用的语言	仅掌握一种语言/方言		掌握两种或以上语言/方言				
	粤语	普通话	粤+普	粤+普+英	粤+普+英+其他方言	粤+普+其他方言	普+英
	26 (8.97%)	3 (1.03%)	122 (42.07%)	106 (36.55%)	21 (7.24%)	10 (3.45%)	2 (0.69%)
			同时掌握粤语和普通话 259（89.31%）				
			同时掌握粤语、普通话和英语 127（43.79%）				

表3-22显示，广州人的母语已不单纯是粤语，母语为粤语单言的比例为78.28%；母语不为单一粤语的也占据一定比例，这包括母语为单一普通话、单一其他方言，以及母语为双言或多言等。从能使用的语言来看，只有8.97%的广州人仅能使用粤语；近九成广州人同时掌握粤语和普通话，其中超四成广州人还同时掌握粤语、普通话和英语。

代际差异是指不同年龄组之间那些固有的、不会随时间而消失的差异。我们在问卷第三部分了解了受访者子女的母语情况，对不同年龄组（36—50岁、18—35岁、18岁以下）的母语情况进行了卡方检验。如图3-5所示，在三个年龄组中，母语为单一粤语的比例逐渐下降，母语不为单一粤语的比例逐渐上升，且差异达到显著水平（$p=0.028<0.05$，$c2=7.147$）。调查数据说明广州人的母语正在出现代际语言转移的现象。

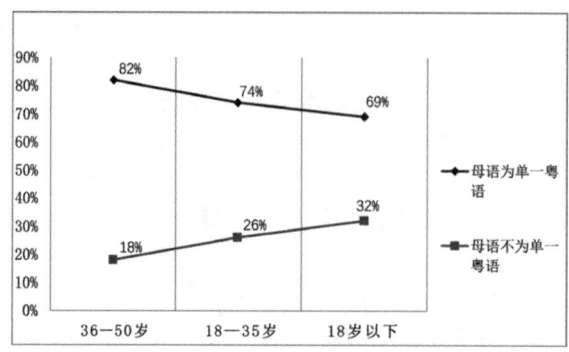

图 3-5 母语的代际变化

关于能使用语言的代际差异，18岁以下人员能使用的语言尚在发展中，暂不纳入比较范围。这里仅将36—50岁与18—35岁两个年龄组进行比较，结果显示广州人粤语、普通话掌握情况的年龄差距较小；英语掌握情况的年龄差距较大，青年组比中年组比例上升了19.5%，说明青年人掌握英语的比例更高。

（二）不同场合语言使用情况

广州人在不同场合的语言使用情况见表3-23。

表3-23 广州人不同场合的语言使用情况

场合	交流场景		人数	语言使用比例排序
私人场合	家庭	与父母	290	粤语（82.1%）＞普通话（5.5%）＝粤+普（5.5%）＞其他方言（3.8%）＞粤+其他方言（1.7%）＞普+其他方言（1.4%）
		全家人聚餐	290	粤语（72.4%）＞粤+普（13.4%）＞普通话（6.6%）＞其他方言（2.1%）＞粤+其他方言（1.7%）＞普+其他方言（1.0%）＝粤+普+其他方言（1.0%）＞英（0.7%）＞普+英（0.3%）＝粤+普+英（0.3%）＝粤+普+英+其他方言（0.3%）
		与配偶	247	粤语（67.2%）＞普通话（13.8%）＞粤+普（11.3%）＞粤+普+英（3.2%）＞英（0.8%）＝其他方言（0.8%）＝粤+英（0.8%）＝普+其他方言（0.8%）＞粤+其他方言（0.4%）＝粤+普+其他方言（0.4%）＝粤+普+英+其他方言（0.4%）
		与子女	218	粤语（57.3%）＞粤+普（21.1%）＞普通话（9.2%）＝粤+普+英（9.2%）＞英（0.9%）＝粤+普+其他方言（0.9%）＞其他方言（0.5%）＝粤+英（0.5%）＝普+其他方言（0.5%）
	跟好朋友聊天		290	粤语（47.9%）＞粤+普（37.6%）＞粤+普+英（7.6%）＞普通话（3.4%）＞粤+普+其他方言（1.4%）＞粤+普+英+其他方言（1.0%）＞其他方言（0.3%）＝粤+英（0.3%）＝普+英（0.3%）

广州人语言使用现状调查

（续表）

公共场合	正式场景	和陌生人说话	290	粤＋普（43.1%）＞普通话（30.7%）＞粤语（17.0%）＞粤＋普＋英（5.9%）＞粤＋普＋英＋其他方言（1.4%）＞普＋英（1.0%）＞英（0.7%）
		工作（或学校）	290	粤＋普（44.1%）＞普通话（22.8%）＞粤语（17.2%）＞粤＋普＋英（11.0%）＞普＋英（2.1%）＞英（1.7%）＞粤＋普＋其他方言（0.7%）＞粤＋英（0.3%）
		去政府办事	290	粤＋普（47.9%）＞普通话（30.0%）＞粤语（17.6%）＞粤＋普＋英（2.4%）＞英（1.7%）＞普＋英（0.3%）
	非正式场景	在集市或小贩处买东西	290	粤＋普（49.0%）＞粤语（38.3%）＞普通话（9.3%）＞英（1.7%）＞粤＋普＋英（1.4%）＞粤＋英（0.3%）
		在商场购物	290	粤＋普（51.4%）＞粤语（30.7%）＞普通话（14.1%）＞粤＋普＋英（2.1%）＞英（1.4%）＞粤＋英（0.3%）

总体来说，广州人在私人场合家庭内部使用粤语单言为主，而双言双语的使用正在逐代渗入，公共场合则主要为"粤＋普"双言。具体情况如下。

1. 家庭内部使用粤语单言的比例最高，各种场景使用比例均在50%以上，但有逐代降低的趋势，而使用"粤＋普"和"粤＋普＋英"模式的比例逐代上升（参见图3-6）：相比"与父母"交际的场景，广州人"与配偶""与子女"交际时，"粤语单言"的比例依次下降14.9%和9.9%，使用"粤＋普"模式的比例依次上升5.8%和9.8%，使用"粤＋普＋英"模式的比例依次上升3.2%和6%。配对样本t检验结果显示（如表3-24），代际差异均达到显著水平（$p<0.05$）。

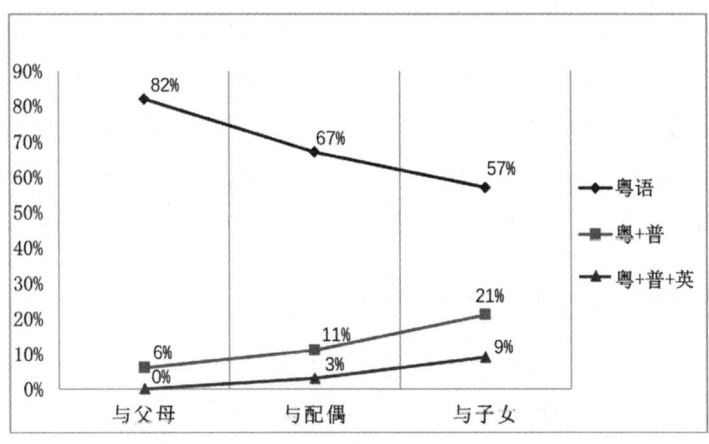

图3-6 家庭代际间语言使用差异

表 3-24　家庭代际间语言使用配对样本 t 检验

	Mean*	N	Std. Deviation	Mean	Std. Deviation	t	df	Sig. (2-tailed)
与父母	1.61	247	1.594	−.579	2.64	−3.445	246	.001
与配偶	2.19	247	32.462					
与配偶	1.99	218	2.049	−1.05	3.14	−4.935	217	.000
与子女	3.04	218	3.230					
与父母	1.57	218	1.571	−1.50	3.32	−6.670	217	.000
与子女	3.07	218	3.268					

注：均值越小，语言使用模式越偏向单言（单语）；均值越大，语言使用模式越偏向双言双语。

为此，我们对部分调查对象进行了访谈。他们认为对父母肯定说父母最熟悉的语言，与子女交际所使用的语言就有不同的情况。有的子女在学龄前，家长认为说点普通话和英语有利于日后孩子上学；有的子女已上学了，在学校习惯说普通话，回家也会与家长混着说；对于英语，家长持比较积极的态度，认为能与小孩说一点就说一点。而有没有移居背景和对子女语言教育的规划影响着配偶之间的语言选用。

2. "与好朋友聊天时"的语言使用情况介乎于家庭内部和公共场合之间，使用粤语单言的比例最高，但比例已下降到50%以下，使用"粤＋普"双言的比例在上升，也存在使用英语交际的情形。

3. 在公共场合，所有场景使用"粤＋普"双言的比例都最高。在与陌生人交谈和工作（学习）的场景，英语都能派上用场，后者英语使用比例最高。部分受访者认为此现象很正常，"我在工作中经常会用英语""现在广州外国人多了，有时也会碰到陌生人是外国人，那就得用英语"。广州人跟陌生人说话时的语言选择，是反映本地方言与其他方言（或语言）竞争情况的重要指标。随着广州外来人口的增加，本地人调整自身的语言，选择一种与交谈对象共通的语言进行交流，也是在情理之中。

（三）受访者子女教育领域语言使用情况

问卷第三部分共有134名受访者填写了子女在教育领域的语言使用情况，如图3-7。不难发现，普通话在学校环境占据了绝对优势，即使在课后，粤语的使用比例也不到一半。王莉梅（2009）[①] 调查中学生校内课外的粤语使用比例

---

① 王莉梅《社会建构论框架内对语言态度性别差异的再诠释》，《外语研究》2009年第6期。

还高达 66.7%，如今粤语在校内的使用进一步缩减。

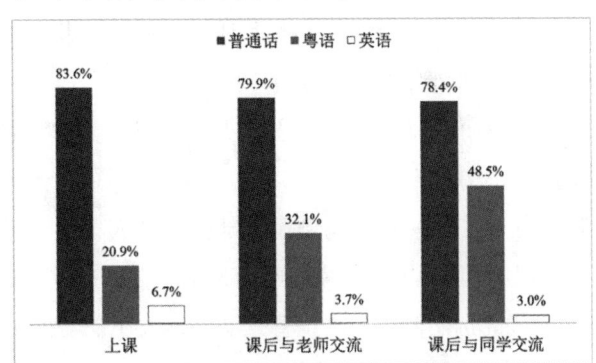

图 3-7 受访者子女教育领域语言使用情况（可多选）

超过六成受访者让孩子在五岁之前就开始接受英语教育；94%的家长认为子女一定要学好英语，47%的家长让孩子参加英语课外培训班。在广州，英语作为第一外语越来越受重视，英语教育已趋低龄化。

三 语言使用模式的社会分布

调查显示，广州人的语言使用主要有"粤语单言""普通话单言""粤＋普"（双言模式）和"粤＋普＋英"（双言双语模式）四种模式，在社会各领域的分工如图 3-8：

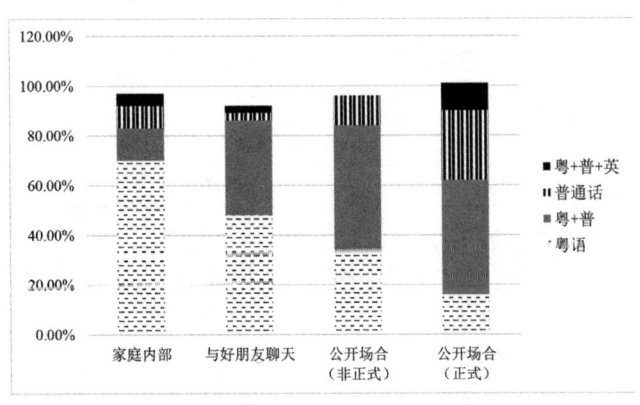

图 3-8 四种模式在社会各领域的使用分工

"粤语单言"模式在家庭内部使用比例占绝对优势，并随着场合公开和正式程度增加而减少使用比例，与其互补的是"粤＋普"模式；"普通话单言"模式在家庭以外的场合增长趋势和"粤＋普"模式相同；"粤＋普＋英"模式在正式公共场合占有的比例比较突出。

我们以年龄、文化水平、家庭背景和性别等为考察因素,对这四种模式进行社会分布的统计和卡方检验,结果发现:

1. 在私人场合,四种语言使用模式的分布几乎全部与家庭背景相关,有移居背景的广州人使用"粤语单言"的比例显著低于本土背景的广州人,但他们使用"普通话单言"和"粤+普"模式的比例在大部分的私人场景中都显著高于后者(详见表3-25)。有移居背景的广州人家庭经历过本土化的适应过程,即便在私人场合,对语言使用模式的选用倾向同本土背景的广州人还是会存在一定的差别。

表3-25 不同家庭背景广州人私人场合语言使用模式分布

	家庭背景	人数	粤语单言	普通话单言	粤+普	粤+普+英	
与父母	本土	153	147(96.1%)	2(1.3%)	2(1.3%)	/	p=.000 χ^2=43.882
	移居	137	91(66.4%)	14(10.2%)	14(10.2%)		
	残差绝对值		6.6	3.3	2.2		
	事后比较		本土>>移居	移居>>本土	移居>>本土		
全家人聚餐	本土	153	133(86.9%)	4(2.6%)	12(7.8%)	/	p=.000 χ^2=41.782
	移居	137	77(56.2%)	15(10.9%)	27(19.7%)		
	残差绝对值		5.8	2.9	3.0		
	事后比较		本土>>移居	移居>>本土	移居>>本土		
与配偶	本土	130	104(80.0%)	9(6.9%)	8(6.2%)	4(3.1%)	p=.001 χ^2=29.697
	移居	117	62(53.0%)	25(21.4%)	20(17.1%)	4(3.4%)	
	残差绝对值		4.5	3.3	2.7	0.2	
	事后比较		本土>>移居	移居>>本土	移居>>本土		
与子女	本土	117	83(70.9%)	3(2.6%)	22(18.8%)	6(5.1%)	p=.000 χ^2=30.525
	移居	101	42(41.6%)	17(16.8%)	24(23.8%)	14(13.9%)	
	残差绝对值		4.4	3.6	0.9	2.2	
	事后比较		本土>>移居	移居>>本土		移居>>本土	
和好朋友	本土	153	91(59.5%)	5(3.3%)	43(28.1%)	10(6.5%)	p=.005 χ^2=21.854
	移居	137	48(35.0%)	5(3.6%)	66(48.2%)	12(8.8%)	
	残差绝对值		4.2	0.2	3.5	0.7	
	事后比较		本土>>移居		移居>>本土		

注:"A>>B"表示在该场景下,A比B更常使用某种语言使用模式,且差异具有统计学上的显著意义。(下同)

2. 文化水平对私人场合语言使用模式分布的影响仅次于家庭背景:除了全家人聚餐场景以外,文化水平为"本土"的广州人使用"粤语单言"的比例显著低于"本下"广州人,使用"粤+普"或"粤+普+英"模式在某些场景的比例却显著高于后者。文化水平反映受教育程度,受教育程度高的群体,不排斥甚至更容易接受双言或多语的使用。

表3-26 不同文化水平广州人私人场合语言使用模式分布

	文化水平	人数	粤语	普通话	粤+普	粤+普+英	卡方检验
与父母	本下	133	120(90.2%)	5(3.8%)	3(2.3%)	/	p=.008 χ^2=15.729
	本上	157	118(75.2%)	11(7.0%)	13(8.3%)		
	残差绝对值		3.3	1.2	2.2		
	事后比较		本下 >> 本上		本上 >> 本下		
与配偶	本下	112	91(81.2%)	11(9.8%)	7(6.2%)	1(0.9%)	p=.007 χ^2=24.347
	本上	135	75(55.6%)	23(17.0%)	21(15.6%)	7(5.2%)	
	残差绝对值		4.3	1.6	2.3	1.9	
	事后比较		本下 >> 本上		本上 >> 本下	本上 >> 本下	
与子女	本下	104	71(68.3%)	6(5.8%)	12(15.4%)	6(7.7%)	p=.041 χ^2=16.070
	本上	114	54(47.4%)	14(12.3%)	26(22.8%)	14(12.3%)	
	残差绝对值		3.1	1.7	0.6	1.7	
	事后比较		本下 >> 本上				
和好朋友	本下	133	77(57.9%)	2(1.5%)	44(33.1%)	8(6.0%)	p=.038 χ^2=16.360
	本上	157	62(39.5%)	8(5.1%)	65(41.4%)	14(8.9%)	
	残差绝对值		3.1	1.7	1.5	0.9	
	事后比较		本下 >> 本上				

3. 公共场合里"和陌生人说话"以及"工作(或学校)"两个正式场景,语言使用模式的分布也与文化水平相关。文化水平为"本上"的广州人使用"粤语单言"的比例显著低于"本下"广州人,但"和陌生人说话"使用"普通话单言"的比例则显著高于后者,说明文化水平高的群体在正式场景更倾向于使用通用语,而不是地域方言。

表3-27 不同文化水平广州人公共场合语言使用模式分布

	文化水平	人数	粤语	普通话	粤+普	粤+普+英	卡方检验
与陌生人	本下	133	34(25.6%)	33(24.8%)	58(43.6%)	5(3.8%)	p=.008 χ^2=17.455
	本上	157	15(9.6%)	56(35.9%)	67(42.9%)	12(7.7%)	
	残差绝对值		3.6	2.0	0.1	1.4	
	事后比较		本下 >> 本上	本上 >> 本下			

（续表）

在工作（或学校）	本下	133	32（24.1%）	25（18.8%）	61（45.9%）	13（9.8%）	p=.025 χ²=15.995
	本上	157	18（11.5%）	41（26.1%）	67（42.7%）	19（12.1%）	
	残差绝对值		2.8	1.5	0.5	0.6	
	事后比较		本下 >> 本上				

4. 性别与语言使用模式分布相关仅在"工作/学校"和"商场购物"两个公共场景，女性使用"普通话单言"的比例显著高于男性，而男性使用"粤＋普"模式的比例显著高于女性。这是女性较男性更倾向于使用声望较高的标准语体的表现。

表3-28　不同性别广州人公共场合语言使用模式分布

	性别	人数	粤语	普通话	粤＋普	粤＋普＋英	卡方检验
在工作（或学校）	男	142	28（19.7%）	21（14.8%）	71（50.0%）	17（12.0%）	p=.021 χ²=16.453
	女	148	22（14.9%）	45（30.4%）	57（38.5%）	15（10.1%）	
	残差绝对值		1.1	3.2	2.0	0.5	
	事后比较			女 >> 男	男 >> 女		
在商场购物	男	142	42（29.6%）	11（7.7%）	82（57.7%）		p=.033 χ²=12.144
	女	148	47（31.8%）	30（20.3%）	67（45.3%）	/	
	残差绝对值		0.4	3.1	2.1		
	事后比较			女 >> 男	男 >> 女		

5. 年龄与语言使用模式分布的相关性最小，在"与配偶"交流时，青年人使用"粤语单言"的比例显著低于中年人，但他们使用"粤＋普＋英"模式的比例则显著高于后者。随着全球化的发展，年轻一代比上一代接触英语的机会更多。

表3-29　不同年龄广州人语言使用模式分布

	年龄	人数	粤语	普通话	粤＋普	粤＋普＋英	卡方检验
与配偶	青年	103	62（60.2%）	17（16.5%）	9（8.7%）	8（7.8%）	p=.021 χ²=20.970
	中年	144	104（72.2%）	17（11.8%）	19（13.2%）	0	
	残差绝对值		2.0	1.1	1.1	3.4	
	事后比较		中年 >> 青年			青年 >> 中年	

以上使用分工可以看出，家庭内部是粤语使用最为活跃和固守的领域。广州人，尤其是本土家庭背景的广州人与家人、好朋友聊天，很大程度上保留了以粤语单言为主的模式。另一方面，大量外来人口迁入，跨国企业落户广州，

普通话、英语作为"通用语"在广州的使用空间也越来越大。

综上所述，对于广州人，粤语仍保持较强的社会交际功能，但同时，一些新的使用情况也在显现。作为强势方言的粤语，是否潜伏着传承危机呢？一项对广州人语言态度的调查发现，超过一半广州人对粤语未来的发展持悲观态度；有学者把粤语评价为"有活力，但受到冲击，活力出现下降苗头"的等级。[①] 对于强势方言活力下降的情况，社会各界应予以重视。

（单韵鸣、李 胜）

---

① 单韵鸣、李胜《广州人语言态度与粤语认同传承》，《语言战略研究》2018年第3期。

西安市灞桥区道路名称调查

古都西安正处于从历史名城向现代国际化都市转型的过程中，其城市化进程极具典型性。灞桥区位于西安市东部，总面积 332 平方公里，常住人口 67.7 万，是西安新一轮城市规划中发展空间最大的主城区，被列为"关中－天水经济区"的重要节点，是西安城市化的代表性样本[①]。2018 年底到 2019 年初，我们对灞桥区的路名进行了调查，结合该区未来发展规划，提出具有针对性的路名规划原则和策略。

一　路名现状

基于《西安市地名志》《灞桥区志》《西安地图》及高德、百度等电子地图为来源的路名数据，我们进行了实地调查核实：全区共 317 条路，其中得名于五六十年代的共 7 条，改革开放以后的有三百余条，1980 年、2008 年、2011 年以来是三个命名高峰期。灞桥区路名系统以数字序列命名的道路有 106 条，以方位命名的道路有 75 条，呈现出较强的规划性，也反映了灞桥区自然、经济、文化等方面的特色，如路名中带有"灞、浐、柳"等自然特征的有 49 条，含"纺"字的有 28 条，含"金"字的有 22 条。根据命名特征，我们将该区的路名分为产业园区路名群、老工业区路名群、历史文化路名群和村寨路名群，其综合分布状况见图 3-9。

---

① 灞桥区发改委，西安市灞桥区国民经济和社会发展第十三个五年规划纲要 [EB/OL]，2018，http://www.baqiao.gov.cn/info/egovinfo/1001/xxgk/xxgk_content/qfgw-03_A/2018-0404001.htm。

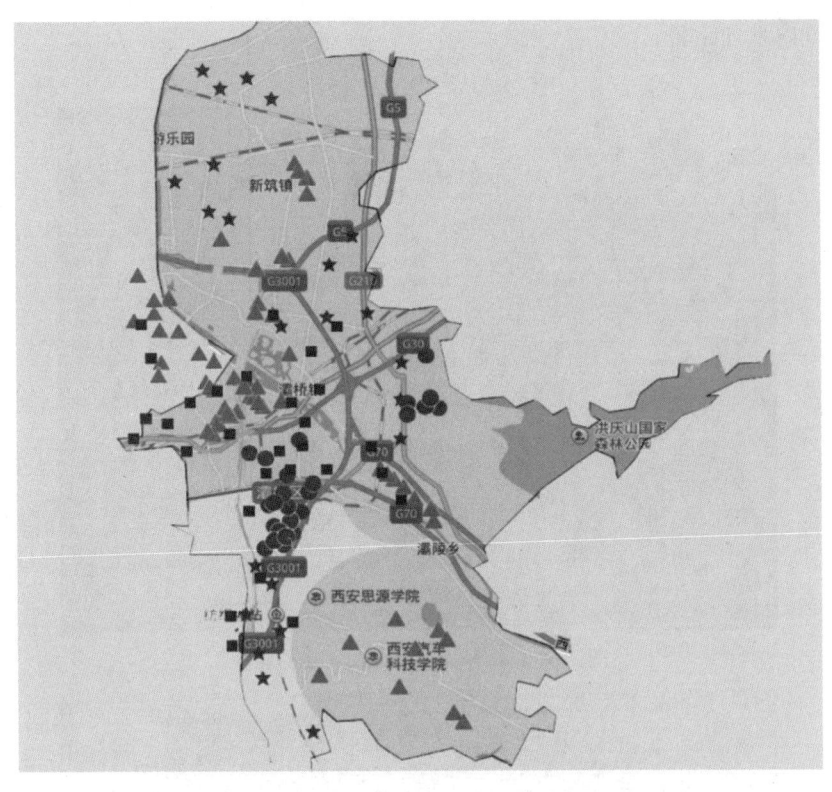

图 3-9 灞桥区道路名称综合特征分布图

1. 产业园区路名群

产业园区路名群是灞桥区现有路名格局中的重要组成部分和一大鲜明特色。在317条道路中，基于产业园区而命名的有77条，占比约四分之一，大都集中分布在相应产业园区内部，并随园区呈集团状散落在灞桥区北部、中部和南部，形成了特色鲜明的产业园区路名群。如西安国际港务区内含有"港"字的路名有4条：港务大道、港务西路、港务南路、港兴路；现代纺织产业园中的纺园一路至纺园八路则直接采用相应园区代表语词作为路名；白鹿原现代农业园区以培育葡萄、樱桃为基础，发展农业和观光旅游，园区内的路名也大多与农业、旅游有关，如樱园路、风光路、农安路等；西安浐灞生态区举办过欧亚论坛、世界园艺博览会，区内的路名也记录了这些重大经济文化事件，如欧亚系列路名、世博系列路名。

图 3-10　灞桥区含有"纺"字的路牌

图 3-11　灞桥区路牌

2. 老工业区路名群

灞桥区的老工业区大都于"一五计划"期间建成[①]，以白鹿原北部的纺织工

---

① 西安市民政局编，《西安市地名志》（2009 年版），2009 年。

业基地和洪庆山附近的军工科研工业园区为代表。工业厂区的建设促进了城镇化的发展，一批与新产业、新社区相配合的路名也随之产生。如在纺织城工业基地，政府在福利区与厂区之间修建了道路。其中纺北路得名于1956年，最早冠以"纺"字，体现了纺织城工业在该区发展规划中的独特地位。在随后的发展中，纺织城正街、纺织城东街、纺织城西街、纺一路至纺八路、纺科路、纺建路、纺渭路等"纺织家族"系列路名陆续产生，记录了纺织城发展的轨迹，形成了特色鲜明的纺织城路名群。随着灞桥热电厂、军工科研工业基地以及旧城南部与建筑工程相关部门的成立，电厂东路、电厂西路、宇航东路、宇航中路、宇航西路等反映城市发展特定方向的路名也应运而生。它们分布集中，形成了颇具规模的老工业区路名群，与产业园区路名群相间分布。

如今老工业区虽已不再实际发挥作用，但一大批带有鲜明时代烙印的路名却保存下来，成为反映区域城镇化发展轨迹的重要文本，构成了灞桥区路名的一大特征。

3. 历史文化路名群

灞桥区历史悠久，在城镇化过程中充分挖掘丰富的历史文化资源，形成了59个独具灞桥特色的历史文化路名群，超总路名的六分之一，主要分布在灞桥中部地区。这些路名中，不少是历史名称的继承。如"灞桥"一名，源自秦穆公改滋水为灞水且建桥以图东进，清嘉庆年间始称"灞桥街"，这一名称至今沿用[①]。又如位于浐河以西的"十里铺北路"，明初在西安府城四郊十里处各设铺驿一个，称十里铺，2005年据此命名。此外，"香湖湾"系列路名、"安邸"系列路名，席王路、穆将王街等15个路名都来源于民间典故传说。还有一些路名是从现代文化旅游产业发展出来的，如20世纪80年代在灞桥区西南部发现了半坡遗址，近年来又着力打造半坡文化创意区，与之对应的路名有半坡路、半引路；"灞柳风雪"自古就是灞桥区独特的文化符号，区内含有"柳""灞柳""柳堤"等的道路有十多条，形成了特色鲜明的灞柳文化路名群。与之相类似的还有广运潭生态景区路名群、雁鸣湖湿地生态公园路名群、米家崖龙山文化遗址路名群。

这种将历史文化资源与现代旅游产业结合的做法，发掘出新的经济增长点，

[①] 《西安地名故事》编委会编，《西安地名故事（下）》，西安出版社，2014年。

不仅优化了城镇产业结构，还可以构建城市文化空间，提升市民文化生活质量。

4. 村寨路名群

灞桥区城镇化速度较快，城中村问题尤为典型。区内的许多道路名称都是从村寨名称转型而来的，仍保留着浓厚的乡村气息。如灞桥区北部集中分布了较多城中村，于家东路、上双寨路、下双寨路、邹家水路等十余条路均与此有关，反映了其家族历史、地理变迁、风俗文化等历史信息，形成了北部村寨路名群。

结合空间分布可以发现，这些以村寨命名的道路大都分布在灞桥区北部、西南部和东部地区，而浐灞三角洲和南部白鹿原上比较少，形成了边缘性的村寨路名群，这从侧面反映出灞桥区城镇化进程的不平衡性。村寨路名承载着当地家族聚散迁徙轨迹等重要信息，与当地百姓的家族历史、风俗文化、感情归属紧密相连，具有很强的稳定性。与此同时，灞桥区正推进旧城改造，加大城中村改造力度，原地名、路名也面临着消亡的威胁。

二　现存问题

高速的城镇化进程、激增的路名需求以及前期缺乏合理规划使得灞桥区路名问题较为突出，主要存在方位残缺、一路多名、一名多路、路名高度相似等问题。

1. 方位残缺

据统计，灞桥区以数字、方位命名的道路有179条，占比达一半以上。这使得灞桥区的道路从整体效果上来看更具规划性和系统性，但同时也不可避免地出现了成套序列命名残缺的问题。具体情况如下：

"先有名，后有路"的序列方式命名道路的出发点是好的，但当路名系统无法适时匹配实际道路的增减时，就会导致路名缺位，这是城镇化进程中道路命名时值得关注的问题。

表 3-30　灞桥区道路命名残缺问题举例

	现有路名	缺位路名
方位残缺	灞柳西路	灞柳东路
	世博东路、世博中路	世博西路
	电厂东路、电厂西路、电厂南路	电厂北路
	十里铺北路	十里铺南路
	樱桃东路	樱桃西路
	塔坡北路	塔坡南路
	于家东路	于家西路
	港务西路、港务南路	港务东路、港务北路
	梦想南路	梦想北路

2. 一路多名

调查发现，灞桥区存在相当数量的一路多名问题。如纺南路，1980年因位于纺织城南部而得名，2011年被更名为咸宁东路。但事实上，纺南路并未被整段更名，在与其相交的狄寨路东侧，有一小段路仍保留了纺南路的名字。根据实地走访，多数当地居民认为咸宁东路与纺南路应是不同的两条路。

根据西安市民政局提供的数据，政府曾推出灞浦一路至八路，兴泰一街至七街，锦堤一路至四路，香槐一路至六路等一批新路名。由于原路名使用已经较为广泛，某些道路至今并未完成计划中的更名，与新路名同时存在。

表 3-31　灞桥区道路一路多名问题统计表

新路名	原路名
锦堤一路	黄邓路
锦堤二路	奥莱东路
锦堤三路	奥莱西路

3. 一名多路

灞桥区一名多路的现象有两处。如柳新路，一条位于灞桥区中部，靠近灞桥生态湿地公园，另一条位于灞桥区北部，与港务区内的港务大道相交。此外，还存在跨区一名多路的现象，如欧亚大道，灞桥区的欧亚大道因地处欧亚论坛永久会址西侧而得名，长安区的欧亚大道则因靠近欧亚学院而得名。一名多路违反了道路命名的基本原则，影响路名的指位功能，造成信息混乱。

4. 路名高度相似

灞桥区容易混淆的路名共 10 条，约占全部问题路名的 17%，主要因专名相近导致。如纺渭路和渭纺路，灞耿路和耿灞路，路名用字相同且距离相近，极易发生混淆。类似的情况还有港务南路和港南路，广运大道和广运潭大道，专名只相差一个字。还有的路名相似是因为借用已有路名为新路命名，只以"原"等字以示区别。如灞桥区"原华清路"与新城区"华清东路""华清西路"。

灞桥区的路名问题不仅会影响其定位功能，同时也不利于路名系统的有序发展。路名问题源于缺少合理科学、有前瞻性、可操作性强的道路命名原则。因此，在西安新一轮城市规划的关键节点上，构建出这样一套道路命名原则以配合灞桥区新时代发展背景下的战略定位，就显得尤为迫切。

5. 路牌文字标识和译写混乱

灞桥区的路牌标写方式不一致。有的路牌只标汉字，有的则是汉字＋拼音，或汉字＋拼音＋英语。路牌上的数字，有的用阿拉伯数字，有的则用拼音。另外，路名译写规则不一。对"路"的翻译包括 RD、ROAD、"LU + ROAD"三种不同形式，方位词与路名顺序也不尽相同。以"丈八东路"为例，有的路牌标"ZHANGBA East RD"，有的则标"EAST ZHANGBA RD"。

图 3-12　灞桥区路牌

三　对策建议

1. 建立市一级动态共享路名库

这个动态共享路名库应包含全市所有道路名称、路名沿革历史，并可与实时卫星地图上的道路实体进行对接。数据库具有命名提示机制，在新录入路名时，如果遇到与已有路名重复、文字相似、读音相似或者新路名中包含特殊字符等情况，由系统自动提示。

2. 应考虑新道路命名的延续化和有序化

路名是城市的名片之一，负载着历史的印记，反映城市的发展轨迹。在未来的城镇化发展中，新生的道路名称应注意对现有路名格局的延续，反映现实城市风貌，规划有序，构成一套融合历史与未来的和谐统一的路名系统。

3. 应统一路名中汉语拼音、英文的使用

有关部门应加强沟通协调，就路名中使用汉语拼音、英文做出统一的规定，尽量避免路牌文字标识和译写的混乱。

（董洪杰、廖明一、罗佳丽）

湖南岳阳县留守儿童语言生活调查

据教育部《中国教育监测与评价统计指标体系》：2016年我国农村单亲外出留守和双亲外出留守的儿童数量已达6103万，占农村儿童的37.7%[1]；民政部发布的2016年农村留守儿童摸底排查数据显示，全国16岁以下农村双亲外出的留守儿童902万人，其中无人监护的36万人[2]。关注和解决农村留守儿童语言生活中的问题，是当前社会主义新农村建设中的重要课题。

一 基本情况

本调查选择岳阳县三个经济发展程度不同的乡镇，按离市区从近到远依次为新开镇、公田镇、月田镇。据有关数据，这三个乡镇父母一方或双方外出务工的儿童比例分别为26%、52.1%、67.9%，其中月田镇茨洞小学儿童留守的比例高达77.6%（见表3-32）。

本次采用分年级整班调查的方式，向7所小学、3所中学的学龄儿童发放问卷2053份，回收2034份，有效问卷1988份，有效率97.7%。样本构成情况如下：

表3-32 调查样本分布情况

年级		一	二	三	四	五	六	七	八	九	合计
人数		271	239	270	265	285	150	201	221	86	1988
占比 %		13.63	12.02	13.58	13.33	14.34	7.55	10.11	11.11	4.33	100
性别/ 占比 %	男生	\multicolumn{10}{c}{1027 / 51.7}
	女生	\multicolumn{10}{c}{961 / 48.3}

---

[1]《全国留守儿童摸底：部分省份上万儿童无人监护》，2016-08-28，来源：中国网。此处将"农村留守儿童"定义为"外出务工连续半年以上的农民托留在户籍所在地家乡，由父母单方或其他亲属监护接受义务教育的适龄儿童少年"。

[2]《全国农村留守儿童精准摸排数量902万人 九成以上在中西部省份》，2016-11-09，来源：新华社。"留守儿童"在《国务院关于加强农村留守儿童关爱保护工作的意见》中界定为"父母双方外出务工或一方外出务工另一方无监护能力、不满十六周岁儿童"。

我们按父母的工作状态将儿童的生活状态分为四种类型：父母在家（务农或务工）、父亲外出（务工）、母亲外出（务工）和父母外出（务工）。父母均在家的儿童有 1063 人，占比 53.5%。父母单亲或双亲外出的留守儿童，占 46.5%，其中，父亲外出者 348 人，占 17.5%；母亲外出者 155 人，占 7.8%；父母外出者 422 人，占 21.2%。三个乡镇情况如表 3-33 所示：

表 3-33 三个乡镇儿童生活状态

所在区域	学校名称	父母在家		父亲外出		母亲外出		父母外出		合计
新开镇	龙湾小学	101	63.1%	29	18.1%	12	7.5%	18	11.3%	160
	五垸小学	149	63.1%	45	19.1%	15	6.4%	27	11.4%	236
	新开镇中心小学	222	83.1%	32	12.0%	3	1.1%	10	3.7%	267
	新开镇中学	198	81.5%	23	9.5%	9	3.7%	13	5.3%	243
	小计	670	74.0%	129	14.2%	39	4.3%	68	7.5%	906
公田镇	甘田镇小学	61	37.7%	43	26.5%	11	6.8%	47	29.0%	162
	公田镇中心小学	88	42.1%	45	21.5%	18	8.6%	58	27.8%	209
	甘田镇中心学校	46	48.9%	21	22.3%	7	7.4%	20	21.3%	94
	小计	195	41.9%	109	23.4%	36	7.7%	125	26.9%	465
月田镇	茨洞小学	32	22.4%	29	20.3%	31	21.7%	51	35.7%	143
	月田镇中心小学	102	33.7%	49	16.2%	31	10.2%	121	39.9%	303
	月田镇中心学校	64	37.4%	32	18.7%	18	10.5%	57	33.3%	171
	小计	198	32.1%	110	17.8%	80	13.0%	229	37.1%	617

数据表明：一是越边远、经济发展程度越低的乡镇，儿童留守的比例越高，离市区最远的月田镇父母在家的儿童为 32.1%，留守儿童比例高达 67.9%。二是小学生留守比例普遍高于中学生，其中月田镇茨洞小学的留守比例最高，达到了 77.6%；其次是月田镇中心小学，为 66.3%；新开镇中心小学和新开中学留守率较低，分别为 16.9% 和 18.5%。

二 儿童语言生活状况

（一）家庭语言教育情况

家庭语言教育是儿童语言生活中的一个重要方面。我们从父母的语言输入、家庭课外阅读，以及是否能提供包括语文在内的学习指导等三个方面来考察。

表 3-34　家庭语言输入情况

		母亲会说普通话	父亲会说普通话	从小在家无人陪读讲故事	在家从来不看课外书	不会做的作业不请教	家庭作业无人检查
父母在家	人数	617	549	619	117	172	327
	百分比	58.2%	51.9%	58.7%	11.1%	16.2%	30.8%
父亲外出	人数	218	205	202	43	55	126
	百分比	63.0%	59.4%	58.9%	12.5%	15.8%	36.6%
母亲外出	人数	111	86	100	25	27	60
	百分比	71.6%	55.5%	64.9%	16.3%	17.4%	38.7%
父母外出	人数	331	303	283	67	75	163
	百分比	79.2%	72.1%	68.2%	16.0%	17.8%	39.1%

如表 3-34 所示，在家庭普通话输入环境方面，父母会说普通话的比例都在 50% 以上，母亲会说普通话的比例普遍高于父亲。外出务工的父母，会说普通话的比例普遍高于在本地务农务工的父母；外出务工的母亲，无论是单独务工还是夫妻共同外出务工，会说普通话的比例都更高，分别达到 71.6% 和 79.2%。

家庭环境中书面语的输入情况整体不理想。母亲外出或双亲外出的孩子，无亲子阅读、无自主阅读、无学业督促与指导的比例高于父亲单独外出和父母均在家的孩子。而 58.7%～68.2% 的孩子从小没有父母陪读讲故事；11.1%～16.3% 的孩子在家从来不看课外书；15.8%～17.8% 的孩子在学习上有困难从来不请教他人，或者说根本无人可以请教；30.8%～39.1% 的孩子在家得不到父母的学习检查与指导。

（二）言语交际情况

日常生活中，儿童在是否选择使用言语缓解情绪、拓展社交网络、化解矛盾、表现自我等方面表现出了一定的差异性。

表 3-35　言语交际情况

		与他人分享快乐	与他人分享伤心	与长辈朋友一起玩	陌生环境中主动结交朋友	上课从不举手	下课不找同学玩	在校受欺侮选择报复
父母在家	男	69.9%	46.0%	67.0%	72.4%	16.5%	11.1%	12.4%
	女	88.1%	68.4%	77.9%	76.1%	17.0%	9.3%	5.9%
父亲外出	男	70.9%	51.6%	67.6%	69.8%	13.5%	11.5%	9.1%
	女	86.0%	67.7%	78.3%	64.9%	14.2%	14.0%	7.8%

（续表）

母亲外出	男	63.9%	54.2%	59.3%	60.0%	18.0%	6.0%	15.2%
	女	85.5%	59.7%	69.0%	67.1%	12.7%	11.1%	1.4%
父母外出	男	69.2%	46.7%	69.1%	69.4%	17.9%	8.8%	10.3%
	女	88.1%	71.1%	76.0%	72.0%	14.0%	10.8%	7.3%

数据显示，日常生活中运用言语进行情绪分享时，女生与他人分享快乐、伤心的比例都更高，表现得更外向，85.5%～88.1%的女生愿意与他人分享快乐情绪，59.7%～71.1%的女生愿意与他人分享伤心情绪。在熟悉的社交网络中，女生也表现得稍显积极和开放，与年长朋友玩的比例都略高于男生；而在陌生社交网络中，父亲外出的儿童主动结交朋友的比例整体上低于父母在家的儿童，女生主动结交新朋友的比例与男生较接近。整体上，儿童分享快乐比分享伤心的比例要高，这与日常生活中"报喜不报忧"的心态相吻合。

在校园环境中，母亲外出和父母外出的女生相较于对应的男生，从不举手回答问题的比例低，分别为12.7%～14.0%和17.9%～18.0%，说明这些女生课堂参与程度与主动表现的程度稍高。值得注意的是，虽然女生更愿意分享快乐与伤心情绪，但是留守状态的女生在学校课间表现得稍显封闭内向，选择一个人坐着的比例高于男生，分别为10.8%～14.0%和6.0%～11.5%。面对矛盾冲突时，男生采用肢体动作解决问题的比例高于女生，如有9.1%～15.2%的男生选择找机会报复，而女生则更多地依靠语言化解矛盾，诸如告知老师、朋友和父母等。

（三）普通话使用情况

城镇化过程中的人口流动，使得异地通婚和移民比例提高，这既造就了一批"双方言""多方言"者，也形成了部分"无方言"族，普通话的使用领域逐渐扩大。本次调查中，共有332名[①]（占16.7%）儿童表示在家中跟父母只用普通话（单语码）交流，而其余都为方言单语码或多语码交流。

表3-36　家庭普通话单语码儿童的年龄与年级描述性统计

年龄	人数	百分比%	年级	人数	百分比
6	21	6.3	1	60	18.1
7	71	21.4	2	112	33.7

---

①　家庭使用普通话单语码的实际人数可能低于此数字，因为在调查中不排除有儿童主观上认为调查者希望他做此选择。

（续表）

8	85	25.6	3	51	15.4
9	63	19	4	44	13.3
10	33	9.9	5	36	10.8
11	39	11.7	6	12	3.6
12	4	1.2	7	3	0.9
13	8	2.4	8	11	3.3
14	8	2.4	9	3	0.9
平均值		8.7	平均值		3.0
中位数		8	中位数		2
众数		8	众数		2

数据显示，在家只用普通话与父母交流的儿童中，女生有178人，占53.6%，且呈现低年龄、低年级的趋势：年龄上平均为8.7岁，中位数为8，众数为8，其中8岁儿童占25.6%；年级上中位数是2，众数是2，二年级在家使用普通话交流的儿童占总人数的33.7%。随着年龄和年级的增长，在家使用普通话比例降低，转为以方言单语码或普方双语码为主。

表3-37　儿童留守状况与普通话使用情况

	性别	在家跟父母	回答老师提问	课间跟老师	课间跟同学	放学跟同学	普通话水平自评"很好"
父母在家	男	25.7%	86.0%	64.5%	31.5%	31.0%	25.0%
	女	34.6%	93.7%	79.5%	52.1%	45.3%	35.9%
父亲外出	男	31.5%	84.7%	69.1%	36.6%	32.8%	24.0%
	女	37.9%	91.2%	82.5%	52.6%	47.2%	33.8%
母亲外出	男	20.4%	77.1%	59.8%	36.1%	32.5%	29.6%
	女	33.4%	97.2%	84.8%	43.0%	41.6%	38.9%
父母在外	男	36.3%	87.1%	78.0%	37.9%	34.2%	32.6%
	女	44.3%	91.6%	77.6%	52.1%	44.8%	40.4%

如表3-37所示，普通话已广泛地应用于农村儿童家庭日常交流，占据了原有的方言使用空间，20.4%～44.3%的儿童家庭呈"普—方"双言状态；普通话已是课内及课间师生交流使用的主要语码形式，课堂内师生普通话交流比例高达84.7%～97.2%。同时，整体上表现出两个明显的特点：一是明显的性别差异。普通话水平自评等级为"很好"的女生高出男生近10个百分点；女生在家与父母对话、课上回答老师提问、课间跟老师说话、课间及放学跟同学聊天

等五种场合中普通话的使用比例均高于男生。二是母亲外出与父母均外出的儿童，自评"很好"等级的比例更高；父亲单独外出的儿童，自评"很好"的比例最低。

表 3-38 儿童性别、年级与普通话使用情况

年级	性别	在家跟父母说普通话	放学回家跟同学说普通话	上课回答问题（普通话）	普通话自评"很好"
一	男	52.0%	67.5%	87.7%	42.0%
一	女	64.6%	65.2%	93.6%	57.6%
二	男	53.0%	47.1%	82.2%	35.6%
二	女	58.7%	53.4%	85.8%	49.2%
三	男	38.6%	31.5%	83.5%	35.1%
三	女	44.0%	51.8%	90.5%	47.4%
四	男	22.8%	21.8%	90.6%	23.3%
四	女	37.6%	53.6%	92.0%	46.0%
五	男	24.5%	29.3%	85.3%	29.6%
五	女	24.2%	32.8%	93.3%	22.7%
六	男	28.0%	26.8%	90.1%	16.3%
六	女	38.8%	50.0%	98.5%	28.4%
七	男	10.6%	15.6%	81.2%	15.2%
七	女	10.6%	18.4%	97.8%	16.3%
八	男	7.7%	19.0%	86.2%	14.7%
八	女	14.7%	29.7%	99.0%	17.6%
九	男	7.7%	23.7%	78.9%	16.2%
九	女	17.4%	33.3%	95.6%	15.6%

如表 3-38 所示，课堂说普通话的比例比较稳定；在家跟父母及课后跟同学说普通话的比例随着儿童年级的增长而逐渐降低，从一年级的 52.0%～64.6% 降为九年级的 7.7%～17.4%；普通话水平自评为"很好"的比例也逐渐降低，从一年级的 42.0%～57.6% 降为九年级的 15.6%～16.2%。分年级比较结果显示，女生在家跟父母、在课堂跟老师、课后跟同学使用普通话的比例，都比较稳定地高于男生。

（四）语言认同情况

语言认同直接关系到对某种语言或方言的学习、使用与传承传播。调查发

现，儿童对家乡话和普通话表现出了不同的情感认同。

表3-39 儿童留守状况与语言认同情况

	性别	普通话好听	家乡话好听	普通话亲切	家乡话亲切	家乡话土气
父母在家	男	81.7%	77.8%	74.8%	71.9%	41.1%
	女	88.3%	79.2%	79.7%	79.9%	37.1%
父亲外出	男	76.9%	79.7%	70.9%	73.6%	40.7%
	女	90.2%	70.7%	79.9%	72.6%	42.7%
母亲外出	男	75.9%	79.5%	61.4%	68.7%	30.1%
	女	84.7%	80.6%	81.9%	80.6%	41.7%
父母外出	男	84.1%	78.4%	73.6%	75.3%	45.4%
	女	89.2%	77.8%	76.8%	79.4%	38.7%

如表3-39所示，对普通话和家乡话的情感认同程度普遍较高，认为普通话和家乡话好听、普通话和家乡话亲切的比例普遍在70%以上。具体呈现以下几个特点：在"好听"方面，儿童对普通话的评价略高于家乡话，且女生对普通话"好听"的认同比例略高于男生；在普通话和方言二者的"亲切"认同感方面，没有明显的倾向性；在家乡话是否"土气"的评价上整体比例不高，在46%以下。母亲单独外出的儿童，对语言认同的性别差异影响较大：在普通话亲切的评价上，女生高于相应的男生20%左右，分别为81.9%和61.4%；在普通话是否好听的评价上，女生高于男生约10%，分别为84.7%和75.9%；在家乡话是否土气的评价上，女生高于男生约10%，分别为41.7%和30.1%，说明女生在语言认同上更倾向于普通话。父亲单独外出和父母都外出的儿童，对家乡话"土气"的评价比例稍高。

（五）语文成绩

语文成绩是衡量儿童语文能力尤其是书面语言能力的一个重要参考。本次以距调查时间最近的期中语文成绩为例，考察语文成绩与儿童生活状态、性别之间的关系。

表3-40　语文成绩平均分

		1年级	2年级	3年级	4年级	5年级	6年级	7年级	8年级
父母在家	男	84.1	76.3	79.1	74.8	67.8	69.3	64.6	69.5
	女	87.2	85.0	81.7	76.6	72.1	76.5	72.5	75.6
	均值	86.0	80.8	80.5	75.6	69.8	73.2	68.3	72.5
父亲外出	男	64.9	80.0	64.8	72.7	60.8	65.4	66.1	67.9
	女	84.9	86.9	84.7	76.1	72.1	74.1	80.7	77.5
	均值	74.0	82.8	73.8	74.6	66.2	73.2	77.3	73.3
母亲外出	男	75.3	70.1	62.5	64.8	54.8	57.7	65.8	62.9
	女	63.6	87.1	85.3	72.3	75.1	74.3	72.0	77.0
	均值	71.0	80.6	73.3	69.8	64.9	59.5	68.6	69.9
父母外出	男	69.0	75.2	72.1	58.7	60.4	63.7	68.1	58.9
	女	81.1	83.5	78.8	74.6	74.6	78.3	80.2	73.2
	均值	74.5	79.6	75.5	66.3	64.4	69.4	73.9	65.5

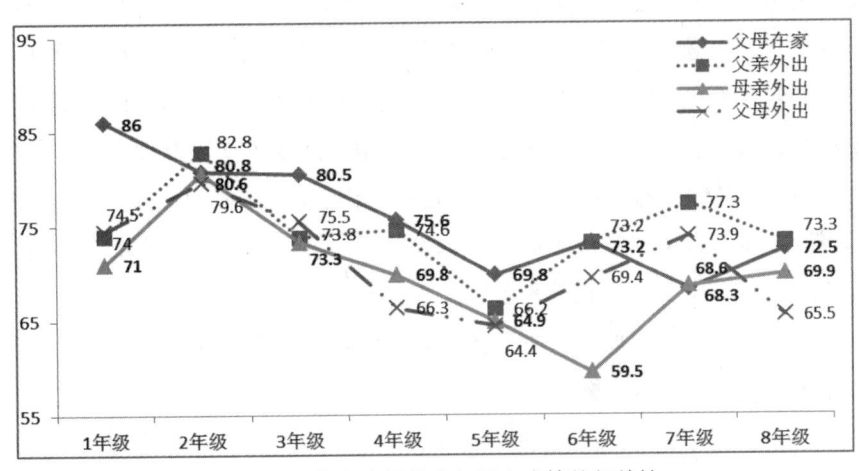

图3-13　儿童生活状态与语文成绩的相关性

表3-40显示，农村儿童语文成绩整体不太理想。语文成绩与两个因素相关：一是性别。女生的语文成绩普遍高于相应的男生，性别与语文成绩具有显著性相关关系（p=0.001）。父母都在家的儿童，男女生之间语文成绩差距较小；母亲外出务工和父母都外出务工的孩子语文成绩的性别差异明显，平均分最大差距达20多分。如三年级母亲外出的男生为62.5分，而相应的女生为85.3分；五年级男生为54.8分，而相应的女生为75.1分。

二是留守状况。如图3-13所示，对儿童语文成绩负面影响最大的是母亲单独外出务工，各年级数据显示，此类儿童的语文成绩整体上低于父母在家的儿童。其中,一年级和六年级母亲单独外出务工的儿童与父母均在家的儿童成绩的差距最明显,前者均值低约15分。其次是父母双亲外出务工对儿童语文成绩影响较大,最后是父亲单独外出务工。整体上看,年级越高,儿童留守的类型对孩子语文成绩的负面影响越小。父母单亲或双亲外出务工对一年级儿童语文成绩的负面影响最大:如母亲单独外出务工的女生平均成绩甚至出现了低于相应的男生的情况,分别为63.6分和75.3分;父亲单独外出的男生,成绩远远低于相应的女生,分别为64.9分、84.9分;父母均外出的儿童,语文总平均成绩均低于父母均在家的儿童,分别为74.5分、86.0分。

三　结论与思考

(一)农村留守儿童家庭语言生活状况整体不理想。相比之下,农村留守儿童父母更重视改善家庭物质经济生活条件,他们没有针对孩子的语言教育规划,不重视陪伴和引导孩子阅读,也较少具体指导孩子的学习,更多地持放任自然的态度。农村地区儿童语言生活呈现出地域不平衡性。农村偏远地区留守儿童比例较高,这直接导致这些地区近半数的儿童长期缺乏交流对话,容易造成孤独、抑郁、冷漠等心理问题[①],语言生活非常不健全。不同的留守类型与留守时间,也对儿童语言生活产生不同的影响。就留守类型而言,母亲单独外出务工对儿童的影响大于父亲单独外出务工,在某些方面甚至大于父母双方均外出务工。就留守时间而言,低年级阶段留守对儿童影响更大,其中一年级阶段留守的负面影响最大。

(二)全社会都应积极关注并加强农村儿童的家庭语言教育规划。农村儿童的语言生活状况将直接关系到个体家庭、中国农村乃至整个中国社会的和谐发展,父母应重视儿童成长的关键期,合理选择外出务工的类型与外出务工的时间;应让每个农村孩子都能享有充分而有质量的家庭语言教育,为儿童的全面发展奠定坚实的基础。

(曾　炜、祝　宇、曾　钦)

---

① 中国留守儿童心灵状况调查:逾一成称父母已死。这一数据来自北京上学路上公益促进中心2017年7月21日发布的《中国留守儿童心灵状况白皮书》。

我国少数民族语言状况调查数据分析

少数民族语言状况调查是语言文字研究的重要内容,也是我们把握语言国情、制定相关民族政策和战略规划的前提。为此,本报告通过相关文献的分析来把握现有少数民族语言国情调查和数据的现状。

一 数据概况

1. 文献来源

我们以"民族+语言""民族语""语言生态""语言保持""语言使用""语言生活""语言活力""语言文化""语言保护""中国新发现语言研究丛书""中国少数民族语言简志丛书""中国民族村寨调查丛书""语言田野调查实录""中国语言生活状况报告"等为检索词,在国家图书馆"文津搜索"进行检索,下载1949年至2017年的少数民族语言国情调查研究文献[①];以调查点和调查对象为单位(因一篇文献中可能含有多个调查点或群体的国情数据),提取文献中的语言国情数据和文献属性信息,最终获得1778组少数民族语言国情数据。

在调查文献中,35.25%为学位论文,58.02%为学术论文,6.73%是专著。从整体上看,高校是语言国情调查研究的主要实施机构;从地域分布来看,这些产出的高校67%分布在内蒙古、广西、云南、贵州、新疆、四川、西藏、海南等民族地区,而20世纪80年代国家民族事务委员会文化宣传司与中国社会科学院民族研究所(现民族学与人类学研究所)共同牵头完成的《中国少数民族语言使用情况和文字问题调查研究》,为我们提供了我国少数民族语言使用情况的最早数据。

2. 项目类别

我们将所得项目课题类型按照国家级、部委级、省级和校级等进行分类,

---

① 本次报告的文献研究内容只收录少数民族地区民族语言文字、国家通用语言文字及外语使用能力调查研究的一手语言国情调查数据,转载或引用的二手以上数据文献不在本次研究报告数据的摘录范畴。因此,除去数据重复和二手数据的文献,本文共下载、收集了505篇语言国情调查文献。

最终获得资助语言国情调查的项目课题140项，其中国家级课题34项，包括国家社科和全国教育科学基金项目；部委级课题27项，包括国家民委、国家语委项目和教育部人文社科项目；省级课题31项，包括各省社科联、教育厅、人才计划项目等；校级课题48项，包括中央高校科研项目、大学生创新项目及其他类型的校级科研项目。

3. 文献内容

文献内容主要包括少数民族的语言认同、语言生态、语言保护等方面，具体参见图 3-14。

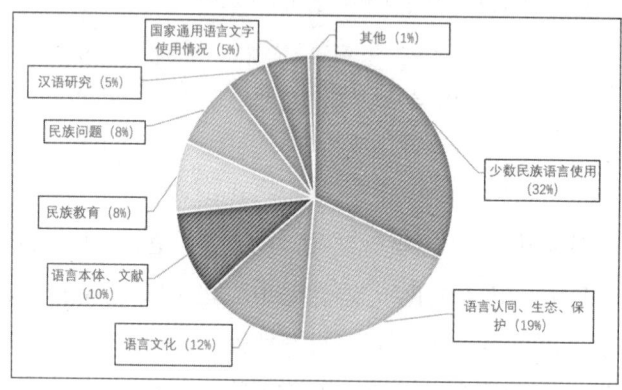

图 3-14　不同研究内容文献分布数据

二　数据分析

在一些国家和地区，语言使用情况被当作人口特征属性纳入人口普查项目，我国目前尚未全面纳入，大规模的语言使用调查只有20世纪80年代的少数民族语言使用情况普查，以及20世纪末的中国语言文字使用情况调查；规模不一的语言状况调查研究，也提供了一定数量的少数民族语言国情数据，帮助我们了解少数民族的语言生活和民族语言的生命活力。

1. 民族分布

我国民族人口众多，地域分布广，不同民族在人口数量、居住形态、语言文化等方面都存在差异。具体的民族分布数据如下：

表 3-41 民族分布情况

序号	民族	国情调查数据（组）	人口数量排名	序号	民族	国情调查数据（组）	人口数量排名
1	蒙古	170	10	28	东乡	16	23
2	哈尼	116	16	29	鄂温克	16	43
3	彝	110	7	30	佤	15	26
4	苗	102	6	31	仫佬	14	31
5	藏	98	9	32	撒拉	14	36
6	土家	86	8	33	怒	13	42
7	布依	57	12	34	布朗	13	37
8	达斡尔	54	35	35	赫哲	13	54
9	维吾尔	51	5	36	基诺	13	45
10	傣	50	19	37	土	13	30
11	壮	49	2	38	仡佬	12	24
12	瑶	47	13	39	满	11	4
13	白	46	14	40	塔吉克	11	39
14	傈僳	42	21	41	德昂	8	46
15	纳西	39	28	42	毛南	8	38
16	羌	37	29	43	鄂伦春	7	52
17	侗	36	11	44	柯尔克孜	6	33
18	阿昌	35	41	45	塔塔尔	6	57
19	黎	24	17	46	独龙	5	53
20	朝鲜	25	15	47	俄罗斯	5	48
21	普米	24	40	48	乌孜别克	4	50
22	回	22	3	49	京	3	44
23	锡伯	21	32	50	水	3	27
24	拉祜	19	25	51	珞巴	2	56
25	畲	18	20	52	门巴	2	51
26	哈萨克	41	18	53	保安	2	47
27	景颇	41	34	54	裕固	1	49

注：①文中依据各民族数据量进行序号排序；②人口数量排名依据2010年第六次全国人口普查的少数民族人口数据；③本文尚未统计高山族的语言国情数据。

表3-41可见，1949年以来，蒙古、哈尼、彝、苗、藏等少数民族的语言国情调查数据丰富，而裕固、保安、门巴、珞巴、水、京、乌孜别克等少数民族的调查数据很少。结合2010年人口普查少数民族人口数据来看，蒙古族等五

个调查数据较多的民族人口均在百万以上,而调查数据少的少数民族人口数量也很少,其中珞巴族只有3682人。

2. 群体分布

进行语言国情考察时,通常会选择不同的少数民族群体为调查对象,以把握不同群体的语言使用特点,进而制定有针对性的语言文字政策。现有的少数民族语言国情调查数据,针对特定群体进行专项调查的数据占16.03%,其余83.97%的国情数据没有明确注明调查对象的身份。整体来看,学生、学生家长、教师、公务员、进城务工人员和服务行业从业人员等,是主要受访对象。其中,学生群体是语言国情数据的主体;而进城务工人员和服务行业从业人员作为城市发展建设的重要参与者,其语言使用情况近些年也受到了人们的关注,但其语言掌握和语言能力等研究还相对较少。

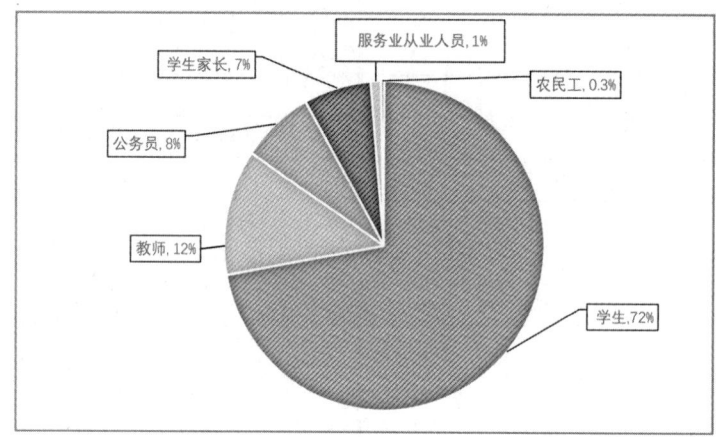

图 3-15 不同少数民族被试群体分布数据

少数民族青年一代的语言使用情况尤为重要,相关调查通常还会进行代际差异的考察,这部分数据占总量的37.29%[①]。现有国情数据中,超过四分之一涉及语言使用情况代际差异,包括少数民族青少年掌握本民族语文、汉语文(普通话和汉语方言)及其他语言文字的情况。

---

① 包括少数民族学生专项调查数据和中青年群体普通调查的数据。

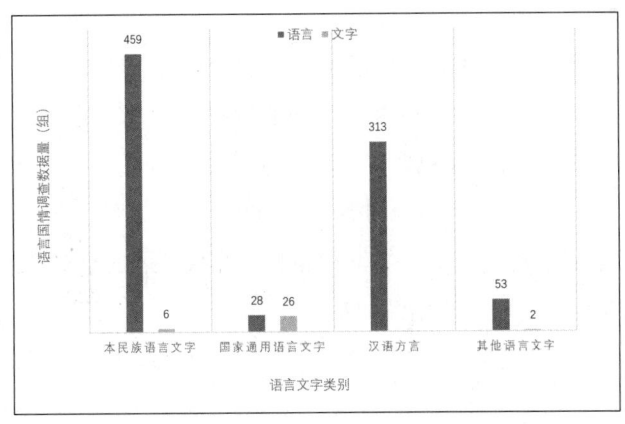

图 3-16　少数民族青少年群体语言国情数据分布情况

3. 地域分布

从现有调查数据的地域分布来看，语言国情调查点覆盖到除天津、河南、浙江、山西、江西、香港、澳门、台湾以外的全国 26 个省市、自治区，几乎覆盖了国内所有的少数民族聚居区和杂居区，具体如图 3-17 所示：

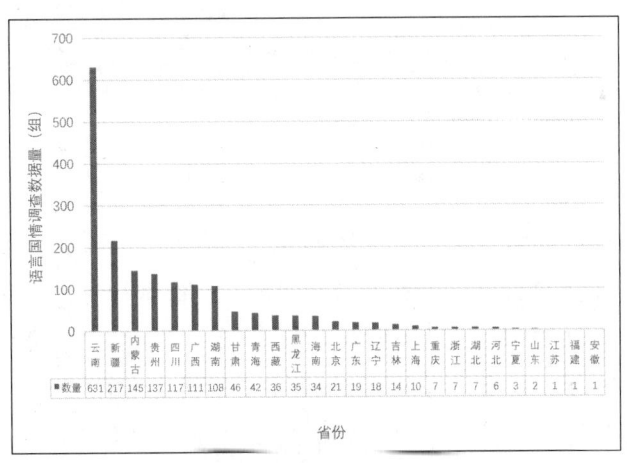

图 3-17　语言国情调查数据地域分布情况

城市作为国家政治、经济、文化活动和对外交流的中心，是我国语言文字事业发展的重要基地，也是国家推广和提升国家通用语言文字使用的前沿阵地。现有数据显示，城市少数民族语言国情调查点主要分布在乌鲁木齐、北京、拉萨、呼和浩特、昆明、上海、阿克苏、巴塘县、伊宁、锡林浩特、巴音郭楞、湘西、兰州、青岛、丹东、阿勒泰等市、县（旗）。其中，北京和乌鲁木齐两市的语言国情调查数据最多，且调查对象多为少数民族学生。

4. 时间分布

依据数据发布时间的统计，可以从历时的角度考察少数民族语言国情调查的发展脉络。从时间上来看，2000年以前的数据主要集中在20世纪80年代的"中国少数民族语言使用情况和文字问题调查研究"项目，其成果《中国少数民族语言使用情况》提供了37.23%的数据；2000年以后，缺少统一的、大规模的少数民族语言国情调查数据①，一些科研机构和高校开展的小规模个案性的调查，弥补了这一时期少数民族语言国情的空白。

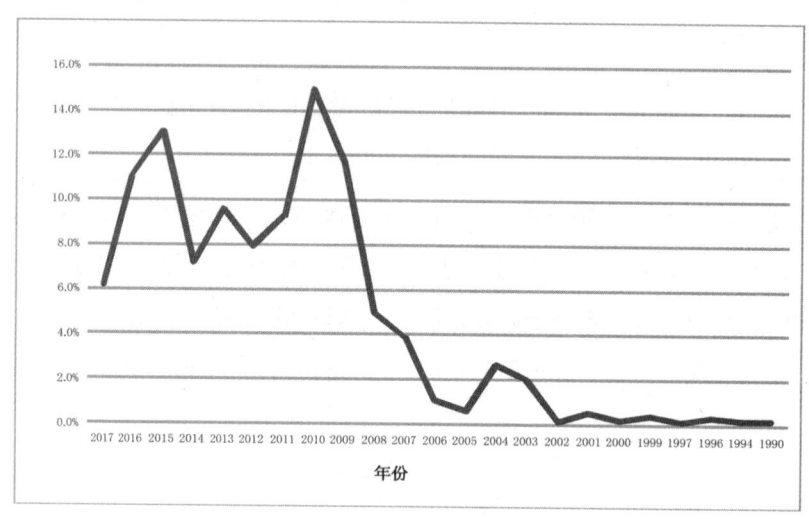

图3-18 少数民族语言国情调查数据年度分布情况

图3-18显示，2005年以前，个案调查数据有80组，占数据总量的6.1%；2005年以后，个案调查数据出现了明显增长，并在2010年达到最高值。其主因有两个：一是2000年以前的国情调查成果种类单一，主要来源于一些期刊的学术论文，2001年开始出现包含民族国情数据的研究专著；2003年开始，数据库中出现了相关的学位论文，这使得2003、2004两年的数据出现了小幅度的增长。二是一些少数民族语言国情调查研究课题成功立项，产生了一大批研究成果，如2005年中央民族大学"985"工程设立的"中国少数民族语言国情调查研究"，以及陆续产生的调查成果，提供了233组数据，占数据总量的12.6%。总之，20世纪80年代开启了我国少数民族语言国情调查的序幕，此后个案调查不断出现，数据日益丰富。

---

① 本次调查尚未收录国家语委近期组织和正在实施的"中国语言资源保护工程"项目数据。

三 语言国情

将少数民族掌握本民族语言和国家通用语言的国情数据进行归类分析,以观察我国语言国情变化。

1. 本民族语掌握情况

截至 2017 年底,现有的调查研究共提供了 85 种少数民族语言的国情数据,占总量的 95.56%[①],其中蒙古语的数据最多,彝、苗、藏、土家、哈尼、达斡尔等语言数据量也均在 60 组以上。表 3-42 按时间段对调查数据分类,记录了我国少数民族语言国情状况。

表 3-42 少数民族掌握本民族语言状况

序号	民族	国情调查数据量(组)	会说民族语言的人数比例(%)	数据发布时间段(年)	数据调查员
1	阿昌族	2	89.9	20 世纪 80 年代	徐悉艰
		21	89.7	2005—2009	谢红梅、李浩
		8	82.3	2010—2014	谢红梅、王丽、陆惠云、陈丽湘
		1	69.7	2015—2017	王远新
2	白族	7	98.0	20 世纪 80 年代	武自立、陆绍尊、姜竹仪
		36	78.5	2010—2014	赵金灿、闫正锐、张钰芳、白碧波、邓瑶、戴庆厦、瞿继勇、张颖、杨玉、周辉、许鲜明
		3	87.3	2015—2017	王远新、赵义平
3	保安族	1	92.8	20 世纪 80 年代	林莲云
		1	97.5	2010	杨琳
4	艾努人	1	95.7	2017	奇慢故丽·依明
5	毕苏人	4	100.0	2003	徐世璇
6	布朗族	3	88.3	20 世纪 80 年代	周植志
		10	99.4	2010—2014	陈永波、陆惠云、戴庆厦、蒋光友、时建

---

① 其余调查中,1.69% 的调查是对国家通用语言文字的专项调查,2.76% 的调查是对少数民族掌握汉语(未注明是国家通用语言还是汉语方言)情况的专项调查。

（续表）

		13	89.5	20世纪80年代	王春德、武自立、喻翠容、王德光
7	布依族	10	55.7	2005—2009	陈娟、周国炎、苏霖伶
		25	38.0	2010—2014	龙海燕、蔡吉燕、杨菁、卢芳、王睿、张景岫、安晓茜、张永斌、王远新
		1	52.4	2015—2017	叶晓芬、范新干
8	藏族	23	94.1	20世纪80年代	雷永生、张济川、武自立、安世兴、陆绍尊、瞿霭堂、孙宏开、朱红、王学海
		10	89.4	2005—2009	根呷翁姆、铃木博之、邬美丽、周春晖、卫炜、陈永莉
		24	91.6	2010—2014	刘永文、李小娟、韩殿栋、大达瓦次仁、王远新、戴庆厦、周炜、姚春林、曹红梅、墨慧强、宋伶俐、陈晶
		17	67.4	2015—2017	孙畅、陆玲、和易灵、吴曼琪、覃蓝叶、王浩宇、何俊芳、袁伟、付帅、木乃热哈、李晶、李阳、曹永成、王秋花、龙玉梅、次嘎、沈群英、付挺刚、姚春林
9	朝鲜族	12	89.1	20世纪80年代	王鹏林、许德行、赵习
		2	91.9	2000—2004	王远新、李英子
		4	88.7	2005—2009	邬美丽、高明、王丽颖、靳世花
		5	79.6	2010—2014	申慧淑、阿部翔、崔金一
10	达斡尔族	5	91.5	20世纪80年代	王鹏林、赵习
		20	91.3	2005—2009	丁石庆、何冰、白艳飞、王秀娟
		12	56.9	2010—2014	德红英、刘浩、刘婷
		16	68.9	2015—2017	孙静楠、吴丽华、智微、丁石庆、陈思思、许晋
11	傣族	21	97.5	20世纪80年代	罗美珍、纪嘉发、周植志、武自立、徐悉艰
		1	75	2005—2009	刘燕波、孙宗芹
		15	92.2	2010—2014	赵凤珠、夏薇、杨玉
		7	97.2	2015—2017	徐艳蓉、王远新、姜燕、王丽娟
12	德昂族	3	80.9	20世纪80年代	徐悉艰、周植志
		2	96.9	2010—2014	戴庆厦、陆惠云
		2	96.7	2015—2017	王远新

（续表）

13	东乡族	2	98.6	20世纪80年代	林莲云
		1	75.0	2006	良警宇
		12	71.9	2015—2017	马如彪、马兆熙、张丽、杨婷、张杰、任丽花
14	侗族	22	7.1	20世纪80年代	王春德、郑贻青、喻翠容、毛宗武、陈康
		1	86.0	2000—2004	王远新
		11	72.6	2010—2014	张景霓、韦馨、杨子奇、傅安辉、陈建伟、瞿继勇
		1	68.3	2015—2017	彭婧
15	独龙族	2	100.0	20世纪80年代	孙宏开
		1	92.5	2010—2014	陆惠云
		2	59.0	2015—2017	王丽、施璐
16	俄罗斯族	2	65.8	2010—2014	张英姿、白萍
		3	30.5	2015—2017	陈荣泉、郭凤岚、赵淑梅、许晋
17	鄂伦春族	1	20.0	20世纪80年代	王鹏林、朝克
		1	44.2	2000—2004	徐世璇、关红英
		4	44.82	2010—2014	昭拉
		1	28.9	2015—2017	乌日乌特、何其迪
18	鄂温克族	2	68.2	2005—2009	娜敏、白艳飞
		2	45.2	2015—2017	白阿茹娜
19	哈尼族	11	96.7	20世纪80年代	纪嘉发、罗美珍
		62	99.1	2005—2009	赵敏、朱茂云、戴庆厦
		27	87.8	2010—2014	戴庆厦、李春风、赵敏、白碧波、杨玉、夏微、王远新
		12	89.6	2015—2017	石常艳、马继彬、孙津晶、杨艳、李云净、李云杰、田茹月、陈秋蓉、刘瑞文、文翠萍
20	哈萨克族	7	98.4	20世纪80年代	宋正纯
		2	100.0	2005—2009	邬美丽、胡炯梅
		9	91.7	2010—2014	王远新、杜秀丽、吴曦、闫新艳、晁正蓉、王新华、吉丽皮娅、木合塔尔、韩蓉
		12	93.7	2015—2017	巴合加纳提·马什甫热提、王亚楠、盛晖、刘涛、孜乃白、高子琳、赵妍、王远新

(续表)

21	赫哲族	2	12.3	20世纪80年代	姜洪波、王庆丰
		9	9.7	2000—2004	吴玉柱、戴庆厦
		1	2.0	2010—2014	孙一娃
		1	2.4	2015—2017	刘梅梅、刘东华
22	回族	4	51.6	20世纪80年代	宋正纯、郑贻青、林莲云、斯钦朝克图
		2	55.6	2000—2004	良警宇、马晓慧
		5	48.4	2010—2014	陈建伟、常棣、杜静、韩金燕
		4	37.4	2015—2017	公瀚卿、卢凡、高子琳、曹鹏鹏
23	基诺族	1	100.0	20世纪80年代	罗美珍
		11	80.1	2005—2009	戴庆厦、白珍、张世均
		1	98.8	2014	陆惠云
24	京族	1	21.4	20世纪80年代	宋正纯
25	景颇族	3	90.4	20世纪80年代	徐悉艰
		28	82.1	2000—2004	戴庆厦
		1	100.0	2010—2014	戴庆厦
		5	95.8	2015—2017	王远新、王丽娟、徐安令、戴庆厦、和智力、杨露
26	柯尔克孜族	1	100.0	2010—2014	周珊
		2	100.0	2015—2017	赵捷
27	拉祜族	12	94.6	2010—2014	戴庆厦、杨楠、常俊之
28	黎族	13	98.2	20世纪80年代	欧阳觉亚
		5	95.9	2010—2014	文珍、邢杰伶、戴宗灿、王薇、李庆福、李津、钟宇
29	傈僳族	15	78.5	20世纪80年代	孙宏开、武自立、姜竹仪、陆绍尊
		2	100.0	2010—2014	戴庆厦、顾明媛
		24	91.5	2015—2017	康宁、戴庆厦、和智力、杨露、王川林、杨伟苹、郑瑞梅、李莉
30	珞巴族	1	100.0	20世纪80年代	张济川、陆绍尊
31	满族	7	4.6	20世纪80年代	王庆丰、刘景宪、吴宝柱、蒋理
		2	8.8	2000—2004	季永海、关辛秋、戴庆厦、赵阿平、郭孟秀、唐戈
		1	0.0	2005—2009	邬美丽
		1	1.6	2010—2014	陈建伟

(续表)

32	毛南族	2	4.7	20世纪80年代	郑贻青
		1	100.0	2006	戴庆厦、张景霓
		8	94.1	2015—2017	张景霓
33	蒙古族	27	89.9	20世纪80年代	武自立、宣德五、斯钦朝克图、王鹏林、查干哈达
		21	71.3	2005—2009	邬美丽、张瑞芳、郝亚明、戴庆厦、胡炯梅、宝玉柱、赵鹤龄、张秀丽
		38	87.5	2010—2014	刘燕、香春、李毅、杨艳萍、包桂花、王远新、乌日其其格、斯钦图雅、陈建伟、戴庆厦、哈斯额尔敦、包英华、英君、韩春晓、王桂荣、巴图欧其尔·吾再
		29	83.0	2015—2017	哈斯额尔敦、格日乐图、李圃、古丽米拉·阿不来提、盛晖、邬美丽、黄晔、韩建岗、郑婷、黄拓、宋正纯、郑国娟
34	苗族	56	88.2	20世纪80年代	欧阳觉亚、纪嘉发、郑宗泽、陈康、向日征、王春德、武自立、喻翠容
		4	79.9	2005—2009	王远新、邬美丽、胡晓东、余金枝
		14	79.5	2010—2014	梁丽、陈志伟、陈建伟、安晓茜、张景嵋、龙晓雪、张永斌、王仲黎、龙明春、杨玉、王远新、陈泽靖、李增芳、瞿继勇
		9	63.4	2015—2017	杨露、黄宇泓、林忠、石维贵
35	仫佬族	1	100.0	2005—2009	史晖
		5	64.2	2010—2014	陶丹丹、张永斌
		8	99.0	2015—2017	张景霓
36	纳西族	5	79.3	20世纪80年代	武自立、孙宏开
		6	98.9	2010—2014	墨慧强、戴庆厦
		22	99.8	2015—2017	和丽琼
37	怒族	4	87.9	20世纪80年代	孙宏开、陆绍尊
		1	81.3	2010—2014	陆惠云
		7	78.9	2015—2017	孙宏开、王丽

（续表）

38	普米族	3	77.9	20世纪80年代	姜竹仪、陆绍尊
		5	75.4	2010—2014	戴庆厦、刘晓洁
		11	59.9	2015—2017	刘晓洁、陆惠云、郑瑞梅、李莉
39	羌族	3	76.8	20世纪80年代	孙宏开
		3	53.7	2005—2009	宝乐日
		30	70.0	2010—2014	张竞艳
		1	75.0	2015—2017	阮宝娣、侯玉婷
40	撒拉族	1	90.5	20世纪80年代	林莲云
		7	70.9	2010—2014	王远新、左庆瑞、海媛、郭菲菲
		2	94.6	2015—2017	唐鸿妍、曹波
41	畲族	6	79.5	20世纪80年代	毛宗武
		2	97.1	2000—2004	王远新
		1	82.0	2005—2009	林伦伦
		5	54.1	2010—2014	雷艳萍、陈淑环
		4	98.1	2015—2017	骆妮、陈丽冰
42	水族	3	100.0	20世纪80年代	喻翠容
43	塔吉克族	1	100.0	20世纪80年代	高尔锵
		3	87.9	2010—2014	刘玉屏、克里木江·玉苏普、周珊
		5	56.5	2015—2017	李素秋、杨亦凡、杨海龙、帕提曼·木哈塔尔
44	塔塔尔族	2	0.9	20世纪80年代	宋正纯、赵相如
		3	26.0	2010—2014	古丽米拉·阿不来提、王佳唯
		1	0.0	2015—2017	李雪
45	土家族	9	0.6	20世纪80年代	陈康、王春德
		33	47.6	2000—2004	邓佑玲、邱泽奇、田静
		2	27.3	2005—2009	熊英、邬美丽
		31	23.3	2010—2014	杨再彪
		2	15.5	2015—2017	林忠、向雪
46	土族	2	99.6	2000—2004	高丙中
		9	71.2	2005—2009	高丙中、宝乐日、王远新
		3	64.8	2010—2014	陈晶、刘志刚
47	佤族	10	91.2	20世纪80年代	周植志
		2	75.7	2010—2014	戴庆厦、巫俐群
		2	96.3	2015—2017	韩蔚、高静平

(续表)

		1	100.0	20世纪80年代	宋正纯
48	维吾尔族	4	93.3	2005—2009	邬美丽、洪勇明、胡炯梅、李素秋
		14	95.7	2010—2014	王远新、王丽、祖木拉提·阿拉提、董丹、陈建伟、樊慧荣、高晓博、孟红莉、阿比达·阿不力米提
		19	98.4	2015—2017	李素秋、迪力木拉提·尼亚孜、赵平、热孜婉·阿瓦穆斯林、刘涛、宴坤、曹巧红、张彩莉、孟红莉、葛兰尼沙·依力、林雪琪、刘茹、朱琳、高子琳、王娟
49	乌孜别克族	3	17.1	2010—2014	阿达来提
50	锡伯族	3	100.0	20世纪80年代	李树兰
		10	89.7	2005—2009	刘宏宇、李洁、安成山
		2	65.0	2010—2014	王远新、郭安
		2	100.0	2015—2017	彭霞、刘涛
51	瑶族	28	95.2	20世纪80年代	李荐荣、毛宗武、喻翠容、郑贻青、蒙朝吉、陈康、郑宗泽
		10	92.8	2010—2014	林伦伦、吴萍、李志芬、杨军、孙华、孙华、欧阳颖、孙华、欧阳颖、李增芳
		1	98.8	2015—2017	杨露
52	彝族	37	83.4	20世纪80年代	武自立、陆绍尊、姜竹仪、罗美珍、纪嘉发
		26	93.9	2005—2009	马娟、卫炜、杨艳、戴庆厦
		27	88.7	2010—2014	崔金明、赵燕珍、孙文涛、戴庆厦、王丽、李晶、杨艳、朱元富、王国旭、张永斌、赵镜、吴海燕、墨慧强、杨王、符玉萍、张志燕
		14	93.9	2015—2017	庄莉、杨滟湫、庄莉、郑瑞梅、帅越、孔祥赞、木乃热哈、孔祥赞、王海滨、李莉、刘毓恒
53	仡佬族	5	26.0	20世纪80年代	王春德、郑贻青
		2	54.5	2000—2004	史晖、张晓辉
		3	65.0	2005—2009	刘静
		1	95.7	2010—2014	龙晓雪
		1	24.0	2015—2017	李林津

（续表）

54	裕固族	1	70.5	2000—2004	阿拉腾苏布达
55	壮族	1	89.0	2000—2004	史晖
		10	66.5	2005—2009	邬美丽、史晖、张晓勇
		11	66.5	2010—2014	曹红梅、陈建伟、何思源、魏琳、黄夏歆、欧阳颖、杨玉、彭茹、史晖、叶俐丹
		8	86.9	2015—2017	林超、吴先泽、杨露

2. 国家通用语掌握情况

国家通用语言文字是我国各民族之间沟通交流的工具，研究少数民族语言国情，需要考察少数民族使用国家通用语言的情况。截至2017年底，现有调查共提供了39个少数民族的国家通用语言使用国情数据。具体情况如表3-43所示：

表3-43 少数民族掌握国家通用语状况

序号	民族	调查数据量（组）	会说国家通用语的人数比例（%）	数据发布时间段（年）	数据调查员
1	阿昌族	1	47.5	2010—2014	陆惠云
		1	81.8	2015—2017	王远新
2	白族	8	79.5	2010—2014	杨玉、邓瑶、赵金灿、瞿继勇、张颖
		3	69.9	2015—2017	赵义平、王远新
3	布朗族	1	72.5	2010—2014	陆惠云
4	布依族	3	30.2	2010—2014	蔡吉燕、王远新
5	藏族	1	98.3	2000—2004	王远新
		1	89.8	2005—2009	邬美丽
		7	64.2	2010—2014	姚春林、周炜
		4	60.7	2015—2017	袁伟、王秋花
6	朝鲜族	1	79.9	2000—2004	申慧淑
		1	96.9	2005—2009	邬美丽
7	达斡尔族	1	90.8	2015—2017	陈思思
8	傣族	2	100.0	2010—2014	夏薇、杨玉
		5	74.6	2015—2017	王远新、龙柯廷、李云杰
9	德昂族	2	51.8	2015—2017	王远新
		1	96.3	2010—2014	陆惠云

（续表）

10	东乡族	3	78.3	2015—2017	张丽
11	侗族	1	100.0	2005—2009	王远新
		10	71.1	2010—2014	张景霓、瞿继勇、陈建伟、杨子奇
12	独龙族	1	90.0	2010—2014	陆惠云
13	哈尼族	2	98.5	2000—2004	夏薇、杨玉
		3	72.4	2015—2017	刘瑞文、李云杰、龙柯廷
14	哈萨克族	1	96.8	2005—2009	邬美丽
		8	67.5	2015—2017	巴合加纳提·马什甫热提、刘涛、吕彦霏、刘涛、李志忠、王远新
		1	92.5	2010—2014	王远新
		1	100.0	2010—2014	王远新
15	回族	1	72.4	20世纪80年代	郑贻青
		5	89.1	2010—2014	马晓慧、陈建伟、常棣、韩金燕
		1	100.0	2015—2017	公瀚卿
16	基诺族	1	77.5	2010—2014	陆惠云
17	景颇族	2	86.7	2015—2017	姜燕、王远新
18	拉祜族	5	98.8	2010—2014	杨楠
19	黎族	12	48.6	20世纪80年代	欧阳觉亚
		2	95.5	2010—2014	戴宗灿
		1	87.6	2015—2017	宋安琪
20	傈僳族	1	13.3	20世纪80年代	姜竹仪
		1	17.9	2015—2017	王国旭
21	满族	1	100.0	2005—2009	邬美丽
		1	100.0	2010—2014	陈建伟
22	毛南族	1	100.0	2015—2017	张景霓
23	蒙古族	3	91.1	20世纪80年代	邬美丽、宝玉柱
		5	95.8	2000—2004	陈建伟、韩春晓
		7	86.2	2005—2009	黄晔、邬美丽
		4	79.5	2010—2014	王远新
		1	79.3	2015—2017	黄拓

（续表）

24	苗族	6	46.9	20世纪80年代	欧阳觉亚、郑宗泽
		3	85.5	2005—2009	邬美丽、王远新
		8	87.6	2010—2014	杨玉、瞿继勇、龙柯廷、梁丽、王远新
		4	59.5	2015—2017	王远新、龙柯廷、黄宇泓
25	仫佬族	5	76.4	2010—2014	张永斌、陶丹丹
		8	20.2	2015—2017	张景霓
26	怒族	1	90.0	2010—2014	陆惠云
27	普米族	2	96.6	2010—2014	刘晓洁
28	羌族	1	90.1	2005—2009	宝乐日
29	撒拉族	1	40.0	2010—2014	王远新
30	畲族	2	91.4	2000—2004	王远新
		1	74.0	2005—2009	林伦伦
		2	94.6	2010—2014	李燕、雷艳萍
		1	83.8	2015—2017	陈丽冰
31	土家族	2	96.5	2000—2004	邱泽奇
		1	100.0	2005—2009	邬美丽
		2	93.4	2010—2014	许琛、瞿继勇
32	土族	2	92.2	2000—2004	高丙中
		3	27.5	2005—2009	宝乐日、王远新
		2	56.0	2015—2017	刘志刚
33	佤族	1	77.0	2015—2017	高静平
34	维吾尔族	1	81.4	2005—2009	邬美丽
		4	68.0	2010—2014	王远新、陈建伟、樊慧荣
		11	77.4	2015—2017	刘涛、林雪琪、张彩莉、宴坤、葛兰尼沙·依力、曹巧红、王娟、朱肖肖
35	锡伯族	1	82.3	2010—2014	王远新
36	瑶族	12	26.7	20世纪80年代	郑宗泽、毛宗武
		4	76.7	2010—2014	李志芬、杨军、欧阳颖
		1	57.5	2015—2017	龙柯廷
37	彝族	2	56.7	2010—2014	张永斌、杨玉
		6	60.1	2015—2017	杨滟漱、庄莉、刘毓恒、王海滨
38	仡佬族	1	33.3	2000—2004	史晖
		3	54.2	2005—2009	刘静

（续表）

		1	77.1	2000—2004	史晖
39	壮族	1	100.0	2005—2009	邬美丽
		6	84.5	2010—2014	陈建伟、欧阳颖、杨玉、史晖、曹红梅
		4	1.5	2015—2017	林超、斉艺伟

注：表中数据按照民族名称的音序排列，"会说国家通用语的人数比例"取各时间段"能说国家通用语人数比例"的平均值。

20世纪末的中国语言文字使用情况调查表明，全国范围内能用国家通用语言交谈的少数民族人口比例为53.06%。整体来看，我国少数民族国家通用语掌握情况呈现以下特点：一是使用国家通用语言的能力有大幅提高，以海南黎族为例，2000年以前的调查显示，能用国家通用语言交谈的比例平均值为47.97%，2000年以后达到92.93%；苗族也从2000年以前的36.65%提高至83.10%。二是使用国家通用语言的能力差异大，如毛南、满、拉祜、普米、土家等民族能使用国家通用语言进行交流的人口比例均超过95%，而瑶、仡佬、傈僳、撒拉、布依等民族仍低于50%，这仍需要我们加大力度进一步扶持和普及国家通用语言文字教育。

（岳朋雪、赵小兵）

辞书走向媒体融合

2019年1月25日,中共中央政治局就媒体融合发展举行第十二次集体学习。习近平总书记指出,推动媒体融合发展、建设全媒体成为一项紧迫课题。[①] 辞书界就辞书的媒体融合发展进行了探索和实践。种种迹象表明,一个辞书数字化时代正在到来。

一 融媒体辞书的理念

2019年3月,中国辞书学会融媒体辞书专题研讨会暨常务理事会扩大会议在山东烟台举行,来自全国各地高校和出版机构的20多位辞书专家出席会议。

中国辞书学会会长李宇明在主题演讲中指出,融媒体时代,文本内容仍然是主体,但"融媒辞书"起码改变了辞书的组织方式、表现方式和使用方式,应当极力促进两大转变:一是由辞书编纂向辞书生活研究的转变,一是由平面辞书向"融媒辞书"的转变。

针对融媒体时代的辞书传播,专家们谈到,融媒体时代出版出现新生态,形成连接和跨界两个特点:连接,就是连接一切可能性,包括内链和外链;跨界就是跳出辞书来看辞书出版与传播。数字出版的融媒体化意味着技术带动的融媒体出版系统的建构,需要借助网络新媒体、手机新媒体技术,进而突出内容融合、介质融合、技术融合的全域符号出版。但不管怎样,融媒体时代辞书发展的核心仍然是"词典文本"编写——无论媒介和出版形式如何变,词典文本的核心地位都不会变,变的是"词典文本的组织形式",这是实现"融媒体词典"的关键。[②]

---

① 习近平:推动媒体融合向纵深发展 巩固全党全国人民共同思想基础,新华网,http://www.xinhuanet.com/politics/2019-01/25/c_1124044208.htm。
② 中国辞书学会官方公众号,《中国辞书学会融媒体辞书专题研讨会暨常务理事会扩大会议举行》,2019年3月23日。

2019年9月,光明智库组织专家,以《从"大部头"到数字化平台辞书APP带来了什么》为题,就融媒体辞书的一些理论与实践问题进行了讨论。①

有专家认为,走向网络、融媒体是传统辞书的发展趋势,同时,由于传统辞书具有内容的权威性以及在使用者的心目中具有权威性,因而有其不可替代的价值。互联网是一个大数据库,但并不是一部合格的"大辞书";它具有大数据的优越性,但同时也有"数据偏见"。代表人类大脑优势的、经过规范编纂的传统辞书内容是不可缺少的。传统辞书走向互联网,甚至发展为融媒辞书,便是将原有的"有用"特征叠加了互联网产品的"好用"属性。

有专家讨论了传统辞书与网络辞书的区别:其一,文本性质不同。传统辞书是平面文本,网络或融媒体辞书是多媒体或多模态文本。其二,文本内容和知识结构不同。传统辞书主要是文字释义,图片是释义的附加信息。而在网络辞书中,音频和视频将是释义的重要形式,"视触觉"是其重要功能。其三,文本结构不同。传统辞书的知识项是在平面媒体上线性排列的,而网络辞书则是按数据库结构存储的——同一词条的信息项分别放在不同的地方,并做特征标注。其四,辞书的规模和类型划分不同,传统辞书有较严格的类型划分和篇幅限制,而网络辞书没有规模制约,是规模化、综合化、系统化的辞书。

有专家指出,工具书应用程序并不仅仅是将纸质内容简单移植到网络或电子设备上,而是增加了跟原有知识相关联的新内容,以及与内容匹配的音频、视频、动画等新形式,需要配套的知识服务,形成一个大的资源库、知识库。数字化、网络化、智能化是工具书最终呈现和应用的一种方式,而工具书内容本身的质量和水准,是它为大家所接受和喜爱的首要基础。

二 融媒体辞书的实践

2019年,融媒体辞书实践方面有很多突出的成果。最具有代表性的是商务印书馆经过两年多精心开发的《现代汉语词典》应用程序(APP),以及中国大百科全书出版社推出的《中国大百科全书数据库》微信版和北京师范大学研制的"汉字全息资源应用系统"。

---

① 光明日报全媒体记者,《从"大部头"到数字化平台辞书APP带来了什么》,《光明日报》2019年9月16日。

(一)《现代汉语词典》APP

《现代汉语词典》APP 基于纸质版词典开发,具有便捷、高效、全方位的词典检索和汉语学习功能;它完整收录《现代汉语词典》(第 7 版)的内容,不仅保留了纸版的权威性、规范性、科学性,还有所拓展:包括央视著名新闻主播李瑞英的词语标准普通话播读(69000 字词),依据商务印书馆出版的字典词典等可靠资料研发了汉字动态笔顺(3500 字)、同义词反义词、同义词辨析、部首、字级和词语游戏等。

《现代汉语词典》APP 查询功能强大,完美展示了纸书拼音查询、部首查询、笔画查询等检索方式。此外,还开发了一框式查询、手写输入查询、语音输入查询、摄像头取词查询等灵活多样的数字化查询方式。同时,可以以顺序词、居中词、倒序词的形式,全方位、多层次呈现查询结果。

《现代汉语词典》APP 还提供了智能互动的语音听说测评功能,机器人智能问答,语言文字游戏等增值服务,在这些服务中,用户可进行字词的语音跟读,自动测评与全国用户比试,智能助手提供词语辨析、近反义词、AABB 等 10 种格式词语查询、词语成语接龙、组词、部首、笔顺。词语知识游戏能自动收集错题,知识性、趣味性兼备。

《现代汉语词典》APP 得到了专家的高度好评。有专家认为,《现代汉语词典》(第 7 版)APP 的正式发布,意味着中国影响最大的汉语语文词典实现了数字化。这就不仅是一本书的一个版本的事情,而可能是代表着一个时代的开始,标志着一个辞书数字化时代的到来。工具书领域的这一革命性的步伐,其后是整个世界智能化时代逐步到来的大背景。《现代汉语词典》APP 针对社会人群的多方面应用需求,增加了普通查阅之外的很多语言文字学习和应用的便捷功能,大大提升了词典的应用价值。《现代汉语词典》APP 本身就是工具书数字化优越性的一个写照。数码产品对工具书用途的提升与扩大,不单是一种相加的关系,而且可以是相乘的关系,甚至是平方、立方、多次方的关系。数字化与网络的结合,与人工智能的结合,将使词典的用途达到纸本时代难以想象的广阔空间。①

网友们认为,《现代汉语词典》APP 在设计上不仅做到了实用,还照顾到

---

① 刘丹青《在〈现代汉语词典〉第 7 版 APP 发布会上的致辞》,公众号:"今日语言学",2019 年 8 月 24 日。

了趣味性，它已经超出了纸质词典仅仅只是一本查找工具书的范畴，升级成了一款学习 APP，各种功能设计的确诚意满满。①

（二）《中国大百科全书数据库》微信版

中国大百科全书出版社重点推出了《中国大百科全书数据库》微信版。数据库收录《中国大百科全书》第一版和第二版纸书全部内容，无须下载安装客户端，使用微信关注"中国大百科全书数据库"公众号，即可登录使用。数据库不仅具备浏览、检索等基本功能，还允许对词条内容进行转发和分享。公众号每周会发送一篇原创图文，内容大多是有一定深度的文化或科普题材的知识。2019 年全年发布了 48 篇原创图文，同时编发了 7 个自媒体平台的导流图文共 2000 多篇，累计阅读量 6500 余万，带来了数据库用户数的迅速增长。

中国大百科全书出版社还研发了《中医百科全书》小程序，收录《中国传统医学百科全书》中的 822 个条目，共约 150 万字。②

（三）汉字全息资源应用系统

2019 年 1 月，北京师范大学发布"汉字全息资源应用系统"，8 月"数字化《说文解字》研究与应用平台"上线。

"汉字全息资源应用系统"③充分运用数据库技术、信息挖掘技术等现代化手段，对海量的汉字信息资源进行有机整合，从形、音、义、用、码五大维度，较为全面地呈现古今汉字的属性体系，构建出一个科学、系统、实用的汉字全息资源应用平台。系统所开发的深层系联工具，揭示了汉字之间的复杂关系；汉字演变动画模块，直观形象地展现了汉字从古到今的演化过程。系统将检索范围设置为常用字集、通用规范字集、古籍印刷通用字集等不同级别，针对不同层级的字集提供不同的属性体系，有效满足不同领域汉字应用的多元化需求。

数字化《说文解字》研究与应用平台④是对"汉字全息资源应用系统"的进一步拓展和深化，构建了《说文解字》形、音、义、训、例知识系统，平台由

---

① 小辣椒《官方〈现代汉语词典〉出 APP，98 元的内购到底买了啥？》，公众号"差评"，2019 年 8 月 26 日。
② 中国大百科全书出版社融媒体辞书方面内容，由该社提供。谨致谢意。
③ 参见 http://qxk.bnu.edu.cn。
④ 参见 http://szsw.bnu.edu.cn。

"字头检索""全文检索""凡例索引""构形系联""古音系联"等几部分构成,为进一步挖掘《说文解字》中的科学信息、创造性地建构汉语语言文字规律提供了有力的支撑。

(四)《全球华语大词典》融媒体版

商务印书馆与传神公司跨界战略合作,把《全球华语大词典》与最新互联网、人工智能和区块链技术融合,进行全面升级。将通过技术对"词"在数量上尽量覆盖,内容上全息展示,传播上全媒呈现,普及上全民可得,在编撰形式上做到全球华人可互动参与,记录语言的每一个传神新故事,激发中华文化乃至世界文化的传神新活力,使其成为全球华人率先共建共创共享的、"图文影音虚拟现实(VR)"全息的、与世界文明深度融通的无限包容扩展的"大"词典。①

三 融媒体辞书的展望

展望未来,内容、技术、运营叠加驱动,是融媒体辞书发展的重要路径。

第一,在内容方面,融媒体辞书不能只是一种查检的工具,它要向学习工具转变。它的属性也要实现由图书向内容的转变,新时代的数字辞书,不应仅仅是文字图片的形式,它可以加入很多多媒体内容;不应只是一本本地展示,可以把多部辞书整合起来;更深一层,它可能不只是辞书与辞书的整合,更可以是辞书与相关图书资源、专家资源的充分整合,甚至是与相关技术的整合。融媒体辞书不仅是一种产品,更是一种服务。要改变过去辞书的由编者、编辑单向输出产品的思路,动态采集用户的需求,动态更新迭代辞书数字产品,一站式解决用户对辞书的个性化需求,据不同用户对象,提供基于辞书的知识服务解决方案。②

商务印书馆在《新华字典》第11版APP、《现代汉语词典》第7版APP成功开发运营的基础上,着力研发建设了基于工具书的语言文字知识服务平台,这

---

① 商务印书馆官方微信公众号,《以区块链技术推动传统辞书转型升级:〈全球华语大词典〉融媒体版签约仪式举行》,2020年3月21日。

② 孙述学《辞书数字出版的三个方向——以〈新华字典〉第11版APP的开发为例》,《辞书研究》2019年第3期。

一平台将以精品工具书内容和知识服务为产品方向,以中小学生为最主要服务对象,以权威规范的基础语言文字知识和高附加值语言资源为主体内容,整合深化内容资源,聚合发掘作者资源,引导黏着读者资源,线上线下并举,打造顶尖的工具书知识服务,为商务印书馆的数字化、科技化、智能化奠定坚实的基础。

第二,在技术和运营方面,大数据、云计算、区块链等技术,将深入影响融媒体辞书的组织与呈现形式。从与计算机聊天到专家系统,再到音频、视频、图像、文本的模拟,人工智能已经走进辞书的数字出版。图像处理方面,如摄像头取词、词典笔、图像识别与纸书版面定位等一些先进技术,改变着辞书的形态。语音方面,以智能音箱为代表的产品,能以一种崭新的形式展现辞书的内容。自然语言处理是人工智能在辞书数字出版最为重要的领域。词袋模型与用来产生词向量的Word2Vec技术蓬勃发展,词汇语义网与词汇语义知识库、知识图谱等技术逐步与辞书编纂编辑相结合,用户意图识别开始用于辞书检索,这些都表明了人工智能已然深刻地影响了融媒体辞书的方方面面。融媒体辞书的编纂工具、方法、呈现和运营方式等,都会产生变革。

(孙述学)

新中国的辞书事业

2019年8月和11月,中国辞书学会联合上海辞书出版社、新华文轩出版传媒股份有限公司先后在上海书展和天府书展期间,隆重举办"辞书:汇聚文化精华 推动国家进步——新中国成立70周年辞书成就展",展览分图文展和实物展两大板块,同时举行系列辞书讲座,向新中国七十华诞献礼。

我国辞书编纂的历史源远流长,从古代的《尔雅》《说文解字》《康熙字典》,到近现代的《辞源》《辞海》,再到《新华字典》《现代汉语词典》《汉语大字典》《汉语大词典》《中国大百科全书》等,这些具有标志意义的文化成果,无一不汇聚着中华文化的精华,构建着中华民族的集体记忆。

一 基本概况

新中国成立以来,辞书编纂出版与时代同行,与国家发展同步。据统计,仅大陆地区共出版了各类辞书2万余种,相当于以前30年间出版辞书总量的20倍,改变了"大国家、小字典"的落后面貌。

(一)复苏阶段(1950–1977)

新中国成立初期,百废待兴,国内辞书的编纂出版极为贫乏,人民群众的文化教育,特别是中小学教育面临着普及和提高,《新华字典》《现代汉语词典》由此应运而生。

1950年,叶圣陶倡议成立新华辞书社,启动《新华字典》编写工作,由魏建功主持。这本新中国第一部以白话释义、用白话举例的现代汉语规范字典,1953年人民教育出版社出版,1957年商务印书馆出版新1版。1956年,国务院发布关于推广普通话的指示,责成中国科学院语言研究所编写以确定词汇规范为目的的中型《现代汉语词典》,吕叔湘、丁声树先后主编。1956年夏开始收集资料,1958年初开始编写,1959年底完成初稿,1960年印出"试印本"征求意见,1965年又印出"试用本"送审稿,1973年内部发行,1978年商务印书馆出版。

20世纪50年代,老《辞海》、老《辞源》已经不能适应读者的查考需求,修订工作也列入议事日程。新《辞海》定位于大型综合性辞书,兼收普通词语和百科词语。1958年设立中华书局辞海编辑所,舒新城等主编。1965年"未定稿"内部发行,1979年上海辞书出版社出版修订版。新《辞源》定位于大型汉语辞书,收录古代汉语,兼及古代文物、典章制度等词语。1958年启动修订,吴泽炎、刘叶秋、黄秋耘主编。1983年商务印书馆四卷本出齐。

此外,还有《古汉语常用字字典》(王力等编)、《新华词典》(韩作黎、曹先擢等编)、《汉英词典》(吴景荣主编)、《中药大辞典》(吴贻谷主编)等也先后启动编写并陆续出版。

1956年中国科学院语言研究所(1977年改称中国社会科学院语言研究所)词典编辑室成立,由语言研究所部分人员和原新华辞书社、中国大辞典编纂处编辑共40人组成,吕叔湘、丁声树先后担任主任。这是我国从事汉语辞书编纂工作的专门机构,被誉为"国家队"。

(二)繁荣阶段(1978-2000)

"文革"时期,我国辞书事业近乎停滞,无法满足社会各界的使用需求。1975年5月,国家出版局在广州召开中外语文词典编写出版规划座谈会,开启了改革开放以来中外辞书编写出版的新征程。

语文类辞书。《汉语大字典》是新中国成立以来形音义最为完备的大型汉语字典,徐中舒主编,1975年启动编纂,1987—1990年四川辞书出版社和湖北辞书出版社分卷出版。《汉语大词典》是以"古今兼收,源流并重"为编纂原则的大型汉语词典,罗竹风主编,1975年启动编纂,1986年上海辞书出版社出版第1卷,1987—1993年汉语大词典出版社出版第2—13卷。《英汉大词典》是第一本由我国学者自主研编的大型综合性英汉词典,陆谷孙主编,1987年、1989年上海译文出版社分别出版上、下卷。此外,还有《现代汉语八百词》(吕叔湘主编)、《现代汉语虚词例释》(北京大学中文系1955、1957级语言班编)、《古代汉语词典》(陈复华主编)、《中国成语大辞典》(王涛等编)、《王力古汉语字典》(王力编)、《甲骨文字典》(徐中舒主编)、《现代汉语方言大词典》(李荣主编)、《汉英大词典》(吴光华主编)、《综合英汉科技大辞典》(顾仁敖主编)、《新汉日词典》(尚永清编)、《大俄汉词典》(黑龙江大学俄语系词典编辑室编)、《俄汉详解大词典》(赵洵、李锡胤、潘国民主编)、《汉语波斯语词典》(曾延生主编)等。

专科类辞书。《敦煌学大辞典》是第一部反映敦煌学研究成就的大型专科辞书,由中国敦煌吐鲁番学会、敦煌研究院共同发起,季羡林主编,1998年上海辞书出版社出版。此外,还有《唐诗鉴赏辞典》(萧涤非等编)、《宗教大辞典》(任继愈主编)、《法学大辞典》(曾庆敏主编)、《中国历史大辞典》(郑天挺、吴泽等主编)、《中国文学大辞典》(钱仲联等主编)、《中国文物精华大全》(彭卿云主编)等。

百科类辞书。《中国大百科全书》1978年启动编纂,胡乔木任总编辑委员会主任,姜椿芳、梅益先后任总编辑,中国大百科全书出版社出版,1993年学科卷全部出齐。此外,还有《简明中华百科全书》、《不列颠百科全书》(国际中文版)、《中国军事百科全书》、《中国伊斯兰百科全书》(宛耀宾总主编)等。

少数民族语言类辞书。《藏汉大辞典》是第一部兼有藏文字典和藏学百科全书性质的大型词典,张怡荪主编,1985年民族出版社出版。此外,还有《汉藏对照词典》《汉哈大词典》《汉维大词典》《新满汉大词典》等双语词典。

1979年5月,《辞书研究》创刊,这是一本关于辞书编纂理论与实践的学术性期刊。1992年10月,中国辞书学会成立,陆续设立语文辞书、双语辞书、专科辞书、百科全书等专业委员会,举办学术年会和全国辞书编辑培训班,开展了多次打假批劣活动。设立"中国辞书奖"和"辞书事业终身成就奖"[①],《辞书研究》的编辑出版纳入学会工作,定为会刊。

(三)转型阶段(2001–)

21世纪,我国进入"互联网+"时代,辞书数字化、网络化成为大势所趋。2001年中国辞书学会辞书编纂现代化专业委员会成立,辞书产品在延续原有风格外,重点向学习型辞书和数字化辞书细化和拓展,开启了辞书新一轮的生命周期。

---

① 江蓝生《为向辞书强国迈进而努力》,《辞书研究》2011年第6期。

原创型辞书。《大辞海》是一部以《辞海》为基础,在收词、释文方面大幅拓展的特大型综合性辞书,夏征农、陈至立主编,2003—2015年上海辞书出版社陆续出齐。此外,还有《故训汇纂》(宗福邦主编)、《近代汉语词典》(白维国主编)、《汉语成语源流大辞典》(刘洁修编)、《全球华语大词典》(李宇明主编)、《新时代英汉大词典》(张柏然主编)、《汉俄大词典》(顾柏林主编)、《汉法大词典》(黄建华主编)、《普什图语汉语词典》(车洪才、张敏主编)、《罗马尼亚语汉语大词典》(冯志臣编)等。

学习型辞书。《新编小学生字典》是为落实全国政协提案而编写的适合小学生使用的汉语字典,叶立群主编,1983年人民教育出版社出版,1990年、1999年先后两次修订。《汉语图解词典》《汉语图解小词典》是供外国人学习汉语使用的入门词典,各有80个汉外语种对照,成人版配有网络版,儿童版配有点读笔。此外,还有《小学生标准字典》(许嘉璐主编),商务印书馆的小学生系列辞书,上海辞书出版社、四川辞书出版社的学生系列辞书,以及《商务馆学汉语词典》(鲁健骥、吕文华主编)、《汉语教与学词典》(施光亨主编)等。

数字化辞书。《新华字典》APP提供数字版纸版对照、著名播音员李瑞英播读、汉字规范笔顺动画等多项增值服务,全面解决了用户查字、输字需求。《现代汉语词典》APP完整收录《现代汉语词典》(第7版)原书内容,支持数字版、纸版界面一键切换对照阅读,支持手写、语音、摄像头多种输入方式,以及提供全文智能查询、智能问答助手等增值服务。此外,还有《辞源》《辞海》《英汉大词典》《中国大百科全书》等已经推出的或正在开发的各种类型的数字版、网络版。

融媒辞书服务平台。商务印书馆继"工具书在线"后,"涵芬APP——商务印书馆语言资源知识服务平台"正式上线,这是国内首个基于权威工具书开发的语言学习服务平台。该平台以权威规范的语文辞书为基础,以优质、专业、体系化的语言知识内容为核心,融合人工智能、自然语言处理和大数据分析等技术,整合文本、音频、视频、动画等资源,成为中小学生和家长、语文教师、语言文字工作者等的得力帮手。

2017年,中国社会科学院辞书编纂研究中心正式成立,语言研究所设立了新型辞书编辑室,计划研发数字化辞书和面向中文国际教育的《现代汉语词典》

学习版，并已在编写中。

二　主要特色

我国的辞书事业伴随着国运兴衰，走过了一条漫长而曲折的路。70年筚路蓝缕，70年风雨兼程，70年硕果满园，我国从一个辞书小国走向辞书大国，探索出了一条具有中国特色的辞书之路。

（一）国家推动

党和国家领导人历来重视辞书编纂工作。1957年9月，毛泽东在上海接见舒新城，把修订《辞海》的任务交给了上海。1970年9月，周恩来要求国务院科教组组织力量修订《新华字典》，以应中小学生和工农兵之需。1978年11月，邓小平亲自审定《中国大百科全书》一些重要条目，先后三次接见美方客人和我方编译人员。1989年3月，江泽民为祝贺《辞海》（1989年版）问世题写"辞海"精神。2004年7月，胡锦涛看望《辞海》主编夏征农，关心了解《辞海》《大辞海》修订和编纂情况。2016年12月，习近平致信祝贺《大辞海》出版暨《辞海》第一版面世80周年。

国家相关部委对辞书编纂出版做了三次顶层设计[①]，体现了国家意志，推动了社会进步。1975年5月，国家出版局在广州召开中外语文词典编写出版规划座谈会，讨论制定了《1975—1985年中外语文词典编写出版规划》（草案），共160种。1988年11月，国家新闻出版署在成都召开第二次中外语文词典编写出版规划座谈会，讨论制定了《1988—2000年全国辞书编写出版规划》（草案），共167种。2013年10月，国家新闻出版广电总局下发《关于印发〈2013—2025年国家辞书编纂出版规划〉的通知》，共189种。此外，还出台了辞书出版准入制，设立了"国家辞书奖"等。2012年，《新华字典》作为文化民生工程，被财政部、教育部纳入国家免费提供教科书范畴。

（二）学术支撑

辞书编纂是一门大学问。要编好一本辞书，首先要从语言事实出发，下大

[①] 魏向清《国家辞书编纂出版规划的战略定位》，《辞书研究》2015年第1期。

力气搜集第一手资料，如《现代汉语词典》当初就发动全所收集了上百万张卡片，并对资料进行全面认真的分析整合。而着手编写过程中，坚持以科研引航。词目的取舍、词条的安排、义项的分合与排序、词义的分析和说明、例句的采集和选择等，无不在充分吸收学界词汇、语义研究的结果的基础上，结合汉语的实际情况，一条一条悉心研究，逐一加以解决。因此能具有很高的学术含量，被誉为现代汉语精品辞书。

理念演绎辞书，辞书编纂，理论必须先行。辞书理论是辞书科学动力的第一要素，只有不断创新的辞书理论，才能增加辞书科学的知识总量[①]。我国有几千年的辞书编纂史，有大量的辞书编写实践，需要从中汲取营养。同时也要关注世界上的一些典型案例，借鉴国外品牌辞书（如牛津系列、柯林斯系列、麦克米伦系列、韦伯斯特系列等）的先进理论，更好地助力我国的辞书编纂出版实践。

据《辞书研究》编辑部统计，该刊创刊四十年来，共刊发6652篇文章，除去释义探讨、杂谈、辞书活动报道等，关于辞书理论的文章大约4500篇。从1997年起，中国辞书学会学术委员会每年编辑出版《中国辞书论集》，后改为《中国辞书学报》。事实表明，只有坚持以科研引航，与时俱进，精益求精，才能编出高质量的辞书。[②]

（三）集体合作

辞书的主编或主持人，是辞书编纂的主心骨。无论《新华字典》《现代汉语词典》，还是《辞源》《辞海》，众多的大学问家（如叶圣陶、魏建功、吕叔湘、丁声树、王力、舒新城、陈望道、夏征农、吴泽炎、徐中舒、罗竹风、姜椿芳等）分别出任了国家重点辞书的主编或主持人，他们把自己深厚的学术积淀、研究成果和所积累的丰富经验灌注在辞书里。这些前辈学者在辞书编纂过程中还培养了一支富有活力的辞书编写队伍，并言传身教，把严谨的治学态度和科学的研究方法传给了编写队伍，体现了大学问家的担当和情怀。

辞书还是集体的成果。《现代汉语词典》初稿编完后，分别邀请了全国一些

[①] 张志毅《辞书强国——辞书人任重道远的追求》，《辞书研究》2012年第1期。
[②] 陆俭明《以科研引航是高质量辞书的根本保证》，首届中国北京国际语言产业博览会，2017年9月11日。

科研机构、大中学校、工矿企业、军事机关等的专家、群众参加审读;《辞海》修订是动员了上海和全国五千多位高水平的学者参加编纂完成的;《汉语大字典》是调集了四川、湖北两省的三百多位专家、学者历经十年编纂完成的;《汉语大词典》是调集了山东、江苏、安徽、浙江、福建、上海五省一市的一千多名专家学者编纂完成的;《中国大百科全书》先后动员了全国两万余名各学科的专家学者参加撰稿;《全球华语大词典》更是汇聚了港澳台、东南亚、东北亚、以及大洋洲、欧美的专家学者合力完成的。

上述各种辞书的编纂者,不仅贡献了自己的学识与智慧,而且在爱岗敬业、乐于奉献的职业道德方面也堪称楷模。不少类型的词典前人没有编过,没有样本,更没有可资参考的经验,要边干边摸索;还有的编者为争取如期完成辞书的编修任务,不得不加班加点,夜以继日。这一切浓缩成了"新华精神""现汉精神""辞海精神""百科精神"。正如辞书界老前辈陈原所说:"词典不是人干的,是圣人干的。"

三 问题和对策

我国辞书编纂出版在繁荣的背后还有不少隐忧。无论辞书的品种和质量,还是编纂方法,都离社会的发展、读者的需求有很大差距,要把我国打造成为辞书强国,还有很长的路要走。

(一)创新不足

辞书要进一步发展,特别是要编修出高质量的辞书,必须要由一定的理论来支撑。可是正如有学者对我国辞书理论研究的现状所概括的,存在着四多四少现象:跟踪研究多,原创研究少;描写多,理论少;模仿多,创新少;整合或综合研究多,独创研究少。[①] 理论研究上的"四少",在词典编纂实践上表现为同质化出版严重,创新能力不足。

此外,社会上还存在着跟风、仿冒和抄袭等严重不良现象,这又严重干扰了我国的辞书建设,也极大地损害了广大读者的利益。2006年3月24日,《人民日报》刊发《辞书市场"李鬼"多》的记者调查,披露了仿冒辞书的种种情

---

① 张志毅《辞书强国——辞书人任重道远的追求》,《辞书研究》2012年第1期。

况：一是酷似原版，欺骗读者"。仿冒辞书在封面设计、装帧风格、纸张印刷等方面竭力模仿品牌辞书。二是购买书号，东拼西抄。三是防伪力单，维权艰难。辞书市场乱象令人触目惊心，严重影响我国辞书事业的正常发展。

建议把辞书的编纂和修订提升为国家发展战略。重要的辞书出版项目，代表整个国家的文化水平，应作为国家工程来立项招标，由官方出面组织实施，在全球范围聘请优秀的专家和编辑加盟。同时，规范图书出版单位辞书出版业务范围，持续开展图书质量检查，组织辞书编辑业务培训，将文化元素贯穿于辞书编纂出版的始终。

（二）人才匮乏

目前在很多高校，辞书编纂不算科研成果。很多中青年教师迫于晋升职称等压力，不愿意介入辞书编纂，辞书编纂队伍面临青黄不接的尴尬局面；由于辞书编纂不算科研成果，各种成果奖励和基金评议也极少落到辞书上面，更谈不上给予经费支持；少数高校虽然设置了辞书学专业，但理论研究与编纂实践往往相互脱节。长此以往，必将对我国辞书事业的发展造成重大伤害[1]。

2003年，国家新闻出版总署向社会公布"辞书专项质量检查"结果，其中19种辞书不合格，其差错率均在万分之一以上，最高的超过万分之十五[2]，这是国家举行的首次辞书专项质量检查。此后又进行了两次质量检查，结果同样堪忧。这种状况与我国辞书编纂人才严重缺乏有直接关系，又与科研考评体系有密切关联。

建议把辞书编纂成果纳入学术科研考评体系。教育部等部门应将辞书编纂纳入学术研究成果评价体系，国家社科基金、教育部社科基金等应加大辞书编纂课题的设定和投入[3]。尤其是面对数字化和智能化的挑战，融媒辞书、跨界辞书人才更是稀缺资源。建设好一支辞书编纂和研究队伍，让辞书编纂成为受人尊重、令人羡慕的职业，让辞书编纂人才有获得感、幸福感，成了刻不容缓的事情。

---

[1] 于殿利《将辞书编纂成果纳入学术考评体系》，《中国新闻出版广电报》2019年3月13日。

[2] 吴娟《新闻出版总署公布专项质检结果 19种不合格辞书被勒令收回》，《文汇报》2003年10月18日。

[3] 于殿利《将辞书编纂成果纳入学术考评体系》，《中国新闻出版广电报》2019年3月13日。

（三）转型缓慢

随着互联网与新兴媒体的发展，人们的辞书生活也发生了改变，在线阅读和移动终端阅读成为许多人的读书常态，人们的辞书查阅习惯由纸质辞书转向手机、电脑等互联网平台。但现有辞书的数字化、融媒化进展还比较缓慢；促进辞书编纂向辞书生活研究转变、平面辞书向数字辞书、融媒辞书转型，已成为辞书人的时代使命[①]。

辞书走进媒体融合，首先碰到的是观念转型问题。现有纸质辞书用户群体大，出版社的经济效益尚可，因而对传统辞书的生存状态缺少危机意识，对网络辞书的重要性缺乏战略认识。其次是投入产出问题。融媒体辞书研发周期长，投入大，还要市场认可，加上不少用户知识产权保护意识较弱，习惯于享用免费的知识服务，导致传统出版单位缺乏研发动力。再次是跨界合作问题。融媒体辞书的不少内容需要新技术的支持，而这些新技术不是传统出版业所擅长的，传统出版单位往往有畏惧心理，不想也不敢投身其中。[②]

建议打造辞书"知识服务"平台。在大数据和人工智能的新时代，传统辞书编纂向知识服务转型已是大势所趋[③]，时代呼唤我们要把辞书与互联网、人工智能和区块链技术融合，即时与用户互动，不断更新辞书数字产品，满足不同用户对辞书知识服务的需求，这虽是一条需要辞书人付出长期艰巨努力的漫长之路，但时代要求我们必须走这条路，而且这将是一条辞书编纂的康庄大道。令人欣喜的是，《新华字典》《现代汉语词典》《辞海》等品牌辞书的APP，已经在辞书的知识服务上做了很好的尝试，中国辞书的知识服务，值得期待。

（周洪波）

---

① 李宇明《促进"融媒辞书"发展，加强辞书生活研究》，中国辞书学会微信公众号，2019年3月22日。

② 光明日报全媒体记者《从"大部头"到数字化平台辞书APP带来了什么》，《光明日报》2019年9月16日。

③ 于殿利《从工具书到知识服务》，《辞书研究》2020年第1期。

《中国濒危语言志》的特色及影响

在教育部、国家语委的指导下,中国语言资源保护研究中心携手商务印书馆,从语保工程"中国濒危语言志"专项中选出调查进度较快、质量较好的30个点申报2018年度国家出版基金项目,并顺利获批。丛书于2019年6月由商务印书馆出版。

图3-19 《中国濒危语言志》(30册)书影

一 背 景

在现代化和城镇化的高速进程中,我国的语言和地域文化正在以前所未有的速度发生变化,其中有的逐渐走向衰广,如何及时有效地保存和保护语言文化已经成为当今中国社会一个亟待解决的问题。

据统计,中国有130多种语言,少数民族语言中,有68种使用人口在万人以下,有48种使用人口在5000人以下,25种使用人口不足1000人,有的语言只剩下十几个人甚至几个人会说了。汉语方言尽管使用人数众多,但许多小方言、方言岛也在迅速衰亡。

联合国教科文组织早在1993年就确定当年为"抢救濒危语言年",同时启动"世界濒危语言计划",连续发布"世界濒危语言地图"。二十多年来,国际上先后成立了许多抢救濒危语言的机构和基金会，各种规模和形式的濒危语言抢救保护项目在世界各地以及网络上展开。我国学者在20世纪90年代已开始关注濒危语言问题，自21世纪初以来，开展了若干濒危语言方言调查研究课题，出版了一系列重要成果。为了全面、及时抢救保存中国语言方言资源，教育部、国家语委于2015年启动了规模宏大的"中国语言资源保护工程"。在语保工程里，专门设立了"中国濒危语言志"项目。

"中国濒危语言志"项目旨在采用现代化技术手段，对我国濒危语言文化现象进行抢救性调查记录和保存保护。调查范围包括汉语和少数民族语言，涉及全国各地语言文化，是一项具开放性和可持续性的大型工程。迄今已调查76个濒危语言点和60个濒危汉语方言点。（据曹志耘《中国濒危语言志·序》）

二　内容和特色

丛书由中国语言资源保护研究中心主任曹志耘教授担任总主编，张振兴研究员、邢向东教授担任汉语方言系列主编，孙宏开研究员、黄行研究员、李大勤教授担任少数民族语言系列主编。丛书共30册，包括：

汉语方言（10册）：《安徽祁门军话》《广东电白旧时正话》《广东连南石蛤塘土话》《广西钟山董家峒土话》《贵州晴隆长流喇叭苗人话》《湖南道县梅花土话》《湖南泸溪乡话》《湖南宁远平话》《湖南通道本地话》《浙江江山廿八都话》。每册内容安排依次为：封面、扉页、书前照片、序、目录、正文、参考文献、调查手记、后记。其中，正文包括导论、语音、同音字汇、词汇特点、分类词表、语法、语法例句、话语材料等8章内容。

少数民族语言（20册）：《甘肃东乡唐汪话》《甘肃肃南西部裕固语》《甘肃文县白马语》《贵州六枝仡佬语》《海南三亚回辉话》《黑龙江同江赫哲语》《内蒙古敖鲁古雅鄂温克语》《内蒙古库伦蒙古语》《四川道孚尔龚语》《四川康定贵琼语》《四川冕宁多续话》《四川松潘羌语》《西藏察隅达让语》《西藏察隅格曼语》《西藏察隅松林语》《西藏察隅义都语》《云南兰坪普米语》《云南兰坪柔若语》《云南芒市潞西阿昌语》《云南玉溪撒都语》。每册内容安排依次为：封面、扉页、书前照片、语法标注缩略语对照表、序、目录、正文、参考文献、调查手记、后记。其中，正文包括导论、语音、词汇、分类词表、语法、语料等6章内容。

每册字数平均35万字（版面字数），并附有20张左右民俗文化照片。部分内容后附二维码，阅读时可用移动设备扫码并在线访问相应的音频。

《中国濒危语言志》收录的语言或方言都具有濒危性，具体指标为代际语言传承、语言使用者的绝对人数、语言使用者占总人口比例、语言使用域的走向、对新语域和媒体的反应等。下面各举两例。

例1：贵州六枝仡佬语

目前仡佬族的主要交际工具实际上是汉语，多数人已经完全转用汉语，母语使用者不足万人。据1983年的统计数据，近7000人使用仡佬语。随着经济的发展，现代化脚步的加快，对外交流的增多，人们生活方式的改变，仡佬语的使用人数在急剧减少，仡佬语已日益濒危。严重的如贵州安顺普定新寨，二十世纪五六十年代都还使用母语，现在仅有五六位老人会说，在日常生活中，仅这几位老人之间偶尔还使用仡佬语交流，跟其他人交流一律使用汉语。仡佬语属于濒危语言的一种。

例2：云南兰坪普米语

由于大量普米青壮年出外打工，农村出现只剩老人和学龄前儿童的"空心化"现象。普米语没有书面语，语言只能口耳相授，撤销村小使得学龄儿童集中于乡中心小学或县城小学接受教育，语言的代际传承面临挑战。2012年兰坪县共有21万人，其中普米族仅占全县人口的7.5%，会普米语者约1万人，占兰坪县总人口的4.8%，容易出现语言转用现象，加上青少年母语能力下降，普米语代际传承状况堪忧。总体来看，在联合国教科文组织语言活力的9项主要评估指标中，普米语都处于不安全、确有危险或无活力状态。

例3：广东连南石蛤塘土话

今天的石蛤塘土话已经成为一种严重濒危的方言。可以预料，在周边强势方言和普通话的影响下，石蛤塘土话的交际功能将越来越弱，使用人口将越来越少。

例4：安徽祁门军话

军话人对祁门军话的忠诚度不高，原因在于军家人最初就是来自五湖四海，没有共同的母语，只是长期生活在一个相对固定的区域之后，逐渐形成了共同的交际工具。在周边方言的包围下，这种共同的交际工具成了军家人的一种身份象征。改革开放以来，随着大批年轻人外出打工，其军话特征逐渐被消磨，中青年一代转用江淮官话或普通话的越来越多。老一代或许还把军话当作区别于周边民家、祁门人的一种身份符号，但对中青年人是否还说军话并没有赞许或否定的态度，只是顺其自然；军话本身跟周边方言的沟通度比较高，近于江淮官话，中青年人的军话向江淮官话或普通话靠拢也是很自然的趋势。可以预料，祁门军话将逐渐消融于周边强势的江淮官话，并向普通话靠拢。

与以往的成果相比，丛书具有如下突出特点：

1. 原创性与抢救性

丛书全方位展示了所记录的濒危语言和汉语方言，所有语言材料、图片、音视频均为田野调查所得的第一手材料，重视原创性和抢救性保存。

2. 规范性与可比性

丛书按照国家语言资源保护工程的规划进行调查研究。为使各调查团队调查研究所得的材料具有规范性和可比性，课题组编写了《中国语言资源调查手册·汉语方言》（商务印书馆，2015年7月出版），并分语族编印了《中国语言资源调查手册·民族语言》，包括统一的"工作规范"和"调查表"，要求各调查团队严格执行。丛书还制定了详细、可操作的《〈中国濒危语言志〉编写规范》，并附上汉语方言和少数民族语言样稿各一份。这些都保证了书稿的规范性和统一性以及各点材料的可比性。

3. 学术性与可读性

一方面，丛书具有很强的学术性。丛书作者都是学界骨干，具有扎实的专业基础和学术功底，再加上编委会和出版社的反复审校，保证了丛书质量。另一方面，丛书装帧精美，图文并茂，且EP同步，极大地增强了丛书的可读性和观赏性。

4. 开放性与可持续性

"中国濒危语言志"项目是一项具开放性和可持续性的大型工程。除了本次出版的30个点以外，按照统一的规划，目前还开展了对另外一百多个点的调查研究，以后还将逐步扩大调查研究范围，并陆续出版后续志书。还可开发成中国优秀传统文化科普作品、外译作品等。

三 意义和影响

丛书建立在田野调查所得的第一手材料基础上,内容丰富,翔实可靠,为学术界开展语言本体、语言接触、语言规划等研究奠定了基础。

随着经济一体化、社会信息化进程加快,文化资源的价值已上升到国家战略层面,对国家发展具有重要的促进作用。语言是一种重要的文化资源,是文化的基础要素和鲜明标志,是非物质文化资源的重要组成部分。丛书在传承文明和保持文化多样性、保存保护战略性语言资源方面无疑具有重要作用。

在当前形势下,如何及时抢救和保护弱势与濒危语言和方言,已成为一项迫在眉睫的历史使命。丛书在整个调查研究和编写过程中,探索了一套科学有效应对语言资源危机的方法和技术,为我国濒危语言和方言的保护事业积累了宝贵经验。

《中国濒危语言志》的出版,在社会各界引起了很大的反响,并获得好评,已先后荣获 2019 年度"商务印书馆人文社科十大好书"提名奖、商务印书馆 2019 年度最佳图书奖,并入选中国出版集团"中版好书"2019 年度榜。

(黄晓东)

国际学术论文中文表达调查

当前，中国学者国际化程度不断提升，学术成果在国际上引起越来越多的关注。这些成果几乎都是用英语发表，用中文发表的学术成果很难进入国际视野。对国际学术科研领域的媒介语言使用情况进行调查，有助于探索提升中文学术表达国际地位的方略。

一 调查说明

（一）数据来源

本研究数据来源于科学网（Web of Science, WoS）数据库。该数据库由美国科学信息研究所创立，收录了"科学引文索引"（Science Citation Index, SCI[①]）、"社会科学引文索引"（Social Science Citation Index, SSCI）与"艺术与人文引文索引"（Art & Humanities Citation Index, A&HCI）的所有来源期刊。其中"科学引文索引"（SCI）是规模最大的科研成果数据集，主要收录自然科学和应用科学如数学、物理、化学、地质系、机械、机器人、计算机、材料等106个领域的专业期刊和论文集。"社会科学引文索引"主要收录了社会科学里语言学、社会学、心理学、地理学、政治学、区域研究、传播学等25个领域的专业期刊和论文集。"艺术与人文引文索引"则涵盖了艺术、哲学、文学、建筑、历史、神学等14个领域的专业期刊和论文集。这三大索引较好地覆盖了自然科学、社会科学和人文与艺术学科的各分支领域，并且具有较高的准入门槛，定期进行筛选淘汰，使用文献计量手段进行客观打分，并且稳定运营多年。这使得它们获得了较高的声誉和广泛认可，成为国际上传播力和影响力巨大的学术成果

[①] 2013年扩展为 Science Citation Index Expanded, SCI-EXPANED，科学网上先提供检索的为 SCI-EXPANDED 索引，本文简称 SCI。

发表彰显平台。

科学网检索平台提供 2008 年至今（SCI 为 2013 年至今）文献数量、文献元信息和征引情况的查询服务，目前收录了 40 多个国家、50 种语言[①]的学术成果。对该平台数据库的语种调研可以反映当前国际学术界成果发表的语言使用情况。

（二）调查方法

调查数据来自 2010—2019 年（SCI 为 2013—2019 年）三大索引。我们就语言是否"中文（Chinese）"和作者地址是否"中国（China）"进行了调查。作者地址中包含中国，也涵盖了中外合作的成果，即多名作者中可能只有一部分作者来自中国。语言分布以该语言写作发表成果的篇数来计算。

二 调查结果及分析

（一）成果语种分布

三大索引中的语种分布呈现极大的不均衡性。英语占据绝对优势，其余语言之间的差异也十分明显，呈现多级分布的态势。

"自然科学引文索引"数据库中，英语作为第一梯次，呈现出压倒性多数，占 98.1%，其余 49 种语言成果总和仅占 1.9%。其中占比超过 0.1% 的语言有德语、西班牙语、汉语、法语和葡萄牙语，形成第二梯次。汉语成果占比位列第四（0.28%），仅次于英语、德语和西班牙语，略微超过第五名法语（0.27%），居第二梯次中间位置。具体数据见表 3-44。

表 3-44 "自然科学引文索引"中使用最多的 10 种语言与占比

排序	语言	总数	占比（%）	排序	语言	总数	占比（%）
1	英语	13080852	98.05218	6	葡萄牙语	18806	0.14097
2	德语	84217	0.63128	7	波兰语	8430	0.06319
3	西班牙语	43591	0.32675	8	日语	8314	0.06232
4	汉语	36979	0.27719	9	俄语	5568	0.04174
5	法语	35964	0.26958	10	土耳其语	3277	0.02456

---

① 科学网将多种非洲语言合并为"非洲诸语言"（African Languages）一项，在检索中亦作为一项出现。

"社会科学引文索引"数据呈现的总体趋势相似,但英语的统治低位略弱于其在"自然科学引文索引"中的表现。英语之外的语言分布则更加不均衡。英语成果占96.2%。其余语言成果总和占3.8%,为"自然科学引文索引"中的两倍。德语和西班牙语占比均为1.09%,是唯一超过1%的语言。这两种语言的成果也占据了非英语成果总数的六成,形成了第二梯次。法语、葡萄牙语和俄语是另外三种占比超过0.1%的语言,共同组成了第三梯次。排位第7到20的捷克语、荷兰语、意大利语、韩语、日语等14种占比大于0.01%的语言构成了第四梯次。汉语则位于第22位,仅占全数据集的0.006%。具体数据见表3-45。

表3-45 "社会科学引文索引"中使用最多的22种语言与占比

排序	语言	总数	占比(%)	排序	语言	总数	占比(%)
1	英语	2828085	96.1676572	12	克罗地亚语	978	0.0332564
2	德语	32146	1.0931091	13	挪威语	974	0.0331204
3	西班牙语	31994	1.0879404	14	斯洛伐克语	771	0.0262175
4	法语	14464	0.4918413	15	韩语	723	0.0245853
5	葡萄牙语	11827	0.4021714	16	瑞典语	676	0.0229871
6	俄语	5761	0.1959	17	非洲诸语言	522	0.0177504
7	捷克语	2778	0.0944645	18	匈牙利语	448	0.015234
8	意大利语	2585	0.0879017	19	波兰语	327	0.0111195
9	土耳其语	2311	0.0785844	20	日语	321	0.0109154
10	斯洛文尼亚语	1274	0.0433218	21	立陶宛语	239	0.0081271
11	荷兰语	1180	0.0401253	22	汉语	190	0.0064609

"艺术与人文学科引文索引"数据库中,英语依然占据统治地位,但大大弱于其余两个索引,仅占全部成果的75.3%,其余语言分享了24.7%的成果。法语、德语、西班牙语、意大利语、俄语五种语言占比均超过1%,形成第二梯次。其中法语和德语占比分别达到了8.2%和6.0%,总和超过了非英语成果总数的一半。排名第7到16的葡萄牙语、捷克语、荷兰语、汉语、克罗地亚语、瑞典语等10种语言占比均超过0.1%,汉语位列第10位,居于第三梯次的上游。具体数据见表3-46。

由于"自然科学引文索引"数据远远大于其他两大引文索引,所以三大索引加和形成的总分布趋势更接近于自然科学领域的分布。英语成果占到总成果数量的96.2%。德语是唯一成果数量超过1%的语言(1.1%)。排位第3到8的法语、西班牙语、汉语、意大利语、葡萄牙语和俄语占比均超过0.1%，构成第二梯次。其中汉语位列总排名第五位，居于第二梯次上游。

表3-46 "艺术与人文引文索引"中使用最多的10种语言与占比

排序	语言	总数	占比	排序	语言	总数	占比
1	英语	889601	75.2622	6	俄语	14633	1.238
2	法语	96508	8.1648	7	葡萄牙语	6084	0.5147
3	德语	70540	5.9678	8	捷克语	4364	0.3692
4	西班牙语	42852	3.6254	9	荷兰语	4133	0.3497
5	意大利语	34332	2.9046	10	汉语	3129	0.265

综上，英语在自然科学、社会科学和艺术与人文学科中均占有统治地位，但其比重依次递减。自然科学领域的非英语成果分布较为均衡，社会科学和艺术人文学科中德语、法语、西班牙语在非英语成果中占有较大比重。汉语的排位在自然科学领域最高，达到了第4位，在艺术与人文领域次之（第10位），在社会科学领域最低（仅位于第22位）。原因是进入自然科学领域的中文期刊进入索引源的多，而社会科学领域中文期刊进入索引源非常少。

在各语言中，拉丁语是唯一一种退出了日常交际，但仍在三大学术索引数据库中使用的语言，且排名均进入了前30。可见其作为科学、人文知识的承载语言依然在发挥重要的作用。

（二）中文成果数量变化

我们分别统计了最近10年社会科学和艺术与人文学科引文数据，以及最近7年自然科学引文数据，对其中的中文成果数量跟中国境内英文成果数量进行了比较。

就绝对数量而言，仅社会科学引文索引数据库中中文成果持续增加，自然科学和艺术人文学科的成果数量均呈现波动下降趋势。其中自然科学领域的成果数量从2013年的6875篇下跌到2019年的3552篇，跌幅达48%。艺术与人文学科领域成果从2010年的183篇下跌到2019年的126篇，跌幅达31%。这与此两大索引数据库中陆续有部分中文刊物退出有一定关系。

与此同时，三大索引中的境内英文发表数量飞速增长。自然科学领域里，英文发表数量从2013年的228826篇增加到2019年的410989篇，涨幅达

80%。社会科学、艺术与人文学科的英文发表数量则快速增长,分别从 2010 年的 5671 篇、597 篇增加到 26975 篇和 1515 篇,涨幅达 376% 和 154%。

三大索引中,中国学者的中英文成果数量悬殊,中文成果均未超过英文的三分之一。而且随着时间推移,境内中文成果与英文成果之比呈现总体下降的趋势,如图 3-20 和 3-21 所示。

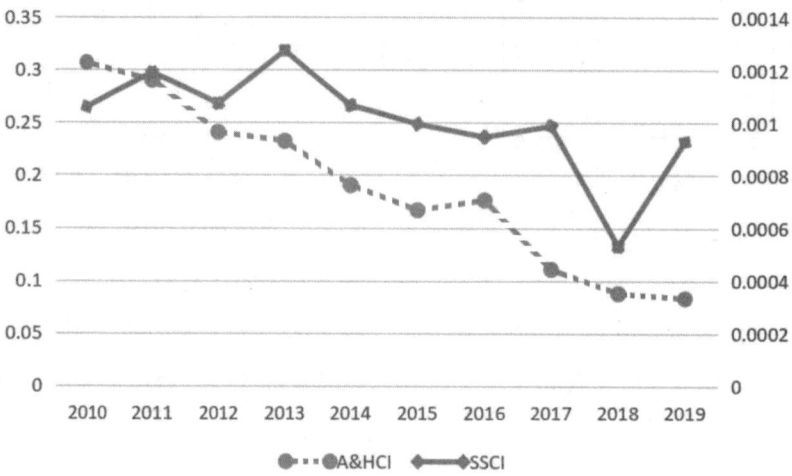

图 3-20[①]　社会科学引文索引和艺术与人文学科引文索引里境内中文成果与英文成果之比变化趋势

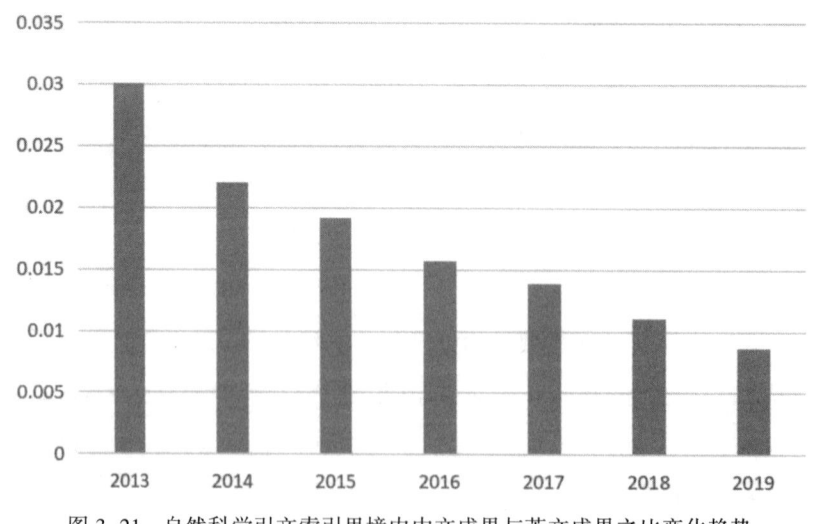

图 3-21　自然科学引文索引里境内中文成果与英文成果之比变化趋势

---

① A&HCI 数据为左纵轴,SSCI 数据为右纵轴。

自然科学引文索引中，来自中国的成果涵盖了20个语种。在社会科学引文索引中是14个，在艺术与人文学科引文索引中仅12个。这与自然科学领域国际合作和人员流动更加频繁，合作交流范围更广有很大关系。

三大索引中绝大多数中文成果来自中国境内，但绝对数量上而言，英文发表数量最多。自然科学引文索引中，全部英文成果的17.6%来自中国。相比之下，学术成果产出数量最多的美国，也仅占英文成果的27%。中国、美国、印度和英国四地的英文发表之和占自然科学英文成果的一半以上。来自中国的英文成果比例在社会科学引文索引和人文艺术学科引文索引中分别是5.1%和6.1%，大大低于自然科学领域。这从一个侧面反映了英语作为全球学术科研通用语言的地位并非全由英语国家贡献，而是由全球科研团队共同支撑。

三　成因分析

语种分布从一个侧面反映了语言集团的影响力和话语权，我国学术科研领域目前的语言使用状况并非短时间内形成，也不是单纯的语言问题。

（一）中文期刊影响力弱小

当前学术发表秩序中，期刊是最重要的学术发表平台。学术成果的语言选择主要受制于期刊的语言政策。成果的语言分布是期刊语言分布的反映。中文成果在三大索引中占据较低的比重，反映的是进入索引源的中文期刊较少这一事实。引文索引在评价是否收录某期刊时，主要参考其影响力。中文刊物往往由于语言障碍，相对于英文期刊转引率更低，传播范围较小，导致期刊评价较低。这又导致中文期刊在同等条件下难以吸引到高质量投稿，从而形成了负反馈，造成中文刊物的影响力难以提升。能够在一个领域内达到进入索引源门槛的中文刊物非常少。中文期刊的国际影响力弱小是导致中文成果占比较低的直接原因。

（二）中文成果传播性弱

期刊进入顶级国际索引的最主要准入条件是影响因子。影响因子中占主要比重的计算项是引用率。引用率是学术成果传播度的外化，也与学者所追求的学术影响力有很高相关性。受制于语言藩篱，国际学术界中，非华裔学者汉语水平达到足以阅读、使用中文学术成果的人数非常有限。中文成果的引用传播很大程度上依赖于海外华人学者和少量汉学家。这一现实情况导致期刊在选择自身语言政策时，倾向于使用能够促进阅读和引用的语言。英语便成为无法规避的选择。这也在一定程度上解释了进入三大索引的中国期刊越来越多，但中文期刊十分稀少。另外，近年来国内注重国际刊物发表的科研评价和奖励机制，由于目前国际论文检索中英文刊物占据绝大多数，大部分文章为了获得更广的发表渠道和更好的传播效果，选择使用英文撰写。

（三）多语学术平台成本高昂

当前不论是自然科学、社会科学还是人文与艺术学科，其主流学术交流平台（国际会议、学会）、发表平台（期刊、专著）和基础设施（检索服务、预印服务）均在保障权威情况下，以学术交流效率和交际成本为最高考量。在非自然科学中，语言多样性主要通过文学、语言学、哲学、神学等强语言相关学科的学科属性来保护。语言障碍造成的交际成本，是这些平台所天然排斥的。英语已经成为事实上的国际通用语言，国际学术平台已经基本形成了以英语为主的既有秩序，其他语言若想进入这个平台，打破现有秩序，还有很长的路要走，需要付出相当的代价。

四 建 议

当前国际学术科研领域成果发表的语言格局短时间内难以改变，但依然有可能通过较长时间的努力，逐步提升中文在国际学术科研领域的地位。

（一）加大中文期刊建设力度

中文期刊应借鉴国际名刊的办刊经验，建立开放、高效的编审体系，提高对国际重大前沿问题的聚焦度，以成果质量提升刊物的国际影响力，增加中文刊物在三大索引中的收录量。

（二）强化与海外华裔学术界联系

加强与海外学术群体的联系，依靠海外华裔学术力量，网罗和储备中文成果传播人才，打破语言文化壁垒，推动中国本土学术人才国际化，积极参与国际学术共同体的构建，提升中文刊物引用率，掌握国际学术话语权。

（三）倡导中国学者中文发表

响应习近平总书记"把论文写在中国大地上"的号召，鼓励学者将最新成果用中文发表，用中国语言描写中国问题，提出中国方案。令人鼓舞的是，2019年我国教育和科技管理部门已经出台多项举措，鼓励科研成果中文首发；作为中国科技最高奖励的国家科技进步奖取消了SCI他引指数作为必填数据，逐步退出唯国际引用是瞻的格局，也是间接鼓励中文发表。此外，从长远看，如果国际各个学科领域的学术界人士都不懂中文，中文学术表达的空间还是难以扩大，所以必须实实在在重视汉语国际教育，确保汉语稳步、健康而有成效地走向世界。

（饶高琦、李 琪、夏恩赏）

第四部分

热 点 篇

垃圾分类名称引社会关注

2019年，垃圾分类引领着低碳生活新时尚。实行垃圾分类，关系广大人民群众生活环境，关系节约使用资源，也是社会文明水平的一个重要体现。被称为"史上最严"垃圾分类的《上海市生活垃圾管理条例》正式实施。随后各地相继出台了相关措施，垃圾分类成为人们生活中的一个热点问题。国家语言资源监测与研究中心、商务印书馆、人民网、腾讯公司共同主办的"汉语盘点2019"活动将"垃圾分类"作为2019年中国媒体十大流行语之一。

一 "垃圾分类"上热搜

7月1日，一个"你是什么垃圾"的段子刷爆了朋友圈。次日，"上海垃圾分类个人扔错罚款"的话题就登上微博热搜榜第二，随后"上海垃圾分类6天开190张罚单"的话题也冲上了微博热搜榜。① 截至11月20日，该话题的阅读量和讨论量分别达到了5.5亿和8.6万次。

融媒体把这股热度推向了新一轮高潮，今日头条、微博、微信、客户端同时发力，共同助力"垃圾分类"新理念的传播。各数据平台的"垃圾分类"指数见表4-1。

国内外各大主流媒体以不同形式跟进报道垃圾分类。国内媒体紧跟垃圾分类热度，借助融媒体的力量加大垃圾分类信息的覆盖面，宣传新理念。英国《经济学人》称，中国实行垃圾分类法开启了垃圾分类新时代。路透社则认为，上海垃圾分类立法是中国向污染宣战的关键一环。

---

① 云合数据：https://www.enlightent.cn/research/rank/weiboSearchRank。

表 4-1 各数据平台"垃圾分类"指数

数据来源	时间	项目	热度
百度搜索	截至 2019 年 12 月 9 日	搜索总量	5010000
		搜索指数	整体日均值 21081
		媒体指数	整体日均值 169
		资讯指数	47202
		搜索城市分布	排名前五的省份：上海、杭州、北京、广州、西安
清博舆情指数	截至 2019 年 11 月 20 日（信息总量 2589443 主流媒体报道量 83727）	网页	48055
		微信	93159
		微博	140582
		APP	45193
		论坛	8614
		报刊	5386
		问答	1496
		视频	1680
		头条	9764
		搜狐号	8829
新榜微信指数	2019 年 7 月	篇数	206065
		涉及公众号	71425
		阅读数量	480096118
		点赞数量	320617
		10w+ 篇数	630
		原创篇数	15276

二 京沪垃圾类名引热议

上海垃圾分类热度未减，其他城市又继续点燃了这个"火把"。10月15日，住建部发布了《生活垃圾分类标志》标准，人民日报官方微博以"46城'喜提'垃圾分类重点城市"为题报道这一事件，引发了全国线上线下垃圾分类互动的热潮。

《上海市生活垃圾管理条例》规定，生活垃圾分为可回收物、有害垃圾、干垃圾、湿垃圾；而北京则分为厨余垃圾、有害垃圾、可回收物和其他垃圾，取消了干湿垃圾，代之以厨余垃圾和其他垃圾。

垃圾分类实施以来，上海网友调侃"请问你是什么垃圾"成了打招呼的方式。与此同时，一些新词语、新段子在坊间悄悄流行开来。

拎得清。本为吴语常用词，本义为弄得清时势，知道该做什么不该做什么。后因上海强制垃圾分类成为网络流行词，现指手里拎着垃圾能分清的上海人。

圾无力。形容大部分年轻人面对垃圾分类这件事十分无力的表现，比如喝奶茶只敢要十颗珍珠、外卖羊肉串不要签子等行为。有趣的是，随着垃圾分类的流行，"圾"也被网友玩成了谐音梗，如图4-1：

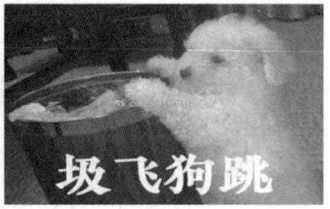

图 4-1 微博网友"虎 Cares 职场物欲清单"制图

轮到你了。2019年上半年，一部贯穿着日本人日常垃圾分类情节的悬疑剧《轮到你了》在中国大火，该剧被网友们称为"伪装成悬疑日剧的垃圾分类宣传片"。随着46个城市被列为垃圾分类重点城市，网友开始在网上用"轮到你了"进行调侃，如图4-2：

图 4-2 微博网友调侃垃圾分类"轮到你了"

第四部分 热点篇

干湿分离。干湿分离是垃圾分类处理的重要一环,但大部分市民表示分不清干湿垃圾,于是就出现了"是干是湿、让猪试吃"的佩奇法则。

上海网友们尽情发挥自己的聪明才智,坊间段子层出不穷。

阿拉上海宁,最近不谈股票,不谈房价,甚至连朋友也不谈……一门心思统统扑在垃圾上。①

也有面对突如其来的垃圾分类焦虑万分,做梦都想穿越逃离的网友:

梦到不会分垃圾的我半夜偷偷倒垃圾,被红袖标的摩登奶奶抓到惩罚,周末在社区居民面前表演"你是什么垃圾"。由于跳错了垃圾箱而穿越到60年代,上山下乡到边疆基层献温暖。毫无个人技能的我,伴着克拉玛依之歌跳起了Kill this Love②(韩国女子组合BLACKPINK第二张迷你专辑同名歌曲)。

北京和上海不同的垃圾分类名称引起了网友关注,"京沪段子手在线创作,46城网友在线'吃瓜'",充满争议的微博和朋友圈中呈现一派欢乐的气息。

北京为何不直接套用上海的分类模式?有媒体解释,"北京地区对有害垃圾、厨余垃圾的处理存在空白,专门回收机构分散不均,难以满足处理需求。"③此外,北京和上海的地理位置、饮食结构、垃圾分类的基础设施差异巨大。上海和北京分居南北方,精致的上海人在饮食上讲究一日三餐有汤水,生鲜肉类食用较多,湿垃圾所占比重较大,北京作为北方代表则以面食为主,产生的餐厨垃圾在处理上没有上海那么困难。同时,上海作为全国垃圾分类的榜样城市,在配套的基础设施上也比其他城市先进,垃圾分类能够实现更高效、更精细的处理。种种因素导致了上海模式不能照搬。

就各地垃圾分类叫法不一的问题,专家们解释,干湿分类实质上还是为了方便垃圾处理,我国居民生活垃圾中厨余和果皮类垃圾比例较高,湿垃圾适合回收处理生成有机肥料,而干垃圾更适合焚烧和填埋,垃圾干湿不分可能会增加不必要的回收成本,也大大降低了处理效率,并且可能会对环境产生不良影

---

① 来自微博网友"蒋佩茹医生",网址:https://s.weibo.com/weibo?q=%E6%9C%80%E8%BF%91%E4%B8%8D%E8%B0%88%E8%82%A1%E7%A5%A8&wvr=6&b=1&Refer=SWeibo_box。

② 来自微博网友"肖秀荣的救赎",网址:https://s.weibo.com/weibo/%25E4%25BC%25E7%259D%2580%25E5%2585%258B%25E6%258B%2589%25E7%258E%259B%25E4%25BE%259D%25E4%25B9%258B%25E6%25AD%258C?topnav=1&wvr=6&b=1。

③ 《上海的湿垃圾、北京厨余垃圾分类有什么不同?》,百家号"研招老胡",https://baijiahao.baidu.com/s?id=1638383972402675952。

响。因此后端处理决定前端命名,"叫法不同,但方向和逻辑是一样的"①。

三 语言产品助分类

垃圾强制分类引发了一场语言狂欢,一系列关于垃圾分类的语言产品随之诞生,各种跟垃圾分类有关的指示牌、表情包、知识测试、儿歌童谣、春晚小品以及语言智能等产品引发了民众的密切关注。

(一)指示牌和表情包

一些别出心裁的指示牌和表情包引起了人们的关注。社区和街道的宣传也紧跟潮流,在垃圾桶上贴出流行的表情包,宣传横幅上下足了功夫,如"温馨提示:垃圾都有自己的家""垃圾分类,举手之劳,循环利用,变废为宝""垃圾要回家,请您帮助它""垃圾分类一小步,低碳生活一大步"等。

网络表情包成为互联网时代下语言文字和语音之外的第三语言,它以图片+文字的方式表达特定的情感,传播民众的声音,垃圾分类自然也少不了表情包的加持。

图 4-3 小猪佩奇垃圾分类表情包

自上海垃圾分类实施以来,市民们面对干湿垃圾傻傻分不清,机智的网友就想出了"是干是湿,让猪试吃,一吃便知"的法子,因"社会人"标签而拥有广泛年轻受众的小猪佩奇自然成了"代言人",虽然"佩奇法则"并非完全正确,但对于进行简单的垃圾分类还是起了一定作用。

---

① 《北京上海垃圾分类叫法不同逻辑相同"佩奇法则"非万能?》,凤凰网公益,https://gongyi.ifeng.com/c/7oMHEhXLobw。

不少标语口号体现出个性化、接地气的特点，让人们对垃圾分类有了更明确的认识。

图 4-4 垃圾分类标语口号

（二）知识测试

垃圾分类知识已经纳入了上海市初中学业水平考试，[①] 各大教育培训网站也相继推出垃圾分类相关考题预测。46 个重点城市"喜提"垃圾分类后，网友们把垃圾分类比喻成各省考卷，面对不同的考题，焦虑重重：

化妆品，在北京属有害垃圾，在上海属干垃圾。咱们自己到底有个标准没？自己闹没闹明白该属于哪个？[②]

还有网友直言北京"考卷"比上海"考卷"要容易得多：

感觉北京的分类逻辑更清晰。46 个版本怎么了，日本每个县都不一样，同一个市内不同区域分类也不一样呢。[③]

（三）儿歌童谣

上海是首个垃圾强制分类的城市，独具地域特色的歌谣也先从那里传出：

---

① 《垃圾分类知识被纳入上海初中学业水平考试》，新京报网，https://weibo.com/ttarticle/p/show?id=2309351000884388277737142734。

② 来自微信文章《垃圾分类全国闭卷考，各地考卷还不一样！》微信网友"小狸猫"留言，网址：https://mp.weixin.qq.com/s/-pOX5cXDVQfC2loX0tllvg。

③ 来自微信文章《垃圾分类全国闭卷考，各地考卷还不一样！》微信网友"勇敢的心"留言，网址：https://mp.weixin.qq.com/s/-pOX5cXDVQfC2loX0tllvg。

侬（你），晓勿晓得（知不知道），垃圾要焚烧彻底才可以分解会得致癌的二噁英，二噁英，二噁英，邪气恶形（非常恶心），所以湿垃圾脱（和）干垃圾要分分清……笃笃笃（发语词），卖糖粥！三斤胡桃四斤壳！吃子侬格（吃了你的）肉，还子侬格（还了你的）壳！！

这首名叫《时尚 Do Re Mi》的歌由上海方言写成，上海话中"倒垃圾"和"Do La Si"发音相似，旋律欢快、节奏感强，老少咸宜。

（四）春晚小品

2019年时，随着2020年春晚的临近，网友们开始了每年一次的央视春晚"大竞猜"，关系民生福祉的垃圾分类也进入了网友们的视野。有网友预测：2020年春晚蔡明演一个垃圾分类志愿者，指着潘长江说道："你是什么垃圾"。（来自豆瓣网友"侬则赤佬小艾斯"）

网友预言成真，2020年1月25日北京卫视春晚就出现了以宣传垃圾分类为表演核心的相声剧《从我做起》。相声剧《从我做起》以垃圾分类志愿者大爷和社区大妈的情感故事作为切入点，在抖"包袱"过程中加入垃圾分类小知识，如：

闫学晶：家用电池是其他垃圾，像锂电池、蓄电池、纽扣电池，凡是含汞的电池才是有害垃圾，这回知道自己是什么垃圾了吧？

冯巩：有，有害垃圾，我含汞（巩）。

（五）语言智能

针对垃圾分类过程中的难认、难分问题，阿里人工智能实验室公布一项代号为"浣熊"的智能垃圾分类系统，用户可以通过语音交互了解如何进行垃圾分类。

据《抖音垃圾分类热点传播报告》显示：7月初至中旬，垃圾分类热潮从上海、福州传递到了广州、成都、郑州，席卷全国各地，城市之间热点轮动爆款频出。相关科普、宣传类视频展现了用户对"垃圾分类"的积极响应和认真求学，说明大家重视并接受"垃圾分类"的到来。[①]

（田 源、潘丹婷）

---

① 海马云大数据：《抖音垃圾分类热点传播报告》。

粉丝热捧央视"金句"

央视新闻一向中规中矩、严肃"高冷",近年来不断引入年轻化、娱乐化、接地气的话语表达,紧跟融媒体时代,结合人工智能技术,创新信息传播渠道。2019年火遍全网的央视金句"圈"来了一大批年轻的粉丝和"追剧族"。

一 "俗"语不俗

央视新闻的评论中引入大量内涵丰富且表达精练的俗语,其中既有通俗成语,也有惯用语和谚语,使话语风格生活化、口语化、多样化。

(一)通俗成语,贴近受众

在中美贸易争端不断升级的背景下,针对美国个别人士的辱华言论,《新闻联播》国际锐评①(2019-07-25)说道:美国一百多名所谓对华强硬派人士最近污蔑中国推行"扩张主义","利用综合国力欺侮和恫吓他人",声称"在美国的政治体制中,政治是常态,战争是例外,而中国恰恰相反",这一观点荒唐得令人喷饭。

此言一出,网友们几乎不敢相信,如此口语化的词语竟出自《新闻联播》。"令人喷饭"旋即全网刷屏,并跻身新浪微博十大热搜榜单,短短十小时内,相关话题的阅读量就达1.4亿次,引发4万多次讨论②,其热度的走势在百度指数上得到了清晰的反映。

央视此举引来阵阵点赞,网友纷纷惊喜表态:看《新闻联播》"涨知识",晚饭时学了新成语,这样的表达"霸气十足""彰显国威"《新闻联播》真是越

---

① "国际锐评"和"央视快评"是《新闻联播》的品牌评论栏目,下文分别简称为"锐评"和"快评"。

② 该数据来自任杰《热评 | 是什么让"令人喷饭"成为刷屏热词?》,央视网,2019年7月26日,http://m.news.cctv.com/2019/07/26/ARTIOs7yPIcoCkc7B8hQpRtE190726.shtml。

来越精彩了"。

(二) 诙谐惯用语，折射万象

大量使用诙谐生动且短小精悍的惯用语，流露出浓烈的讽刺意味。

谈及全球热点安全问题时，锐评（2019-07-25）指出：如果美国某些政客仍抱着霸权思维不放，奉行强权政治、到处欺负恐吓他人，或者到处煽风点火，唯恐天下不乱，充当"搅屎棍"，那么迟早要被21世纪全球化文明社会所抛弃。言辞如此犀利，网友直呼过瘾。

谈及美国对中国的无端攻击和施压时，锐评（2019-07-26）说道：这些怀着"怨妇心态"的美方人士，看人发展就心态失衡，使出各种损招阴招"扎轮胎"；随后，锐评（2019-07-27）锋利地指出："人权"只是美国人权状况越来越恶劣的一块"遮羞布"，某位美国高官不久前还以所谓"宗教自由"为幌子，莫须有地攻击中国在新疆、西藏和宗教自由问题上的政策，真是撒谎不脸红。

对于这些惯用语的使用，网友表示：像听到周围平常人吐槽一样，说到心里来了。近几年明显感到官方对外宣发更青年化、娱乐化，愿意与年轻一代打成一片，更接地气了！

(三) 民间谚语，智慧说理

多次引用各类谚语辅助说理。央视快评接连告诫乱港分子："躲得过初一，躲不了十五！少数乱港暴徒所欠的债迟早是要还的。"（2019-08-06）"乱港暴徒是秋后的蚂蚱，再折腾也是徒劳！正义的力量该出手时决不会手软。"（2019-08-14）《主播说联播》也指出，"有的年轻人忙着救民于水火，有的人却在玩火！这对比是够大的。别忘了这样一句话：玩火者必自焚。"（2019-08-07）

二 玩"梗"不断

紧随年轻人的时尚步伐，央视新闻引入不少新潮流行语和网络新鲜梗，与时政热点紧密结合，为原本庄重严肃的话语方式注入了新鲜血液，改造出许多经典段子。

热点篇

（一）网语助力

对于美国少数政客恶意中伤中国的言论，锐评（2019-07-26）予以回击：美国一百多名所谓对华强硬派人士近日发表联名公开信……反映出美国某些人对中国经济实力增强的"羡慕嫉妒恨"。

《主播说联播》栏目更是频频使用网络流行语，如喊话香港国泰航空："No zuo no die。"（2019-08-11）喊话乱港分子："恐怕你们离'凉凉'也不远了。"（2019-08-12）喊话蒙面暴徒："别看现在砸得'欢'，到追究法律责任的时候可就得懵圈了。"（2019-10-05）

我国第一艘国产航母"山东舰"交付海军时，主播运用了一连串流行语："人民海军喜提首艘国产航母""那放飞舰载机的手势确实是非常燃""航母 style 背后的中国 style 更有范儿。我们的装备很硬核，而且以后还会越来越硬核""中国海军，走你～"。（2019-12-17）

年度流行语"太难了"也频频现身，仅 2019 年央视新闻官方微博发布的内容就出现了近 30 条，如"太难了！#郑州一条路 5 个名绕晕外卖小哥#""#台风利奇马袭来#记者：我太难了！根本站不住 jio（脚）……""四川#一辆电动车载 7 人#？电动车：我太难了"。

（二）鲜"梗"妙用

网络新鲜"梗"是网络上最新流传的新鲜故事、桥段等，具有很强的时效性和趣味性，在《主播说联播》栏目中被大量运用。如主播（2019-08-09）笑怼一档台湾节目："宵夜的时间到了，要不上点榨菜？"起因是台湾节目中一位所谓"专家"的言论："现在大陆连榨菜都吃不起了"，惹来大陆网友群嘲。

面对猪肉价格的持续上涨，央视主播也调侃道："'二师兄'有点飘""让大家可以踏踏实实地吃肉，'二师兄'才是大家喜欢的'二师兄'"。（2019-09-12）

对此网友们纷纷感叹，"新闻联播真是越来越精彩了""以前我陪爸妈看《新闻联播》，现在我和爸妈一起'追'《新闻联播》"。他们还给《新闻联播》起了个新名字——"皮皮央"，意为"皮中带着严肃，官方权威吐槽"。

正如主播康辉所说："该高大上就绝不会低姿态，该接地气也绝不端架子。"《新闻联播》所呈现出来的新面貌，使年轻人实现了与国家的"同频共振"。

（三）段子成串

自2017年起，央视新闻就开始尝试活泼有趣的播报风格，特别是主播朱广权，因经常改编新闻段子成为网友公认的"段子手"，被戏称为"被新闻主播耽误了的相声演员"。他改编的段子大多与时事热点相结合，通过化用古典诗词、网络名句和流行歌曲中脍炙人口的名句，实现了风趣幽默的表达效果，这可以从下面说天气、说热点的例子来体会。

你想劝天气重抖擞，天气却对你大声吼，这样的要求休出口，风雪来了我也抖。（2019-11-09）对此，网友评论道："手语老师才是真抖😂！"

垃圾分类：是干是湿，让猪试吃，一吃便知。猪可以吃的是厨余垃圾；吃了会死的是有害垃圾；连猪都不吃的是其他垃圾；而可回收垃圾则可以卖了钱买猪。（2019-06-29）

话说5G：不用像过去等着一个圈不停地转，倒计12345；……下载不用等得辛苦，过去是涓涓细流，现在是大刀阔斧，你自己的手机真正自己做主。……它来了，它带着高速率、低时延、万物互联走来了。（2019-11-01）

主持人们用字正腔圆的播音腔说着这些网络新梗和有趣段子，透露着俏皮可爱，被网友戏称为"央视相声天团"。

三 粉丝热捧

央视新闻主动拥抱新媒体，更新大众化、亲民化的媒体路径，多管齐下，引来粉丝热捧。

（一）超"赞"新媒体

央视新闻在微博微信等社交平台、抖音快手等短视频平台、哔哩哔哩（简称"B站"）等文化社区开通官方账号，并开放转发、评论、弹幕等功能，网友们可以参与互动，畅所欲言。

央视2019年新推出《主播说联播》的短视频栏目，以当日播发的《新闻联播》为基础，结合重要社会事件和热点，用清新通俗、年轻化和个性化的语言传递主流声音，并在微博、抖音、快手等平台同步发布，深受年轻人欢迎，使

《新闻联播》圈粉无数,收视率暴涨。在快手平台发布的"2019 快手媒体号影响力榜单"中,央视新闻与人民日报、新华社共同摘得榜单前三①。

有媒体评论指出,《主播说联播》"言辞不乏犀利,立场果断坚定,接地气的短评,诙谐幽默的调侃","是对传统《新闻联播》的新解读,采用了创新的方式为老牌节目注入新的能量"②。"大屏小屏联动,拓宽了固有的传播渠道,具有重要的标志性意义。不仅是主流媒体适应短视频时代的接地气之举,也是受众,特别是年轻受众喜闻乐见的结果。"③

(二)超萌表情包

2019 年春节前夕,央视新闻推出首款表情包"记者小朱贺新春"。因 2019 年为农历猪年,恰好主播朱广权也被网友称为"小朱(小猪)",所以该表情包是以朱广权和生肖小猪为主体原型的卡通形象,主要内容为展现媒体工作者的工作状态、日常生活场景,还穿插了不少年度热词。

央视新闻在宣传这款表情包时,主播朱广权又随口说出一条经典段子:"2019 年,要想脱单不脱发,升职有钱花,美貌人人夸,讨好朋友和爸妈,就把央视新闻表情包带回家",同时电视屏幕还播放了表情动图,喜感十足。随后,央视新闻官方微博转发评论道:"拥有这套表情包,让你春节加班不哭,斗图不输!"

(三)超"炫"视频博客

视频博客(vlog)集文字、图像、音频于一体,通过视频将生活经历记录下来,配以字幕和音乐,可以简单理解为视频日记。随着移动互联网用户的迅速增长以及国内短视频行业爆发式发展,这种"影音+音乐"的记录方式受到越来越多年轻人的欢迎。

"康辉的 vlog"系列,将央视主播的工作日常和国家重大事件的采访过程及时、真实地展现给大众,记录了许多现场细节,如"秘密武器"补光灯、隔音利器小枕头、出差在外的特制新闻工作间、总想抢镜的同事等,带领公众走在"大

---

① 《41 岁的〈新闻联播〉都玩起了短视频、变身顶流 IP,我们就甘心坐着摇椅慢慢变老?》,微信公众号"新京报传媒研究",2019 年 8 月 29 日。
② 《〈新闻联播〉成"网红":连续三个月收视上扬,15—24 岁观众涨幅最大》,央广网 2019 年 11 月 13 日,http://1118.cctv.com/2019/11/13/ARTI4LspZIyOvlS84vEecu4B191113.shtml。
③ 《41 岁的〈新闻联播〉都玩起了短视频、变身顶流 IP,我们就甘心坐着摇椅慢慢变老?》,微信公众号"新京报传媒研究",2019 年 8 月 29 日。

国外交的最前线",揭秘网友好奇的幕后故事,可以说是"一次非常年轻化、亲民化的尝试"[1]。发布在微博平台的"康辉的第一支vlog"(2019-11-09)累计点赞量155万,转发量8.3万,后来接连更新的六条vlog也多次登上微博热搜榜。

对此,有很多网友不禁赞叹,"天,这个系列也太好了""因为看了这个vlog,决定每天好好看新闻联播""喜欢这种vlog形式,超赞的,要日更日更""为了看vlog,把央视设为了特别关注""太棒了,我现在是央视的钢粉了"。

(四)超"硬核"人工智能

2019年春节前夕,央视新闻联合微软推出一款搭载人工智能(AI)技术的互动融媒体产品——《你的生活 AI 为你唱作》,它融合图像识别、语音识别、语音合成、智能写作等多项人工智能技术,对用户上传的照片内容进行智能综合理解,生成写意性歌词,然后将央视主播康辉的声音与歌词合成,混入配乐伴奏后,将用户的一张张照片唱成"私人订制"的专属歌曲。

该产品能够对人的声音进行识别、合成,然后再通过机器还原,仿真度极高。对此,主播康辉率先作出了尝试,并用 AI 合成的仿真声音为观众送上新年祝福,康辉本人还接受了来自"AI 康辉"的采访,"AI 康辉"思维敏捷,语言流畅,问题犀利:"你觉得我唱得好听吗?""你觉得谁的声音更好听?""害怕我会替代你吗?"……。网友调侃道:"真假康辉,傻傻分不清楚!"康辉表示,"人工智能技术和现在的新兴技术一样,我们应该去拥抱,适应并使用它们!"[2] 央视新闻受热捧的成功实践充分表明,只有顺应时代,不断开拓创新,才能使主流媒体具有强大的传播力、引导力、影响力、公信力。正如习近平总书记在2018年8月召开的全国宣传思想工作会议中提出的要求:要加强传播手段和话语方式创新,让党的创新理论"飞入寻常百姓家"。[3] 可以相信,未来还会有更多的金句、妙句不断涌现。

(邓 雅)

---

[1] 《康辉vlog上热搜,主流媒体年轻化是时代的必然趋势》,微信公众号"红辣椒评论",2019年11月16日。
[2] 来自《"AI 康辉"采访康辉本"辉"》视频,央视新闻官方微博,2019年2月3日。
[3] 《习近平出席全国宣传思想工作会议并发表讲话》,新华社,2018年8月23日,http://www.xinhuanet.com/2018-08/23/c_129938245.htm。

方言电影，你怎么看？

方言味儿十足的电影这两年占据了院线排片的前几名。从大制作到小成本电影都偏爱方言因素，没有方言，中国电影就似乎缺了点什么。那么，刚刚回暖的方言电影能否打破间歇性高潮的魔咒，"笼络"口味独特多变的大众，仍是一个等待回答的问题。

一 方言电影"小高潮"

方言电影是指以方言叙事、人物对白以方言为主的影片，最早的也是最典型的方言电影是粤方言电影。2019年市场上涌现出了一批优秀的"新主流大片"，中国电影的多元化创作引人注目，其中方言电影也在激烈的竞争中"杀"出自己的一条血路。2018年和2019年是方言电影高产的两年，出现了20多部口碑不错的影片。

2019年12月6日，由刁亦男导演，胡歌、桂纶镁、廖凡、万茜等明星主演的电影《南方车站的聚会》上映，两周后的12月21日冲上豆瓣热搜榜第一，不少网友表示这部以武汉方言叙事的电影看起来很带劲儿。除《南方车站的聚会》之外，方言电影《平原上的夏洛克》（河北话）、《受益人》（重庆话）均口碑和票房双高。2018年的方言影片相对更多，其中以贵州话叙事的《无名之辈》和《地球最后的夜晚》都取得了不错的票房成绩。表4-2为近两年市场上出现的影响较大的方言电影。

方言电影中出现的主要有西南话、西北话和吴语等。

贵州话、重庆话因其自带调侃、毒舌、自嘲、吐槽的特点，成为电影中许多戏剧性和喜剧性的表达元素。西北话一直是第五六代导演所钟爱的地方化表达，从《小武》到《山河故人》再到《江湖儿女》，贾樟柯一直用他不变的山西方言书写着他的纪实美学。"吴侬软语"也成为当今电影的一个特色，有幽默，有沉重叙事，也有罗曼蒂克的小资情调。

表 4-2　近两年主要的方言电影

影片名	类型	主要方言等	豆瓣评分	猫眼票房（12.21）
2019 年				
南方车站的聚会	剧情/犯罪	武汉话	7.4	2.01 亿
平原上的夏洛克	剧情/喜剧/悬疑	普通话/河北话	7.8	935 万
受益人	剧情/喜剧/爱情	普通话/重庆话	6.7	2.18 亿
四个春天	纪录片/家庭	贵州独山话	8.9	1112 万
阳台上	剧情	普通话/上海话	5.7	397 万
2018 年				
我不是药神	剧情/喜剧	普通话/英语/上海话/印地语	9.0	31 亿
无名之辈	剧情/喜剧	普通话/贵州话	8.1	7.95 亿
宝贝儿	剧情	普通话/南京话	5.2	2472 万
灰猴	剧情/喜剧/犯罪	普通话/山西话	6.1	388 万
地球最后的夜晚	剧情/爱情/悬疑	贵州话/普通话	6.8	2.82 亿
江湖儿女	爱情/犯罪	普通话/山西话/武汉话/重庆话	7.6	6995 万
爸，我一定行的	剧情/喜剧/家庭	潮汕话/普通话	6.2	4707 万
狗十三	剧情/家庭	普通话/西安话	8.2	5130 万
过昭关	剧情/家庭/儿童	河南话	7.7	39 万
淡蓝琥珀	剧情/悬疑	普通话/重庆话	6.3	23 万
未择之路	剧情/犯罪	普通话/兰银官话	6.8	745 万

方言电影并非本世纪独有，20 世纪 90 年代，方言尝试与电影结合，开始频繁地出现于中国电影创作当中，构成了中国电影"方言化"的现象。1992 年张艺谋的经典之作《秋菊打官司》上映，一句"美得很"让大江南北的人见识到了陕西方言的可爱；2000 年糅杂着普通话、日语、唐山方言的《鬼子来了》提名第 53 届戛纳电影节；2006 年一部 300 万成本的小制作电影《疯狂的石头》取得 2300 万票房，开启了方言喜剧电影的潮流。

十几年来方言电影的创作也不断引发关注和讨论，有赞成的声音也有反对的声音，方言电影在市场中浮浮沉沉，时冷时热。近几年，方言电影被贴上文艺片的标签，带有小众的味道，既独特，又有些"看不懂"。部分方言电影票房不错，反响热烈，然而从整体来看，小成本方言电影赢得了口碑却失去了商业价值，属于它们自己的市场还是太小。

二 方言电影褒贬不一

《南方车站的聚会》《攀登者》《受益人》《无名之辈》《地球最后的夜晚》等电影票房均超过了2亿，并且赢得了较好的口碑。可能是由于这些电影的带动，民众和主流媒体对方言电影的接受度和关注度不断提高，引起了各大网络平台的热烈讨论。

（一）赞成者：方言电影表现不俗

方言能够产生亲近感的效果。微博网友"@蓝洋洋的洋"：南方车站的聚会★★★★★，#电影南方车站的聚会# 完全是冲着胡歌去看的。故事背景是2009年的武汉，一直都说讨厌说方言的电影，但还是双标了，说武汉话我完全听得懂就非常开心。😂😂😂① 微博网友"今天惹小雷阿姨生气了吗"：又是一周深夜从影院走出来，《无名之辈》这个电影……给我最大的感受就是，还是西南方言怼人听起来既可爱又有气势啊👊。②

方言能够突显电影的纪实风格。豆瓣网友"死于威尼斯"：2018年优秀国产影片中大量运用方言作为影片的主要对白，这是一种中国电影觉醒和进步的表现。③ 微博网友"@路易斯齐"：我不太认可方言只是更接地气，适合讲述小地方和小人物的故事这样的说法，也不认可用方言谈恋爱会破坏浪漫氛围，只觉得这是一种更真实的表现形式，生活里是什么样的，电影里就应该是这样自然的状态。④ 微信网友"曹津铭"：方言贴合到电影里才能使电影更有社会表现

---

① 微博网友"@蓝洋洋的洋"评论，网址：https://s.weibo.com/weibo/%25E4%25B8%2580%25E7%259B%25B4%25E9%2583%25BD%25E8%25AF%25B4%25E8%25AE%25A8%25E5%258E%258C%25E8%25AF%25B4%25E6%2596%25B9%25E8%25A8%2580%25E7%259A%2584%25E7%2594%25B5%25E5%25BD%25B1?topnav=1&wvr=6&b=1。

② 微博网友"今天惹小雷阿姨生气了吗"，网址：https://s.weibo.com/weibo/%25E5%258F%2588%25E6%2598%25AF%25AF%25E4%25B8%2580%25E5%2591%25A8%25E6%25B7%25B1%25E5%25A4%259C%25E4%25BB%258E%25E5%25BD%25B1%25E9%2599%25A2%25E8%25B5%25B0%25E5%2587%25BA%25E6%259D%25A5?topnav=1&wvr=6&b=1。

③ 豆瓣网友"死于威尼斯"：《2018年国产优秀电影人物对白中的方言现象》，豆瓣网，2019年2月12日，https://www.douban.com/note/706523029/。

④ 微博网友"@路易斯齐"评论，网址：https://s.weibo.com/weibo/%25E8%25B4%25BE%25E6%25A8%259F%25E6%259F%25AF%25E7%2594%25B5%25E5%25BD%25B1%25E9%2587%258C%25E6%259C%2580%25E5%25B8%25B8%25E5%2587%25BA%25E7%258E%25B0?topnav=1&wvr=6&b=1。

意义。①

方言能增强电影的喜剧效果。2006年《疯狂的石头》上映后好评如潮,"我顶你个肺"的粤方言口头禅流传于大街小巷,"黑色幽默"的评语占据了各大报道标题。对于近两年的方言电影,有媒体评论:

《扬子晚报》:方言所带来的喜剧效果,不像普通话那么单薄,因为它们更契合电影里小人物的生活底色,能催生出普通话所实现不了的黑色幽默效果。②

"山西新闻网"评《灰猴》:电影中人物的对话,都是以大同话为主。这是一部……看似荒诞却玩味十足的故事,让观众笑中带泪,泪完了还想有些思考。③

许多主流媒体也对方言电影的发展持积极肯定的态度,部分媒体也在探讨方言电影的未来发展道路。

《南方日报》评《爸,我一定行的》,就方言是否会因"听不懂"失去受众的问题,他们认为,在字幕的帮助下,方言并非不可逾越的天堑,并且本土文化元素的深挖,让一部电影有了灵魂。

《光明日报》:青年导演的创作还助推方言电影和少数民族电影的发展,让多元文化得以呈现与传承。④

《广州日报》:近年来,以方言为主打的地方电影佳作迭出,如果缺少了译制人员的"精心烹制",这道具有浓厚地方特色的"饕餮大餐"不免会因语言限制,而难以走进全国观众的视野。译制片作为文化交流的重要推手,依然承载着时代赋予的文化使命。⑤

《南方日报》:即使是小成本制作,讲好了身边的人物和故事,同样会受到万千观众的瞩目……方言正逐渐成为电影表达情感的独特方式,绝不仅起到点

---

① 阿饼《你的乡愁,可以在方言和电影里安放》,微信公众号"新周刊",2016年11月23日,https://mp.weixin.qq.com/s/mjCQQrOWDxpGKOqpUo9MWA。
② 孔小平《两年里出了20多部方言电影 看国产片居然也要看字幕》,《扬子晚报》第B01版,2019年11月21日。
③ 山西新闻网《用大同方言诠释黑色幽默,山西新生代导演带〈灰猴〉来了》,新浪网,2019年7月6日。
④ 谭政《青年导演成长起来了》,《光明日报》第16版,2018年11月15日。
⑤ 毛梓铭《译制片真的已成"明日黄花"了吗》,广州日报大洋网,2018年9月28日,http://news.dayoo.com/guangzhou/201809/29/153828_52318780.htm。

缀和制造幽默的作用，希望未来从本土出发的导演能多拍本土方言电影。①

（二）质疑者：方言电影存在诸多限制

方言电影听不懂。有观众说"一句听不懂""这算啥，温州话根本就不应出现在电影里，因为根本听不懂""方言当然需要字幕，因为很多方言难懂啊"。②

部分影片所使用的方言在观众中的接受度不高，使得影片的传播范围受到限制。2018年上映的《爸，我一定行的》是一部全片采用潮汕话对白的电影，尽管有字幕，但是"语言"不通仍然影响到观影体验，因而观众主要是潮汕籍的。

方言电影不够地道。影片中的演员是根据角色的需要而学习某种方言，因而在表演的时候，方言说得不够地道自然。观众评论道："南方车站里的几个主角武汉话都说得真的挺糟糕的""杨幂的南京话让我分分钟觉得还是普通话""说得好就很流畅，如果说得不地道，而这种方言刚好观众熟悉，就尴尬了"。③

备受观众好评的《无名之辈》也因为片中的方言不够纯正，受到微博网友质疑："我好像对方言的概念有什么偏差：看《无名之辈》的贵州方言我以为是重庆话，吸取了教训。"④

三　相关思考

《中华人民共和国国家通用语言文字法》第十四条规定，广播、电影、电视用语用字应当以国家通用语言文字为基本的用语用字。但近几年方言电影、短视频不断涌现，并且受到了很多观众的喜爱，这也从一个侧面反映了部分人民的需求，这与多年前影视剧中领袖们的方言形象，有着很大的不同。当前，在

---

① 毕嘉琪，黄堃媛《畅谈方言电影的市场化之路》，网易号"南方日报"，2018年09月25日，https://www.sohu.com/a/255940169_161794。

② 中国电影报道《看方言电影你需要字幕吗》，2019年12月14日，https://weibo.com/1261788454/IkIGm7zfR?type=comment。

③ 中国电影报道《看方言电影你需要字幕吗》，2019年12月14日，https://weibo.com/1261788454/IkIGm7zfR?type=comment。

④ 微博用户"小福仪"评论，2019年12月8日，https://weibo.com/2876330102/IjKgT8QNp?from=page_1005052876330102_profile&wvr=6&mod=weibotime&type=comment。

我国快速的城市化进程中，一些方音土语悄然逝去，"留住乡音、记住乡愁"，正是国家实施"中国语言资源保护工程"的初衷，而方言电影恰恰能唤起人们的乡土情感与记忆。

　　从艺术效果上来看，把方言因素融入电影当中可以拉近影片与观众之间的距离，更加贴近生活。从语言学角度来看，方言电影也是促进方言传承的手段。方言电影作为一个地域的文化展示，对于引导人们重新发现方言美感、引导人们关注方言、重拾方言等方面都具有重要意义。然而，方言电影的发展也存在诸多问题，如方言还远不够原汁原味、方言电影受众局限、方言使用存在地域不平衡的问题等等。因此，方言电影对我们制定语言政策和语言规划以及普通话推广工作带来一些新的思考。

　　我们应该正确处理方言传承和普通话推广之间的关系。一方面不能因为发展方言影视而影响普通话推广，另一方面也不能只考虑普通话推广，而忽视方言文化的传承。两者要统筹兼顾，促进我国丰富多彩的语言文化健康发展。

（王宇波、潘丹婷）

《生僻字》歌曲让生僻字不生僻

生僻字又叫冷僻字，是指不常见的或人们不熟悉的汉字。近年来，生僻字先后触发人名、地名风波，热点不断。2019年前后，一首包含70多个生僻字的"神"歌曲《生僻字》及其多种类型衍生版本突然走红，让生僻字再度进入大众的视线，引发新一轮的热议。

一 "神"歌是怎样炼成的

（一）重出江湖

2017年11月，苏州80后小伙儿陈柯宇在哔哩哔哩视频网发布了一首自己作词作曲的歌曲——《生僻字》，当时没有受到很多关注。2018年12月，他再次将自己演唱《生僻字》的视频传上抖音，没想到突然爆火，引发众多媒体和网友评论、转发，《生僻字》作为"杀出的一匹黑马"，成了2019年火了最久的"神"歌曲。

这首歌包含70多个生僻字，有偏旁相近的如"魃、魈、魁、魆、魑、魅、魍、魉"，有构件相似的如"又、双、叒、叕"，也有一些包含在成语中如"茕茕孑立、沆瀣一气"，普通人很难准确读出它们的读音，难怪网友将其戏称为"有史以来最难写出歌词的歌曲"。

作者陈柯宇在接受《北京青年报》记者采访时坦言，创作《生僻字》的灵感来源于网络热词"又双叒叕"。2017年初，他在看新闻时，发现网友用"为什么'又双叒叕'发生了"来描述，为了弄清"叒叕"的读音，他专门查阅了字典。想到也许很多人都像他一样并不熟悉"叒叕"这样的生僻字的读音，但是又会经常见到或者使用这些字，便产生了创作《生僻字》的想法，"那时候，我就想能不能用这些生僻字创作一首歌曲，一方面可以让成年人认识这些字，另一方面还可以让学生们从趣味中学会这些字。"①

图片来源：单曲《生僻字 和声伴奏（Cover：陈柯宇）》，网易云音乐

图 4-5 《生僻字》歌词

《生僻字》走红后，抖音点赞迅速超过 250 万，留言达到 8 万条，相关视频在微博上的点击量已突破 400 万，热度持续不减。抖音抓住热点，迅速联合新华网发起了"#你会唱几个生僻字"话题挑战，通过这首满是"知识点"的歌曲，弘扬中国汉字文化。截至 2018 年 12 月 24 日，话题挑战相关视频播放量超过了 3.1 亿次，投稿视频超过 2 万条，除歌曲原作者陈柯宇外，著名主持人李思思、歌手徐良等名人都参与了这次话题挑战。

（二）衍生多版本

"神"歌曲《生僻字》让许多人脑洞大开，一时间，"中医药版""化学版""中华美食版"等多种衍生版本如雨后春笋，不断涌现。

1. 中医药版

"莨菪荠苨、菝葜葶苈……"山西省中医院模仿《生僻字》，创作了《中医药版生僻字》，歌词涵盖中药、病症、脉络、穴位等，帮助医师记住中医知识。医院宣传部长赵惠峰表示，希望通过歌曲的形式，将中医药这一极具历史沉淀的精华与现代传播手段结合，让更多人了解中医药文化。②

2. 化学版

2019 年 5 月，为了纪念化学元素周期表创立 150 周年，在共青团中央主办

---

① 《一首歌唱出 70 多个生僻字走红》，北京青年报 2018 年 12 月 14 日，http://epaper.ynet.com/html/2018-12/14/content_313534.htm?div=-1。
② 《山西中医药版〈生僻字〉走红网络 传播中医药文化》，中国新闻网，2019 年 2 月 25 日，http://www.chinanews.com/cul/2019/02-25/8764285.shtml。

的"网络青晚"上,"科技袁人"主讲袁岚峰联合《生僻字》创作者陈柯宇、上海有机化学研究所等带来了《化学版生僻字》,歌词中包括常用的化学元素等,在抖音收获了超过30万点赞。

3. 中华美食版

有人在B站根据《生僻字》歌的曲风,将中国八大菜系和其中的代表菜也唱了出来。有网友赞叹道:"中国五千年历史文化,就连美食都有自己的故事哦。和馒头一起,唱一首歌,吃一道菜,听一个故事吧。"

网友们也集思广益,各显神通,又为这首歌曲创作了沙画版、方言版、舞蹈版等,掀起了一次抖音上的"汉字热"。①

(三)流传海外

这首"神"歌曲不仅在国内传播,还辐射到了海外。不同肤色、不同文化背景的外国人们纷纷在优兔、推特等平台上挑战翻唱,在自己听歌的同时,还传播了中国传统文化。

在肯尼亚肯雅塔大学孔子学院,两位学生通过演唱《生僻字》,成了孔子学院的"大明星",她们既学习了汉语知识,又增长了自信。②

在日本的一家视频网站,日本网友依据《生僻字》原有曲调重新填词,创作了日语版《四字熟语》(四字熟语类似于中国成语),俘获大量日本粉丝。日语版虽然歌词内容不同,但这些生活中较为少见的字,某种程度上也像文物,变成一种稀缺的展示物,凝聚着古典之美。

 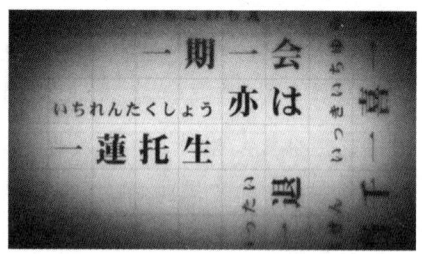

图4-6 日语版《生僻字》视频截图

---

① 《抖音联合新华网发起生僻字话题挑战 传播汉字之美》,央广网,2018年12月27日,https://baijiahao.baidu.com/s?id=1620987919572952440&wfr=spider&for=pc。

② 《一首〈生僻字〉让这两位肯尼亚姑娘成了大明星》,《孔子学院》,2019年第3期。

二 "神歌"还是"口水歌"

《生僻字》走红之后，大众议论一直未停。有人高呼"神曲万岁"，也有人将其斥责为"娱乐文字"。

（一）反对方：堆砌生僻难字，谈何传承文化？

许多媒体对《生僻字》文化传承贡献的宣传，引发了一些网友的质疑。

知乎"如何评价《生僻字》这首歌曲？"这一问题的回答区里，一位名为"七姥爷"的回答者，列举了《生僻字》从歌曲创作角度来说存在的诸多不足：歌词不押韵、歌词语法错误……他指出，《生僻字》只是一首打着传统文化传承大旗的口水歌，虽然包装华丽，但和其他口水歌一样缺乏"营养"，无法产生媒体所说的巨大贡献。

评论区持相似观点，对《生僻字》的爆火表示不解的网友其实不在少数。网友"鸡蛋侠"认为，这首歌能够走红，不过是借了中国风文化的东风，利用了大众追求个性的心理。"伽蓝白夜 GaraNakt"则表示，《生僻字》的立论是"五千年文化博大精深，我们应该为此感到自豪"，但罗列的字词生僻晦涩，没有传达任何有用的信息，不是在展现中华文化的博大精深，而是在炫耀"茴"字有四种写法。

还有一些网友指出，《生僻字》歌词中存在大量晦涩难懂的生僻字，给翻唱者带来了很大困难，为了便利翻唱，大多数人利用的是《生僻字（谐音版）》，将歌中生僻字用谐音词替换，把"茕茕孑立"变成"穷穷杰立"，"沆瀣一气"变成"航些一气"……这样一来，不仅不能帮助学习生僻字、了解传统文化，反而会造成误导。

也有评论者认为不必过度夸大认生僻字多的好处。《新京报》发表评论文章称，《生僻字》里只是简单地把一些字放到一起，于是产生了网友提出的"离歌不认字"的现象……现代人已经很少碰到，认得并没有太大用处。这种知识有与没有，对生活、学习影响不大，不必过度夸大认生僻字多的好处。①

---

① 《〈生僻字〉大热，不必过度夸大认生僻字多的好处》，《新京报》，2019年1月17日，http://education.news.cn/2019-01/17/c_1210040064.htm。

表 4-3 《生僻字》歌词对照

《生僻字》原版部分歌词	《生僻字（谐音版）》部分歌词
茕茕孑立 沆瀣一气	穷穷杰立 航些一气
踽踽独行 醍醐灌顶	居居独行 提壶冠顶
绵绵瓜瓞 奉为圭臬	绵绵瓜跌 奉为归聂
龙行龘龘 犄角旮旯	龙行打打 鸡脚嘎拉
娉婷袅娜 涕泗滂沱	拼停鸟挪 替四旁陀
呶呶不休 不稂不莠	挠挠不休 不浪不邮

（二）赞赏方：识字才是本意，不必过度宣传

对于网友们的担忧和质疑，一些人给出了回应和解释。

《南方日报》评论员丁建庭指出：《生僻字》的真正意义不在音乐本身，而在于借助歌曲的形式帮助人们认识、熟记生僻字。……透过《生僻字》这首网红歌曲，可以帮助人们领略博大精深的汉字文化，在记住字词的同时，也能够在一定程度上提升我们的历史文化素养，从而让生僻字变得不再那么生僻。①

歌曲作者陈柯宇也表示：只要歌曲能有哪怕一点儿意义，觉得就足够了。"这一点儿意义"可能小到让某位考生在答题时对恰巧出现的生僻字应对自如，也可能大到通过歌曲让更多人了解中国汉字。②

中学教师柴海军在课堂上以《生僻字》为引，指导学生从字形入手，探究歌词中生僻字的含义，既激发了学生学习的兴趣，又扫清了生字词的障碍。③也有考生来信表示，《生僻字》中的成语"茕茕孑立"出现在自己的试卷上，没有《生僻字》，他就不会认识这几个字。

《天津日报》发表的《一首歌唤起了汉字文化记忆》认为，这些生活中较为少见的字，某种程度上也像文物，一种稀缺的展示物，也正因为少见，更凝聚着古典之美，它们同样是千百年来文化沉淀的结晶。……如果我们遗失了中国

---

① 《多一些〈生僻字〉这样的网红歌曲》，《南方日报》，2019 年 1 月 31 日，http://epaper.southcn.com/nfdaily/html/2019-01/31/content_7779235.htm。

② 《90 后创作者 谈歌曲〈生僻字〉走红》，新浪网，2019 年 2 月 1 日转载新华社，http://k.sina.com.cn/article_1905912064_7199e90002000eyo3.html?from=edu。

③ 《你好，中国字》，《中国教师报》2019 年 3 月 20 日，http://www.chinateacher.com.cn/zgjsb/html/2019-03/20/content_514820.htm?div=-1。

的传统文化之精髓与汉字原形,我们真的就成了数典忘祖的"新文盲"。①

当然,赞赏方也承认,生僻字的价值不必过度夸大。

丁建庭认为,生僻字的价值也不必过度夸大,一则其对日常生活和学习影响不大,二则倘若过度推崇,就有可能背离了现代汉语的规范和语言文字的发展规律。……对于生僻字还要辩证看待,其间的"度"一定要把握好。②

三 "神"歌走红的背后

《生僻字》的走红,以及围绕《生僻字》歌曲产生的一系列争论,让我们对如何规范汉字的使用,如何传承和发扬传统文化,彰显中华文化自信,进行更深入的思考。

(一)冷僻字仍能"发热"

我们在日常生活中经常使用的汉字,仅占汉字总量的一小部分,大部分的汉字都应归为生僻字,按照文字发展规律,理应慢慢隐退,但近年来,诸多关于生僻字的社会热点事件——《汉字听写大会》的风靡、生僻字取名潮流,以及《生僻字》歌曲的走红等,无不向世人宣告,生僻字仍有一定生命力,生僻字也许不能再度回到舞台中央,但一味废除生僻字,可能不是最完美的做法。

《生僻字》为什么能走红?大众的求新求异心理是其中一个原因,但最主要的是,生僻字本身具有价值。首先,生僻字作为历史的遗产,具有一定的文化价值。通过生僻字,人们可以了解历史,传承文化。其次,生僻字具有潜在的文化繁衍价值。很多生僻字能够在当下语境中重新焕发生机,丰富社会文化生活。

(二)生僻字不宜热炒

《生僻字》走红以来,一些评论和媒体非常看重它的作用,甚至有人提议让

---

① 《一首歌唤起了汉字文化记忆》,中国经济网转载《天津日报》,2019年1月25日,http://www.ce.cn/culture/gd/201901/25/t20190125_31359469.shtml。

② 《多一些〈生僻字〉这样的网红歌曲》,《南方日报》,2019年1月31日,http://epaper.southcn.com/nfdaily/html/2019-01/31/content_7779235.htm。

它上春晚，出现了夸大生僻字价值、盲目崇拜生僻字、炒作生僻字的倾向。这类似于前些年以生僻字取名，造成证件办理、购买车票困难的情况，很多专家学者已经对这种做法进行了批评。生僻字是一种文化现象，不应过于贬低，也不应该过度热捧，应该让它回归到原本的位置。

（王宇波、李　晗）

《人生初年》现象

2019年11月,《人生初年——一名中国女孩的语言日志》(以下简称《人生初年》)由商务印书馆出版。这部著作完整记录了一位名叫冬冬的小朋友从0—6岁半的语言习得过程和行为,是迄今为止世界首部全景跟踪记录儿童语言发展、记录时间最长的科学研究著作。作者是著名语言学家李宇明,也就是冬冬的父亲。该书引起的社会关注和反响,远远超出预期,成为出版界的年度"现象级"网红作品。

一 热潮迭起

《人生初年》一出版,就掀起了一股阅读和思考的热潮,以下几个方面可略见一斑。

出版座谈会。12月26日,《人生初年》出版座谈会在商务印书馆举行,来自中国社会科学院、北京大学、新华社、暨南大学、河南省人大常委会、北京景山学校等机构和单位的20多位专家学者出席座谈会,北京地区的青年学者、教师和家长代表近百人参加会议。

媒体报道。北京日报(路艳霞,1月6日)[①]、北京青年报(张知依,1月13日)等报刊对于著作情况进行了报道。12月26日出版座谈会后,中国教育电视台、中国青年报/中国青年网(聂北茵,12月26日)、中国出版集团有限公司网(袁思源,12月26日)、新浪网(新浪读书,12月26日)、中新网(应妮,12月27日)、中国教育报(王珺,1月6日)、中国新闻出版广电报(王坤宁,1月6日)等报纸或电视台新闻媒体纷纷进行了报道。

读书会。一些单位以及个人小组纷纷组织起"读书会""沙龙"或"分享会",阅读著作、分享体会,比如北京语言大学、浙江师范大学、广州大学、武汉大学、教育部语用司、首都师范大学、黑龙江大学等。

[①] 后被中宣部"学习强国"学习平台转载。

公众号。互联网社交媒体的连续推送和互动更是让人耳目一新。商务印书馆、商务印书馆汉语中心、语标、语言资源高精尖创新中心、汉语堂等微信公众号连续推送了序言、访谈、读后感、出版座谈会感言、资讯等内容。表4-4为2020年1月1日前几个代表性公众号的相关数据。

表4-4 几个公众号的《人生初年》"热量"①

公众号	推文量	阅读量	在看量	留言点赞量
商务印书馆汉语中心	24	38778	483	107
语言资源高精尖创新中心	12	30198	835	16276
汉语堂	12	32220	604	16536
语标	10	18951	347	1136
商务印书馆	4	6835	32	（未开放留言区）
总量	62	126982	2301	34055

留言赠书。"语言资源高精尖创新中心"公众号于12月18日率先发起了《人生初年》李宇明教授亲笔签名赠书活动，推文阅读量达2.2万人次。"语标"和"汉语堂"公众号也连续推出了留言赠书活动。

好书榜。著作出版后，先后登上了"2019年度光明书榜"（《光明日报》2020年1月2日15版）、2020"中版好书"第一期榜单（中国出版集团，2020年1月）、"商务印书馆于殿利总经理推荐书单"（2020年1月）。

二 现象解读

《人生初年》是一部百万言、集资料与学术为一体的三卷本著作，能引起各界特别是年轻家长的强烈兴趣和反响，成为一个"现象级"的出版物，缘于以下几方面。

六年半的记录，三十五年的打磨。《人生初年》的记录始于1985年1月16日，止于1991年7月29日，中间除偶有中断外，长达2200余天。"这世间可以研究的儿童估计不在少数，但最终真正能够成为研究者每日的研究对象的，大概也就寥寥了。如此看来，李宇明先生的这部包含2200多天冬冬语言发展记录

---

① 其中，仅"仅三套！《人生初年》李宇明教授亲笔签名版！"一篇推文就有2.2万人次阅读量，628人次在看量和16244次精选留言点赞量。

的日志，实在是十分难得！"①"当年用笔纸、用卡式录音机等记录下来的儿童语料，其语料的丰富度，时长的跨越度，即使在有高精尖录音与研究设备的今天，我们也是不易做到的。"②著作的原始材料"冬冬日记"记录在11本22开的笔记本上，近百万字；原稿录入电脑，然后逐句核实、断续修订，前后总共11稿，2017年11月底最后定稿；最终2019年底出版。六年半不间断的记录，十多年的整理，再到打磨出版，历时35年，创造了一个"纸笔时代"（电子、互联网时代之前）的世界纪录。

小家心灵史，读者生共鸣。《人生初年》是一部以一个儿童的成长为聚焦的著作，任何国家和民族，儿童的成长与教育不仅关乎家庭的幸福，更关乎社会的未来。父母是为孩子"系好人生第一颗扣子"的人。正如同作者所说，"整理'冬冬日记'，我们就像'重养'了一遍孩子。……阅读着她一点一滴的进步，分析着她语言、行为的机理，常因她的各种趣事趣语而忍俊不禁，也时时地反省当年教育的得与失。""这部书更像是一个小家的心灵史。……将这部书视作教育学范本，它一样当之无愧！"③有读者留言，"当我第一次得知李宇明教授的这部《人生初年》的时候，真的是百感交集，因为我的第一个身份是一个三岁半男孩的父亲。我对此话题不由自主地产生了'共情'。"④"生儿育女才知父母难，读罢此书更感父母恩。"⑤"'冬冬日记'不只是一个儿童的成长日记，还记录着不同的文化碰撞，记录着那个时代的生活状态、社会风尚、教育理念、邻里关系、学情乃至气功等等。'冬冬日记'是当年生活的再现，相当于从一个侧面，展示了那个时代的历史画卷。"⑥

内容稀罕，资料珍贵。儿童语言研究是实证研究，这一研究的基础是数据。中国是人口大国，所以儿童也多，但已经公开的儿童汉语数据却并不多。之所以如此，部分原因是获取儿童语言发展数据十分不易。⑦作为语言学家，李宇

---

① 胡建华，序一:《一粒沙子看世界》，《人生初年》，商务印书馆，2019年11月。
② 范莉《"仅三套！〈人生初年〉李宇明教授亲笔签名版！"》一文的留言，"语言资源高精尖创新中心"公众号，2019年12月18日。
③ 田列朋《〈人生初年〉：用语言建构的"教育学"力作》，"汉语堂"公众号，2020年1月1日。
④ 韩博《"仅三套！〈人生初年〉李宇明教授亲笔签名版！"》一文的留言，"语言资源高精尖创新中心"公众号，2019年12月18日。
⑤ 冬冬《我怕别人知道我是谁的女儿》，"语标"公众号，2020年1月2日。
⑥ 李宇明《致读者：儿童是一块磁石》，《人生初年》，商务印书馆，2019年11月。
⑦ 胡建华，序一:《一粒沙子看世界》，《人生初年》，商务印书馆，2019年11月。

明先生对语言有着独特的理解和追求,对冬冬的语言发展轨迹进行全方位描述,且不放过每一个细节,①无疑给我们提供了最好的样本和启发。②这一稀缺性就使得《人生初年》可以让许多学科的学者都可以从中取宝,获取自己所需的研究资源,这足见《人生初年》价值之大,③不仅为语言学研究提供了重要参考资料,也为一个家庭留下了珍贵的记忆,更为中国社会发展留下了时代底片。④

适用面广,资源丰富。《人生初年》所记录的虽然仅是冬冬这一个体早期的语言获得与认知发展情况,但如果所描写与刻画的事实以及所揭示的发展轨迹,是个体的本质属性的反映,那么,这一描写与刻画之中就必然蕴含着某种普遍性。⑤该书的读者面很广,第一类读者应该是家长和幼儿教师;第二类读者应该是语言研究者、语言教师;第三类读者是儿童作家、儿童文学创作者、民谣、民间故事爱好者。⑥它不仅仅是语言学的宝库,而且一定会成为文学、社会学、心理学、教育学,乃至历史学、政治学、民俗学、伦理学等诸多学科的宝库,我们的作家、学者一定会从这丰厚的土壤中发现更多、更丰富的矿藏。⑦整部著作白描纪实,不饰雕琢,各种有趣的对话、方言词语、语言实验、古代诗词、儿歌、民谣、游戏随处可见,内容充满了童趣、学趣和生活情趣。四十多幅冬冬涂鸦随时间的延展在文中渐次呈现,妙趣横生。读者还可以通过扫描二维码,直接听到与冬冬相关的"实况录音",感受一个个具体的语言场景,⑧获得融媒体时代新的阅读体验。

家庭工程,心血铸就。李宇明教授说,这部日记的幕后功臣是自己的妻子白丰兰。白丰兰女士患有类风湿关节炎,常年卧病。即便这样,她也没有停下记录的工作。白丰兰女士说"这些年,虽然我是个病人,但我还能有尊严、很自信地活着,过得很充实很快乐。"⑨"一辈子能做且做成了一件对社会有用的事,

---

① 郭熙,序二:《一个动物人到社会人的全景式记录》,商务印书馆,2019年11月。
② 张四红《"仅三套!〈人生初年〉李宇明教授亲笔签名版!"》一文的留言,"语言资源高精尖创新中心"公众号,2019年12月18日。
③ 陆俭明、马真《〈人生初年〉是个聚宝盆》,"商务印书馆汉语中心"公众号,2020年1月9日。
④ 张知依《〈人生初年〉:6年爸妈日记 解读"咿呀学语"》,《北京青年报》,2020年1月13日A16版。
⑤ 胡建华,序一:《一粒沙子看世界》,《人生初年》,商务印书馆,2019年11月。
⑥ 高而杰《4大类读者不可错过的读物》,"语言资源高精尖创新中心"公众号,2019年12月25日。
⑦ 刘建生《神女应无恙 当惊世界殊》,"商务印书馆汉语中心"公众号,2020年1月6日。
⑧ 郭熙,序二:《一个动物人到社会人的全景式记录》,商务印书馆,2019年11月。
⑨ 张知依,《〈人生初年〉:6年爸妈日记 解读"咿呀学语"》,《北京青年报》,2020年1月13日A16版。

我觉得值得了！"① 可以说，《人生初年》的记录和整理是一项贯穿了他们家庭几十年的工程，凝聚着这个家庭团队的心血，散发着感人心魄的力量，镌刻着李宇明和妻子白丰兰爱情的真挚与生命的韧劲。

三 理想情怀

《人生初年》之所以引起"现象级"的关注，是因为它充满着作者及其背后团队的理想和情怀。

大爱无疆。书中浓缩的父母的爱、孩子的爱、夫妻的爱、家族的爱，演绎了一个中国家庭30多年这么长时间内的大爱故事。"这部著作让我多次被李宇明先生、白丰兰师母面对困难时乐观豁达的人生态度所感动，我想这是源于'我们坚信，我们是世界上最幸福的一家人'，正是这种'爱'和'幸福'支撑着两位老师《人生初年》的记录与写作，激励着冬冬，也必将会激励所有相信'爱'的人。"② 李宇明教授说，"白老师身体不好，要更多地管家和照顾冬冬。我也很爱孩子，喜欢跟孩子打交道……一个完整的家，应该要有情感，要有共同的目标、共同的价值观。最好的家庭，有什么样的困难，都能够克服。"③

学术信仰。《人生初年》更是成就于李宇明教授矢志不移的学术信仰。他说"学术不仅是追求，更是一种信仰。"④ "记录冬冬的语言，其实是一个有学术准备的人，在一个特殊时机做的事情。"⑤ 对他一家而言，学术产品是他们最重要的家庭产品，家庭成员构成了一个规模虽小但却能量巨大的学术共同体。共同的学术信仰和服务家国的学术追求，使这个家庭成为一个高效的学术产品生产单位，源源不断地为社会创造精神财富。⑥

家国情怀。作者的社会担当、家国情怀，决定了《人生初年》的底色和品格。李宇明教授说，"国家选择那些选择了国家的人"，"古代人说，齐家才能平天下，意思是先要把家庭建设好"，"再忙也要培养好下一代。培养出一个对社会有用的人，这难道不是很有意义吗？陪伴孩子，这是一种责任和义务。家长

---

① 白丰兰《丈夫李宇明眼中的"史官"》，"语标"公众号，2019年12月30日。
② 汲传波《幼儿教育的生动教材》，"汉语堂"公众号，2019年12月24日。
③ 李宇明《我的教授职称有一半是女儿的》，"语标"公众号，2019年12月27日。
④ 李宇明序：《汉语辞书理论史热点研究》，王东海、王丽英著，商务印书馆，2013年。
⑤ 李宇明《我的教授职称有一半是女儿的》，"语标"公众号，2019年12月27日。
⑥ 王海兰《〈人生初年〉背后的故事》，"汉语堂"公众号，2019年12月23日。

不能只顾自己，孩子才是社会的未来。"①20世纪80年代是充满理想、富有激情的年代。李宇明是一个理想主义者，当初做这一研究时，是有一种使命感和责任感的，有着大的理想情怀，所想的是要为国家做学术。②

（王春辉）

---

① 李宇明《我的教授职称有一半是女儿的》，"语标"公众号，2019年12月27日。
② 胡建华《〈人生初年〉的道理、理想与情怀》，"商务印书馆汉语中心"公众号，2019年12月31日。

第五部分

字词语篇

2019，用字词刻下时代印记

2019年12月20日，国家语言资源监测与研究中心、商务印书馆、人民网、腾讯公司联合主办的"汉语盘点2019"活动揭晓，"稳""我和我的祖国""难""贸易摩擦"分别当选年度国内字、国内词、国际字、国际词，活动同时发布2019年度十大流行语、十大新词语、十大网络用语。

一　活动：融合中发展，创新中突破

"汉语盘点"活动至今已举办十四年，旨在"用一个字、一个词描述当年的中国与世界"，鼓励全民用语言记录生活，描述中国视野下的社会变迁和世界万象。

与往年相比，本次活动有三个特色。第一，深度挖掘大数据资源，提供海量真实数据。活动调整了推荐形式，国家语言资源监测语料库、腾讯指数、搜狗输入法、清博大数据、人民舆情等多家媒体提供2019年网友使用频率和关注度最高的50个字、100个词，为网友提供更丰富的选择。第二，各家合作方深度参与，在延续传统的基础上又做出了新的尝试。人民网设计活动主页面和创意H5产品征集字词、收集投票。"学习强国"实时关注，扩大活动影响力。央视新闻持续报道，为活动宣传造势。微博发起话题讨论，号召网友以书法的形式展示自己的年度字词。腾讯新闻联合数百家机构征集字词，腾讯设计研发了专款微信小游戏。知乎搭建专属专题，邀请网友说出自己年度字词背后的故事。快手、微视为活动设置标签页，鼓励网友用短视频的方式记录和分享字词，提供更为鲜活、真实的声音。方正字库为活动提供字体，用经典书法书写年度字词，呈现汉字之美、汉语之魂。第三，揭晓仪式邀请电影《我和我的祖国》主创人员傅若清、张一白、杜江与中央民族大学教授蒙曼接受深度访谈（图5-1），分享"我和我的祖国"之间的故事，让我和祖国的关系可看、可听、可感。

图 5-1 "汉语盘点 2019"揭晓仪式深度访谈

在各家媒体、机构的共同努力下,本次活动的话题热度空前高涨,总关注量超过 3.5 亿,微博、腾讯新闻、微视、知乎等关于"汉语盘点 2019"的话题纷纷入选话题推荐,登上热搜榜单。

以下为"汉语盘点 2019"年度字词候选名单:

国内字(前 5 名):爱、稳、融、创、减

国内词(前 5 名):我和我的祖国、5G、学习强国、硬核、我太南了

国际字(前 5 名):难、脱、火、芯、霸

国际词(前 5 名):巴黎圣母院、区块链、贸易摩擦、黑洞照片、脱欧

二 字词:镌刻国民记忆,书写时代变迁

2019 年的中国,稳步发展,喜迎盛事。七十华诞,我和我的祖国并肩前行,分享荣光;国庆阅兵,"东风快递"硬核亮相,展现实力。从简单相加到紧密相融,"融"是提升发展质量的创新之路;从花团锦簇到删繁就简,"减"是激活社会活力的明智之选。5G 时代,链接未来,唯有创新才能领跑;革新思想,聚合文化,唯有学习才能强国。面对生活的重压,"我太南了"让困难瞬间消解;面对美好的未来,"爱"的内涵在 2019 迭代升华。

2019 年的世界,风云多变,波澜起伏。危机不断,分歧难免,全球形势难上加难。规则废弛,脱欧久拖不决;贸易摩擦,霸凌时有发生。巴黎圣母院容

颜损毁，"遥远的哭声"让人心碎；亚马孙森林遭遇大火，"地球之肺"烧痛人类。仰望星空，黑洞照片揭开宇宙面纱；直面挑战，"中国芯"实现科技突围；应用落地，区块链引领未来发展。

（一）国内字：稳

2019世界多变，波澜起伏，旋涡中的中国从容应对，稳就业、稳金融、稳外贸、稳外资、稳投资、稳预期，任尔东西南北风，我自岿然不动。处变不惊、稳中求进才能更好地应对挑战。稳健，是百年未有之大变局中，中国的坚守与答案。

（二）国内词：我和我的祖国

2019，一首《我和我的祖国》唱响在祖国的大江南北，一部《我和我的祖国》讲述了个人与国家的息息相关。在新中国七十华诞之际，每个人都在用自己的方式讲述着"我和我的祖国"的故事，民众与国家，由此分享共同的荣光。

（三）国际字：难

各国因战略关切、贸易摩擦、武器采购、防务费用等产生种种分歧，让全球范围内的双边关系、多边关系和地区形势难上加难。全球性的结构调整，由现在寻找一个美好的未来，并不容易。

（四）国际词：贸易摩擦

全球范围内的贸易摩擦并不是简单的贸易顺差与逆差的争夺，而是各国国家利益的博弈。古语云：和为贵。贸易摩擦中求同存异的思路应是解决争端的正确轨道。

三 盘点：给时代以记忆，给记忆以温度

在日本、韩国、马来西亚、德国、中国台湾等国家和地区，年度汉字和年度词汇评选活动一直在火热进行。在"汉语盘点"活动的带动下，各个领域、各家机构也纷纷用字词盘点过去的一年。人们用这种凝练、鲜活的方式记录着社会的变迁，给时代以记忆，给记忆以温度。

（一）日本："令"传递美好期盼

12月12日，"2019年日本年度汉字"揭晓，新年号"令和"中的"令"字脱颖而出，以3.427万票当选。除了在年号中的寓意外，"令"也意味着出色、优秀，还代表着2019年的法"令"改正、避难指"令"等。可以说，"令"反映了日本人对和谐美好时代的向往与期盼。

（二）马来西亚："骗"总结国家病情

在"2019马来西亚年度汉字评选"中，"骗"字一路遥遥领先，最终当选年度汉字。汉文化中心主席及工委会主席吴恒灿认为，这是全体人民为国家把脉诊断后总结出来的"病情"。"骗"字看起来负面，但也有正面意义：早些发现出了什么问题，才能对症下药，让国家健康发展。

（三）中国台湾："乱"道尽民众担忧

12月6日，"台湾2019代表字大选"票选结果公布，"乱"字继2008年后再度当选。十二年一个轮回，台湾至今仍未走出"经济衰退、社会混乱、人民苦闷"的怪圈。"乱"道出了台湾民众对现状的不满和对未来的担忧。"乱"字推荐人、导演李安希望，终有一天"乱"能变为"和"，大家从紧绷的状态中松懈下来，彼此尊重，共同生活。

资料来源：《选出来了，2019海峡两岸年度汉字是"困"》，腾讯网，2019年12月13日，https://new.qq.com/omn/20191213/20191213A0S0FY00.html。

图5-2　2019海峡两岸年度汉字"困"

（四）海峡两岸："困"孕育通达变局

"2019海峡两岸年度汉字评选"12月13日在台北揭晓，"困"字以103万票当选（图5-2）。据活动主办方的解读，"困"字的当选具有风向标的意义：一方面，"困"折射了两岸关系目前存在的诸多困难；但另一方面，"困"也孕育了未来的通达变局，只要"困而不失其所亨"，坚守正道，困难只是暂时的，两岸关系终能走出困局，有一个柳暗花明的新开始。

（五）韩国："共命之鸟"直戳社会痛点

《教授新闻》12月15日对外宣布，由全国1046名大学教授举荐并投票选出的韩国年度成语为"共命之鸟"。这是佛经中出现的一种鸟，一身两头，其中一个头出于嫉妒心理，想要服毒杀死对方，结果也害死了自己。"共命之鸟"反映了韩国政坛的争斗和社会的矛盾，直戳痛点。

（六）德国："尊严养老金"关系国计民生

德国语言协会公布了"2019年德国年度词汇"评选结果，"尊严养老金"（Respektrente）位列榜首。德国目前有近一半退休人员的退休金低于当年的贫困线。对此，德国政府正在计划实施基本养老金制度，为贫困人士提供保障。

全球多家词典和语言机构也纷纷推出了2019年的年度词语。《牛津词典》公布2019年度词语为"气候紧急状态"（climate emergency），《柯林斯词典》评选的年度词语为"气候罢工"（climate strike），而《剑桥词典》选择了"循环升级"（upcycling）。这几个词都与气候变化有关。《韦氏词典》公布的2019年度词汇为"他们/她们"（they）。其搜索量比2018年增加了313%，反映出它用于指称非二元性别的新用法。商务印书馆《英语世界》杂志社举办了"2019年度翻译热词盘点"活动，评选出十大翻译热词：不忘初心、硬核、女排精神、996、网红经济、我太南了、柠檬精（我酸了）、垃圾分类、杠精、我命由我不由天。网友对这些词的翻译方式展开了热烈的争论和探讨，这也从侧面反映了2019年的社会焦点。语文教育、人力资源等领域也通过评选关键词的方式，回顾过去，展望未来。

岁末盘点之所以成为一种文化现象，主要是出于人们对梳理过往、留住时光的需要。选择用字词的形态，是因为它们凝聚着鲜活的记忆和个性的表达，承载着每一个人在过去一年的挣扎与迷茫、梦想与希望。而当这些记忆与过往浓缩为一字一词，就已经超越了个人的层面，成为一个国家、一个民族的时代印记。正是在这样年复一年的盘点中，经验得以积累，历史得以延伸，文化得以传承。

（曹　婉）

2019，新词语里的社会关注点

2019年度新词语真实反映了这一年中国出现的新事物、新概念、新状况，以及社会发展的状况、人们心理发生的变化。其中，"十大新词语"作为"汉语盘点2019"活动的重要组成部分，于2019年12月16日由国家语言资源监测与研究中心[①]、商务印书馆等多家机构联合发布，受到广泛关注。

一　十大新词语

夜经济、5G元年、极限施压、止暴制乱、接诉即办、夸夸群、基层减负年、冰墩墩/雪容融、杀猪盘、乡字号/土字号

这十大新词语串联起了本年度经济社会发展中的一系列热点事件。

（一）夜经济：中国经济新兴活力源

"夜经济"是指从当日18时至次日凌晨所发生的，以当地居民、工作人群、游客为消费主体，以购物、餐饮、娱乐、休闲等服务消费为主要形式的经济活动。它创造了更多的就业岗位，带来了更好的产业发展机会，是城市消费的"新蓝海"，为当前经济发展注入了新动能，被称为"中国经济新兴活力源"。

（二）5G元年：数字经济新引擎

2019年6月6日，中国移动、中国联通、中国电信三大运营商和中国广电获颁5G牌照。此后约5个月的时间里，8.6万座基站开始发射5G信号，20款5G手机终端入网测试，5G产业链进一步成熟。11月1日，三大运营商5G套餐正式启用，5G开始真正走进人们的生活。2019年，是当之无愧的"5G元年"，

---

① 该中心的国家语言监测语料库包括9家主流报纸，20家电台、电视台的节目转写文本，以及新浪网、腾讯网、搜狐网、人民网等4家网站。2019年的语料共计165.3万个文本，近23.5亿字次，由有声媒体中心提取完成。

开启"数字经济新引擎"。

（三）极限施压：并非解决问题之道

极限施压意为施加最高限度的压力，指中美贸易战以来，美国通过加征关税等方式对我国施加压力，进行贸易霸凌。中美贸易问题应在平等和相互尊重的基础上妥善解决。运用极限施压的手段，只会加剧贸易摩擦，无助于问题的解决。

（四）止暴制乱：是当时最紧迫的任务

2019年下半年以来，香港的局势日益严峻并一直持续。国家主席习近平在出席金砖国家领导人第十一次会晤时明确指出，止暴制乱、恢复秩序是香港当前最紧迫的任务。这既清晰宣示了中央政府对香港局势的基本立场和坚定态度，也为当时香港工作指明了方向和路径。

（五）接诉即办：畅通服务"最后一公里"

为促进基层民生服务、畅通服务群众的"最后一公里"，北京市推出"接诉即办"，即以12345市民服务热线为主渠道的群众诉求快速响应机制，此举大大提高了为民办事的效率，真正回应群众的诉求，提升了群众的幸福感和获得感。

（六）夸夸群：一种新兴的社交模式

所谓"夸夸群"是指一种以"全方位地用华丽的辞藻疯狂地夸奖吹捧"为主要内容的微信群，群成员可以享受到"夸人服务"，获得各种花式的称赞。这既是一种新兴的社交模式，也反映当今部分网民的一种情感需要，迅速引爆了网络上的互夸以及电商平台的"夸人服务"。支持者认为，赞美的话是正能量，能让人增加信心，减轻压力；反对者则称，夸张的互相吹捧，会让人盲目自信，甚至迷失自我。

（七）基层减负年：体现了党中央的坚定决心

2019年作为"基层减负年"，旨在贯彻落实习近平总书记重要指示批示精神，解决一些困扰基层的形式主义问题，切实为基层减负，激励广大干部担当作为、不懈奋斗。这表明了党中央坚定不移全面从严治党、持之以恒狠抓作风建设的坚定决心。

（八）冰墩墩/雪容融：北京冬残奥会的吉祥物

2019年9月17日，北京2022年冬奥会和冬残奥会吉祥物正式亮相。"冰墩墩"意喻敦厚、健康、活泼、可爱，象征着冬奥会运动员强壮的身体、坚忍的意志和鼓舞人心的奥林匹克精神。"雪容融"中的"雪"，象征洁白、美丽，是冰雪运动的特点；"容"，意喻包容、宽容、交流互鉴；"融"，意喻融合、温暖、相知相融，"容融"，表达了世界文明交流互鉴、和谐发展的理念。

（九）杀猪盘：需要警惕的新型诈骗

这是一种网络诈骗方式，诈骗分子以交友为手段获取被害人信任后，伺机将其拉入博彩理财等骗局，骗取受害人钱财。不同于其他骗局的"短、平、快"，杀猪盘的特点是放长线，这个过程犹如把猪养肥后再宰杀，故称。

（十）乡字号/土字号：乡村产业振兴新动能

2019年6月，国务院在《关于促进乡村产业振兴的指导意见》中明确提出，要实施农业品牌提升行动，引导企业与农户等共创企业品牌，培育一批"土字号""乡字号"产品品牌。作为特色品牌的"乡字号/土字号"，为乡村产业振兴注入了新动能，为城乡融合发展开辟了新通道。

二 新词语中的社会热点纵览

2019年，中国经济稳中向好，信息技术取得重大进步，但同时仍需积极面对困难、勇于战胜困难。凡此种种都为年度新词语所记录，留存在我们的记忆中。

（一）5G商用：从元年驶向一个时代

5G商用，无疑是2019年最令人振奋的。虽然才是元年，但形形色色的"5G＋"已经迫不及待地绽露新芽，跃跃欲试地努力生长。6月25日，中国移动表示将全面实施"5G＋"计划，建设覆盖全国、技术先进、品质优良的5G精品网络①。而在稍早的2018年12月，中央广播电视总台联合中国电信、中国移动、中国联通和华为公司共同建设首个基于5G技术，结合4K、8K、VR的国家级媒体平台。此外，还有5G＋AICDE、5G＋4K、5G＋4G、5G＋Ecology、5G＋8K、5G＋VR/AR/MR、5G＋汽车、5G＋医疗等，不一而足。

有学者在"人民论坛"撰文指出，5G、云计算、大数据、物联网、人工智能等新技术的迅猛发展，催生出全程媒体、全息媒体、全员媒体、全效媒体，重塑着媒体格局、舆论生态、传播方式，赋予了媒体新的时代内涵和发展空间。②

2019年11月20—23日以"5G改变世界，5G创造未来"为主题的首届世界5G大会在北京举行，向人们描述了5G为社会和生活带来的改变，5G时代正向我们徐徐走来。

（二）"村播"带货："小屏幕"撬起大产业

为实现"乡村振兴"，国务院6月份出台了《关于促进乡村产业振兴的指导意见》，鼓励地方培育"乡字号""土字号"。而在这之前的4月，阿里巴巴在国家级贫困县砀山县正式启动了"村播计划"，培育农民主播；4月10日，淘宝大学为当地200多位"村播"进行免费培训，帮助新手了解淘宝直播技能技巧，"村播计划"在各地陆续落地，"直播带货"。之后，"村播计划"入选中国网络社会组织联合会发布的2019网络扶贫十大案例，有媒体还将2019年称为"村播元年"，可谓"小屏幕"撬起大产业，仅淘宝平台2019年直播农产品成交就突破60亿元。

目前，"村播"已经覆盖全国31个省、市、自治区的2000多个县域，"嫁接"了直播的电子商务，让农产品销售方式发生变革，成了地方脱贫致富和乡村振兴的助燃剂。

（三）关注民生：快速回应　网络减负

2019年，"我太南了"位列"中国媒体十大流行语"。它的走红，既表达了

---

① 赵莹莹《5G流量单价不高于4G——中国移动发布首批5G手机7月底上市》，《北京晚报》，2019年6月26日第32版。
② 钟轩研《媒体融合是一场不容回避的自我革命》，《人民日报》，2019年4月3日第4版。

对生活困境所产生的焦虑和无力,同时也像一个"解压阀",为处于艰难处境中的人们提供了情绪纾解的出口。正因为如此,2019 年度新词语也体现了对基层民生服务和减轻基层负担问题的关注。

关注基层民生服务,北京市政府推出了以 12345 市民服务热线为主渠道的群众诉求快速响应机制——接诉即办,以推动各级党委政府对群众诉求"闻风而动、接诉即办",快速响应、快速办理、快速反馈,做到"秒批即办"。这一机制带来的影响不仅发生在拨打 12345 市民热线服务电话之后,基层工作人员也会在反馈前主动发现问题,让未经热线电话派单的难题直接进入处理环节,实现"未诉先办",升级城市治理。

上海市将其"一网通办"APP 正式命名为"随申办市民云",新增的三字"随申办"中"申"代指上海,"随申办"取"随身办"谐音,寓意用户只需要掏出手机,就能随时随地办理各类事务。多地也相继推出了"一码关联""一码通乘""一市一照""一业一证""一证通考"等多项便民举措,以及跨区域政府服务带给群众的"无感漫游"。

与此同时,整治清理已呈泛滥之势的手机 APP,减轻"指尖负担"也是有关部门需要直面的民生问题;而整治政务新媒体账号过多、向"指尖上的形式主义"开刀的"网络减负",也成为基层减负的重要内容,据报道,截至 2019 年底,仅长沙一地就关闭政务新媒体账号 1249 个。①

(四)××自由:是调侃还是衡量贫富的标准

2019 年春节前,一篇题为《26 岁,月薪一万,吃不起车厘子》的文章爆红网络,"车厘子自由"成了人们衡量财富多寡的标准,着实让人始料不及。《新京报》评论道:有无"车厘子自由",对扶贫箭头指向没有参考价值,只能说明,很多人的中高端消费需求正日趋旺盛,这只是"整体性消费升级背景下的傲娇型哭穷"②。

2019 年 5 月,有媒体报道部分地区和城市"白糖罂"荔枝价格高达 60 元一斤,网友表示吃不起,"荔枝自由"立时登上了微博热搜榜。网友们就此开始了新一轮的造句活动:"有些人表面风风光光,背地里却连一斤荔枝都吃不起。"

---

① 夏振彬《"网络减负"要减到深处》,《广州日报》,2020 年 1 月 15 日 A5 版。
② 佘宗明《"车厘子自由"背后,不是真"贫穷"》,《新京报》,2019 年 2 月 1 日 A03 版。

也有人在网上晒出自己大口吃荔枝的照片，引来一波羡慕，被赞真"荔志"①。

随后，"小龙虾自由""香椿自由""奶茶自由""外卖自由"……各种"××自由"层出不穷。清博大数据评论道，在网民评论、转发、制作表情包的二次创作过程中，当达到某个临界点时，"××自由"真正的现实诉求被淡化，水果到底何时能降价退居其次，人们共有的恶搞、有趣等情感点被触发②。

针对这类情况，《北京日报》客户端发文将之定义为"贩卖焦虑"，进而在文末指出，"谁的青春不奔忙，谁的生活不艰辛，对于读者来说，与其在一篇爆款文中找安慰，不如脚踏实地过好当下的生活。毕竟，信谁都不能得永生"③。

（五）饭圈女孩：守护全世界最好的"阿中哥"

2019年，"饭圈女孩"正式"出圈"走入大众视野，不仅登上了微博热搜，还上了央视的《新闻联播》。

上半年，香港特区政府拟推动修订《逃犯条例》和《刑事事宜相互法律协助条例》（简称"修例"）。6月，有示威者发起了"反修例"游行。随后，反对派和一些激进势力借和平集会之名发动各种激进抗议活动，并屡屡升级演变为暴力示威。

在这场由修例风波引发的持续暴力示威中，香港警察承受了巨大的压力。8月，不少中国艺人发声支持香港警察，高喊"香港是中国的一部分"，争做国旗"护旗手"；各路明星的"饭圈女孩"自发集结成了数量庞大的"网络远征军"，用特有的"饭圈文化"，在海外社交媒体上向发表"港独"言论的人开战。

饭圈女孩和帝吧网友的爱国爱港行动不断冲上微博热搜，他们的行动也得到了《新闻联播》的认可。央视快评道："止暴制乱不仅是广大香港同胞的共同心声，也是14亿中国人的一致心愿。从饭圈女孩到帝吧网友再到广大海外留学生，所有爱国爱港的力量正在汇聚成一股强大的正能量，呵护香港、力挺香港！"这是中国以95后、00后为主的小女生，平时路人看不懂她们的许多言行，但不久前她们倒是做了一件大事：在海外社交媒体怒怼香港"废青"，守护全

---

① 方静《真当这么贵？"荔枝自由"你实现了吗？》，《浙中新报》，2019年5月15日第06版。
② 参见 https://m.sohu.com/a/314679265_114751。
③ 参见 https://new.qq.com/omn/20190202/20190202A04NG7.html。

世界最好的"阿中哥"。

12月27日,观察者网在其官方百家号上发了一篇题为《2019,饭圈女孩很忙》的年终盘点文章,最后写道:2019这一年,"饭圈女孩"书写下了属于她们的故事,不知下一个年度,她们是否能继续"破圈"而生。

这些记录了2019年社会发展新变化的新词语,有些或许只是昙花一现,有些或许会持续影响人们的社会生活。2020年的春天如约而至,只是谁也没有料到,这个春天会以一种让世界震惊的方式到来,新冠病毒肆虐全球,人们迄今仍在同心抗"疫"。而我们,依然会用新词语如实地记录下这一年的潮起潮落,以及人民对美好生活的向往。

(邹 煜、滕永林、程南昌)

2019，流行语里的中国与世界

2019年12月20日，"汉语盘点2019"发布了"2019年度中国媒体十大流行语"，包括综合类、国内时政类、国际时政类、经济类、科技类、文化体育娱乐类、社会生活和民生专题等八类十大流行语。这些流行语是利用语言信息处理技术，结合人工后期处理从国家语言资源监测语料库[①]中提取出来的。

一 综合类十大流行语

我和我的祖国、金色十年、学习强国、中美经贸磋商、最美奋斗者、硬核、垃圾分类、先行示范区、基层减负年、我太南了

（一）我和我的祖国

2019年是新中国的七十华诞，歌曲《我和我的祖国》在大江南北、大洋彼岸唱响，人们用深情的歌声向祖国倾诉；电影《我和我的祖国》用镜头记录了那些鲜活的人物与祖国同成长共前进的一个个瞬间，讲述了平凡人不平凡的家国情怀。中宣部等多部门联合开展的"我和我的祖国"作品征集活动，得到广大群众的热烈响应。这一年，每个人都在用自己的方式讲述着"我和我的祖国"的故事，充满着对祖国的眷恋与祝福，折射着祖国风雨兼程、砥砺前行的70年。

---

① 国家语言监测语料库包括报纸、广播、电视、门户网站等语料。2018年度流行语提取的语料包括（按照音序排列）：《北京青年报》《北京日报》《北京晚报》《法制日报》《光明日报》《华西都市报》《今晚报》《南方都市报》《钱江晚报》《齐鲁晚报》《人民日报》《深圳特区报》《新京报》《新民晚报》《羊城晚报》《中国青年报》等16家报纸；中央电视台、安徽电视台、湖北电视台、黑龙江电视台等10家电视台；中央人民广播电台、北京人民广播电台、天津人民广播电台、江苏人民广播电台、湖南人民广播电台、河北人民广播电台、云南人民广播电台、山东人民广播电台等15家广播电台，以及新浪、腾讯的新闻网页。

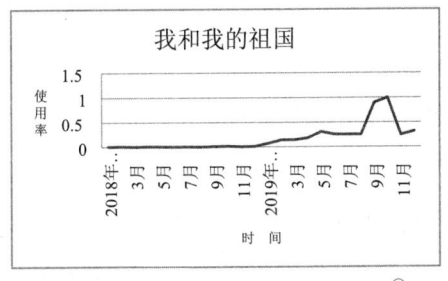
图 5-3 "我和我的祖国"使用情况[①]

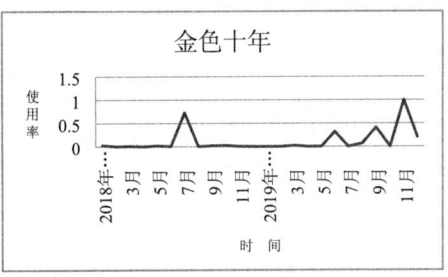
图 5-4 "金色十年"使用情况

（二）金色十年

金色十年，指"金砖"国家携手走过第一个十年，初步显现金砖发展与合作的"金色效应"。2009年6月中国、巴西、俄罗斯、印度四国领导人在俄罗斯举行首次正式会晤；2019年10月，中国、巴西、俄罗斯、印度、南非五国领导人在巴西圣保罗举行第十一次会晤。这十年，金砖国家在重大国际和地区问题上共同发声，成为全球治理体系中的重要力量和世界经济增长的重要引擎。未来，金砖国家将继续携手共进，打造更富活力的第二个"金色十年"。

（三）学习强国

"学习强国"是2019年1月1日上线、中宣部主管的一个学习平台，它融合了传统媒体与新媒体的特点，集声视图文为一体，内容涵盖政治理论、人文社科、自然科学、文化艺术、科学普及等丰富的系统性知识与时事资讯，是人民群众学习、宣传习近平新时代中国特色社会主义思想，系统学习科学文化知识的移动平台，为推动学习大国的建设提供了土壤、原料。

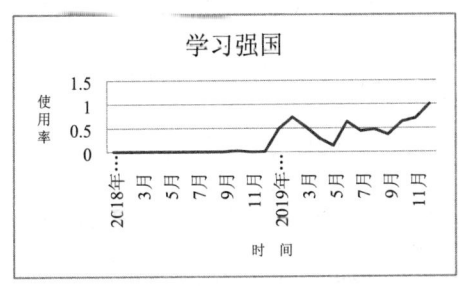
图 5-5 "学习强国"使用情况

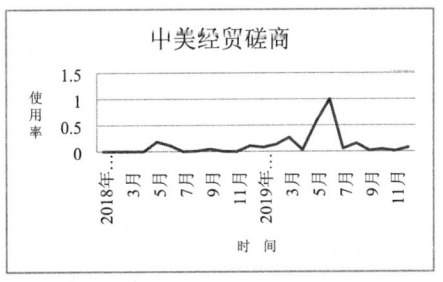
图 5-6 "中美经贸磋商"使用情况

[①] 图中的统计数据均为2018至2019年。

（四）中美经贸磋商

又称"中美经贸高级别磋商"。2018至2019年期间，中美共进行十三轮高级别经贸磋商，就共同关心的经贸问题进行讨论，以减少分歧，达成共识。2018年7月6日，美国正式对第一批征税清单中价值340亿美元的中国输美商品加征25%关税，拉开贸易摩擦序幕。面对两国的争端，中国始终坚持通过对话协商解决争议的基本立场，与美国开展多轮经贸磋商，努力稳定双边经贸关系。中美通过对话磋商达成互利双赢的协议，符合中美两国人民根本利益，也顺应世界各国期待。

（五）最美奋斗者

在庆祝中华人民共和国成立70周年之际，中宣部、中组部等部门开展了"最美奋斗者"的评选表彰和学习宣传活动。张富清等278名个人、西安交通大学"西迁人"爱国奋斗先进群体等22个集体被授予"最美奋斗者"称号。这些受表彰的个人和集体，是新中国成立70年来各个时期的先进分子、各行各业的杰出代表。每位"最美奋斗者"背后，都有一段精彩鲜活、富有说服力的故事，以小见大地诠释了爱国奋斗的伟大精神，揭示了新中国筚路蓝缕、艰苦卓绝的奋斗历程。

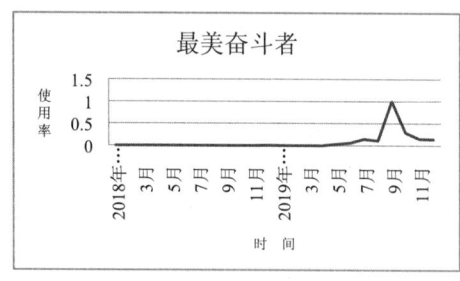

图5-7 "最美奋斗者"使用情况

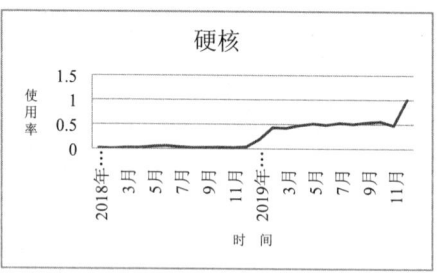

图5-8 "硬核"使用情况

（六）硬核

硬核，译自英语"Hardcore"，最早源自音乐圈，指一种节奏强劲、充满爆发力的说唱音乐形式。之后逐渐被用来形容那些具有较高水平、较高起点的事物，如"硬核科普""硬核游戏"等；也用来形容对某一事情专精又狂热的人，如"硬核玩家"。近年来，其含义和使用范围进一步扩大，衍生出很厉害、与众不同、具有积极力量的意思,如"硬核人生""硬核年会""硬核规定"等等。

(七)垃圾分类

2019年6月,《住房和城乡建设部等部门关于在全国地级及以上城市全面开展生活垃圾分类工作的通知》正式印发;7月1日起,号称"史上最严"的《上海生活垃圾管理条例》正式实施,其实施过程引起全社会的关注与热议。11月15日,住房和城乡建设部发布了《生活垃圾分类标志》标准。垃圾分类是一个具象缩影,投射出的是国家对循环经济发展、生态文明建设的谋篇布局,是新中国成立七十周年来环境保护、可持续发展、生态文明建设的鲜活映现。

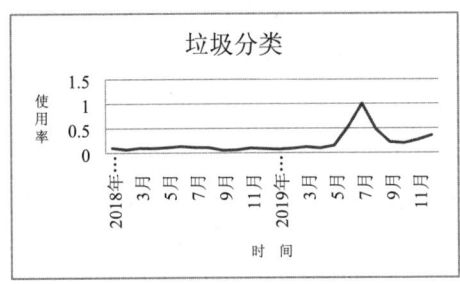

图5-9 "垃圾分类"使用情况

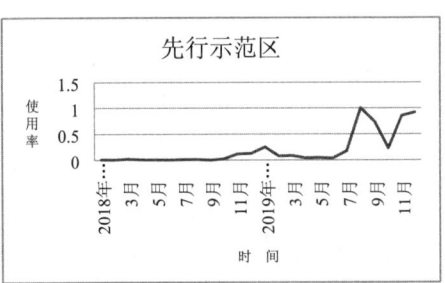

图5-10 "先行示范区"使用情况

(八)先行示范区

2019年8月18日,《中共中央国务院关于支持深圳建设中国特色社会主义先行示范区的意见》(以下简称《意见》)正式发布,再次赋予深圳以特殊使命,明确了深圳先行示范区作为高质量发展高地、法治城市示范、城市文明典范、民生幸福标杆、可持续发展先锋的战略定位。建设中国特色社会主义先行示范区,有利于在更高起点、更高层次、更高目标上推进改革开放;有利于更好地实施粤港澳大湾区战略,丰富"一国两制"事业发展新实践;有利于率先探索全面建设社会主义现代化强国新路径,为实现中华民族伟大复兴的中国梦提供有力支撑。

(九)基层减负年

2019年3月,中共中央办公厅印发了《关于解决形式主义突出问题为基层减负的通知》,将2019年作为"基层减负年"。"基层减负年"一经提出,就得到了各地政府的积极响应。开会时间减少,迎检流程更为高效,微信工作群、政务APP等瘦身显著。

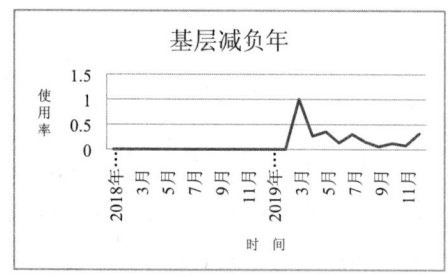

图 5-11 "基层减负年"使用情况

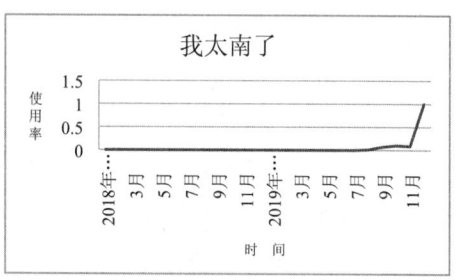

图 5-12 "我太南了"使用情况

(十)我太南了

"我太南了",是由"我太难了"发展演变而来,目前这两种说法使用都很广泛。这一流行语最先来自视频网站"快手"上的一个热门短视频,主播眉头紧锁,痛苦地说:"我太难了,老铁,最近我压力很大……"发自内心的表达引起了众多网友的共鸣,"我太难了"开始走红网络,尤其是利用谐音创作出的"我太南了"及衍生出的各种表情包,更是引发社交媒体的传播热潮。"我太难/南了"的走红,既表达了当代人对于生活、工作压力所产生的焦虑;而"难"变"南"也体现了自我解压的一种诙谐,折射出当下以青年人为代表的网民群体的生活态度。

二 专题分类流行语

(一)国内时政类

新中国成立七十周年、国庆阅兵、五四运动100周年、止暴治乱、北京世园会、制度建设、融合发展、"好差评"制度、我们都是追梦人、主题教育

2019年是新中国成立70周年,70年风雨兼程,中国人民和中华民族迎来了从站起来、富起来到强起来的伟大飞跃;2019年也是五四运动100周年,百年潮正阔,逐梦新征程,奋斗是青春最亮丽的底色。国庆阅兵,彰显新时代中国军人新风貌,展现国防和军队建设新成就。制度建设,对症国家制度和国家治理问题,是守初心担使命的保障。向历史问道、向时代取经、与自我对话,

主题教育显实效。融合发展是时代所向、大势所趋，顺应融合发展趋势，是当下面临的一项紧迫课题。做好服务是本分，服务不好是失职，政务服务"好差评"制度为评判政府各部门工作亮出标尺。共谋绿色生活，共建美丽家园，北京世园会吸引了世界人民的目光。大千世界总有不和谐音，香港饱受暴乱之苦，香港是中国的香港，止暴制乱、恢复秩序成了广大香港市民这年中共同而迫切的心声。2019年，我们都在努力奔跑，我们都是追梦人。

（二）国际时政类

亚洲文明对话大会、中俄建交70周年、"历久弥坚金不换"、极限施压、美俄"退约"、拖欧"希腊入群"、文明互鉴、巴黎圣母院大火、禁飞波音737

2019年，国际社会云谲波诡。美国政府频繁挥舞制裁和关税大棒，对其他国家"极限施压"；美俄"退约"，《中导条约》失效；英国脱欧陷入僵局，脱欧变为"拖欧"；巴黎圣母院大火，令世界各国人民为之悲恸；埃航、狮航空难举世震惊，多国禁飞波音737系列机型。无论多少灾难，和平与发展仍然是当今时代的主题，亚洲文明对话大会立足亚洲、面向世界，回应"时代之问"，为推动构建人类命运共同体凝聚"文明力量"；中希两大文明古国秉持文明互鉴，让古老智慧照鉴人类文明未来之路；中俄两国迎来中俄建交70周年，两国将并肩携手，驶向更加广阔的航道；中朝两国70年来情谊深厚，新时代续写中朝传统友谊新篇章，"历久弥坚金不换"；"16＋1"迎来新成员，"希腊入群"为中国－中东欧合作机制和世界经济增长提供重要支撑。

（三）经济类

区块链、华为、夜间经济、直播带货、科创板上市、沪伦通、数字货币、5G商用牌照、实体清单、中华人民共和国外商投资法

2019年，我国经济的发展方式更加多样。直播带货成为连接人、货、场的新方式，拓展了消费新场景；"夜间经济"悄然兴起，成为拉动经济的"新引擎"。区块链技术降低了信用和交易成本，有助于生产效率和生产力的提升；科创板上市有利于完善多层次资本市场体系；5G商用牌照的发放，进一步推动5G网络建设。各国央行掀起数字货币研究浪潮；沪伦通正式落地，实现了中国与欧洲市场的首次直接连通；《中华人民共和国外商投资法》表决通过，充分展

现了我国扩大对外开放的决心和信心,而美国商务部将 28 家中国地方政府机构和中国企业列入"实体清单"实施经济制裁,严重损害中国的利益;华为也在实体清单之列,自主创新让华为得以生存。

(四)科技类

黑洞照片、"双龙探极"、京张高铁、海上发射、抗癌新药、月背软着陆、"量子霸权"、鸿蒙、第三代杂交水稻、高分七号卫星

2019 年科技高速发展。我国首次海上发射取得成功;"嫦娥四号"更实现了人类探测器首次月背软着陆,开启了人类月球探测的新篇章;"高分七号卫星"成功发射,标志着我国跨入 1∶1 万比例尺航天测绘新时期;首张黑洞照片面世,再次验证了爱因斯坦的广义相对论对黑洞预言的正确性。"双龙探极"为中国极地科考构建了新格局,中国极地科考正式进入双"雪龙"时代;京张高铁进入运行试验阶段,时间将缩短至 1 小时内。华为推出鸿蒙系统,率先将多平台、跨平台部署的理念变为现实;谷歌声称首次实现"量子霸权",展示了人类突破计算机处理极限的前景。中国药企百济神州自主研发的抗癌新药"泽布替尼",获得美国食品药品监督管理局(FDA)批准,实现中国原研新药出海"零"的突破;第三代杂交水稻首次公开测产,它将推动我国水稻向更加优质、高产、绿色和可持续方向发展。

(五)文化体育娱乐类

军运会、良渚古城遗址成功申遗、"冰墩墩""雪容融"、《流浪地球》、"双万计划"、"双师型教师"、"敦煌女儿"、女排十一连胜、夸夸群、14 亿护旗手

2019 年,第七届军运会在武汉成功举办,中国女排十一连胜,再夺世界杯冠军,为共和国 70 华诞献上最好的贺礼。2022 年冬奥会吉祥物"冰墩墩""雪容融",诠释了科技梦想与文化情怀,实现了中国文化与奥林匹克精神的完美结合。旨在培育一流人才的"双万计划"顺利推行,"双师型"教师正成为职业教育领域的刚需。良渚古城遗址成功申遗,古城为中华五千多年文明史提供了最完整、最重要的考古学物证;我心归处是敦煌,"敦煌女儿"樊锦诗的"莫高精神"令人动容。在香港暴徒丧心病狂之时,14 亿护旗手纷纷报到,为五星红旗保驾护航。《流浪地球》树立了中国科幻电影的里程碑,而风靡一时的"夸夸群"成为当代青年缓解紧张工作生活的芳香调味剂。

(六)社会生活类

"盘他"、规范地名、携号转网、同心共筑中国梦、国家勋章、"996"、哭诉维权、猪肉价格、新职业、融媒体

2019年,携号转网正式推行,提升了通信行业的服务质量;规范地名节约城市管理成本,让地名成为人们的心灵图腾;新职业大量涌现,映射着我国正处于创新、创业新时代,社会发展将迎来新的动力与活力;融媒体应运而生,实现了资源通融、内容兼融、宣传互融、利益共融。新中国成立七十周年,首次颁授国家勋章,这体现的是国家态度,这些美好的社会生活正是"中华民族一家亲、同心共筑中国梦"的最好展现。"盘他"一词从专门领域进入百姓生活,可"盘"喜爱之物,也可"盘"烦心之情;"996"的工作制,着实让许多年轻人感叹不已;猪肉价格大幅上涨、哭诉维权反映了社会中的种种问题,我们不仅要面对,更要积极地去解决。

(七)民生专题

"两不愁三保障"、消费扶贫、接诉即办、疫苗管理法、体育强国、健康中国、婴幼儿照护服务、大兴机场启用、全国通办、候补购票

2019年,史上最严疫苗管理法的正式施行,无疑是人民健康幸福生活的重要保障;而建设体育强国、迈向健康中国2030,更需要人民的共同努力;接诉即办是以民为本的时代表达,促进婴幼儿照护服务发展的指导意见,就是对坚持以人民为中心的发展思想的具体阐释。北京大兴机场启用,不仅是京津冀地区协同发展战略的关键一环,更开启了向世界展示中国现代城市的又一扇"大门";出入境证件"全国通办",为公民出入境办理提供了极大便利;铁路候补购票服务,则缓解了旅客抢票难购票难的问题。消费扶贫,是社会力量参与脱贫攻坚的重要途径;"两不愁三保障"更是为贫困人口的自身能力开发、贫困区域的社会资源开发及可持续发展奠定了坚实基础。

多姿多彩的年度流行语,为我们描绘出2019年的中国与世界,也以其特有的方式记录下2019年的中国与世界。

(杨尔弘、陆天荧、崔 悦、方雪至)

2019，网络用语中的草根百态

网络用语因其幽默风趣的语言风格和紧扣社会热点的内容特点，受到人们的普遍喜爱，接受度、使用度和传播度都很高。透过网络用语，我们不仅可以追踪语言自身的发展和变化，也能感知语言现象背后的社会生活，领略其背后的草根百态。国家语言资源监测与研究中心基于网络媒体监测语料库，利用中文信息处理技术对年度网络流行语的使用情况进行了量化分析，并向社会发布2019年"十大网络用语"。

一 十大网络用语

不忘初心、道路千万条，安全第一条、柠檬精、好嗨哟、是个狼人、雨女无瓜、硬核、996、14亿护旗手、断舍离

（一）不忘初心

该词语的意思是不忘记最初的心愿。习近平总书记在党的十九大报告中庄严宣告："中国共产党人的初心和使命，就是为中国人民谋幸福，为中华民族谋复兴。"其实，每个人都有一颗初心的种子，都应当寻找初心、牢记初心、保持初心，为实现个人的小目标努力奋斗，为构筑共同的中国梦添砖加瓦。该词的使用度如图5-13所示，从2019年年中开始一直维持着较高的使用频率。

（二）道路千万条，安全第一条

众所周知，它源于春节档期上映的科幻电影《流浪地球》中反复使用的一句台词，后被多地交警作为交通安全的宣传用语。网友仿照该句式创造出多个版本的"××千万条，××第一条"，使这一电影台词得到了更广泛的使用和传播。该词的使用度如图5-14所示，在2019年2月达到顶峰后迅速衰减。

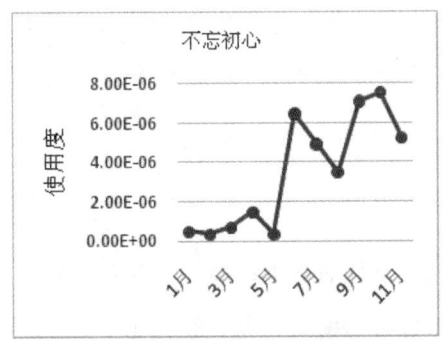
图 5-13 "不忘初心"使用情况①

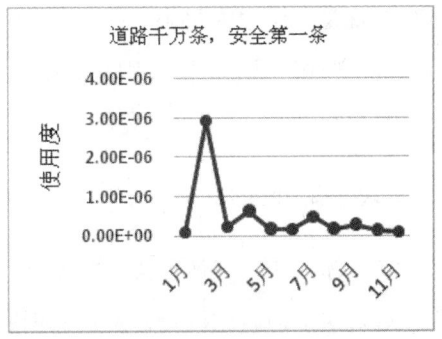
图 5-14 "道路千万条,安全第一条"使用情况

(三)柠檬精

这个词语的字面意思是柠檬成精,指那些喜欢酸别人、嫉妒别人的人,现多被网友用于自嘲,表达对他人从外在到内在、从物质生活到情感生活的多重羡慕。该词的使用度如图 5-15 所示,主要集中在 2019 年下半年。

(四)好嗨哟

它源于同名网络歌曲,经短视频达人的改编,并配以十分魔性的表演,增加了歌曲的趣味性,引来许多网友争相模仿,在遇到高兴或兴奋的事儿时,就可以配上一句"好嗨哟"。该词的使用度如图 5-16 所示,2019 年年初和年底均较高。

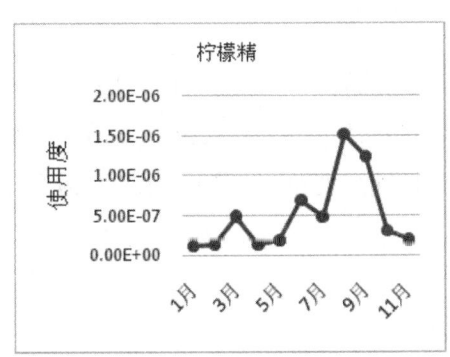
图 5-15 "柠檬精"使用情况

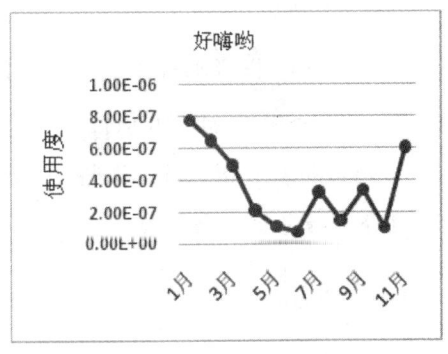
图 5-16 "好嗨哟"使用情况

(五)是个狼人

这个词语由"是个狠人"演变而来。"狼"比"狠"字多一点,因此该词语

---

① 纵轴是使用度,用科学计数法表示。

的意思就是：比狠人再狠"一点"，通常用来表示对他人做事方法和做事能力的惊讶、佩服。该词的使用度如图5-17所示，2019年年初达到高峰，之后呈现较大的波动。

（六）雨女无瓜

它实际上是"与你无关"的谐音，是一种普通话不标准、带有方言腔的表达。随着这个词语的流行，网友们创造了各种"雨女无瓜"的表情包，用于聊天儿时回怼或调侃别人，逗趣感十足。该词使用度如图5-18所示，高峰主要出现在2019年下半年。

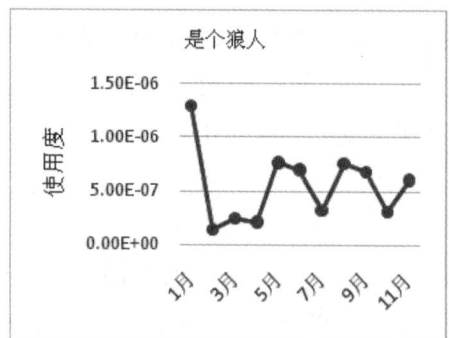 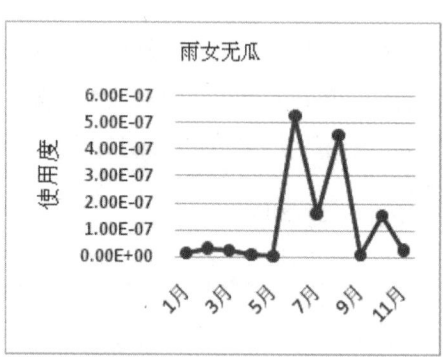

图5-17 "是个狼人"使用情况　　图5-18 "雨女无瓜"使用情况

（七）硬核

该词语最早指说唱音乐的一种形式，后引申为"核心部分、中坚分子"，有厉害、霸气之义。如"硬核技术"就是指很关键、很核心的技术，说某人"很硬核"可以指对方很强硬、很彪悍。该词的使用度如图5-19所示，2019年上半年和下半年各有一个高峰。

（八）996

这个数字词指从早上9点到晚上9点，一周工作6天的工作时间制度，代表着中国互联网企业盛行的加班文化。但崇尚奋斗、崇尚劳动不等于强制加班，苦干是奋斗，巧干也是奋斗；延长工时是奋斗，提高效率也是奋斗。该词的使用度如图5-20所示，2019年4月前后有一个高峰，之后在年底再次出现高峰。

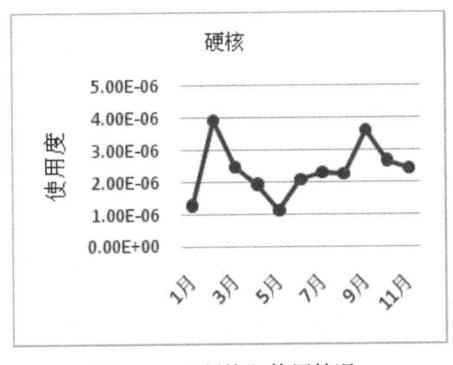
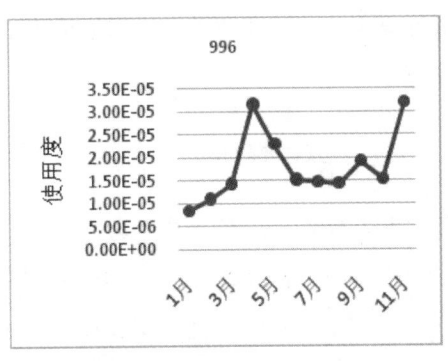

图 5-19 "硬核"使用情况　　　　图 5-20 "996"使用情况

(九) 14 亿护旗手

面对有暴徒在香港把国旗丢进海中的违法行径,央视新闻当天发布微博话题"五星红旗有 14 亿护旗手"并置顶,网友们纷纷留言、刷屏转发,表达热爱祖国、护卫国旗的真挚感情。该词使用度如图 5-21 所示,高峰集中在 2019 年 8 月前后。

(十) 断舍离

它指的是当下流行的一种生活态度,意思是把那些不必需、不合适、过时的东西统统断绝、舍弃,并切断对它们的眷恋,"断舍离"之后才能过简单清爽的生活。该词使用度如图 5-22 所示,2019 年年初和年底都比较高。

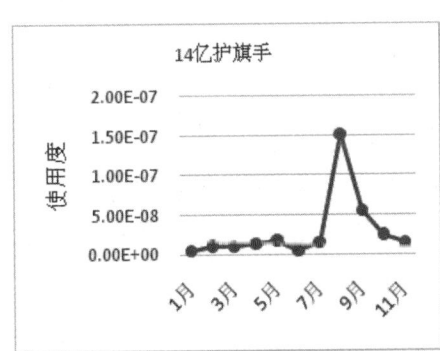
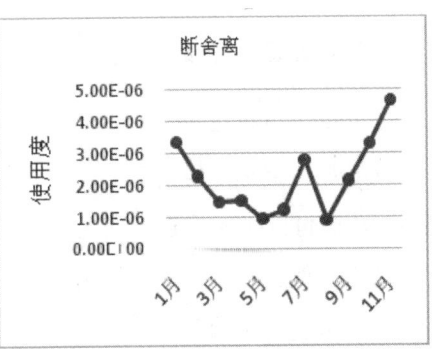

图 5-21 "14 亿护旗手"使用情况　　　　图 5-22 "断舍离"使用情况

二　网络流行语背后的百姓生活

网络流行语形成的原因是多种多样的,其背后的推动力是网民丰富多彩的社会生活，呈现的是年度网络语言生活中的草根百态。以下分成六类做简单介绍。

（一）家国情怀

不忘初心、14亿护旗手、我和我的祖国

这类词语表达的是广大网民的爱国情怀和奋斗热情。"不忘初心"来源于习近平总书记在党的十九大报告中的庄严宣告，我们只有不忘初心、努力奋斗，才能实现自己的人生目标，才能为实现中国梦添砖加瓦。家是最小国，国是千万家，家国情怀扎根于每一个中国人的内心深处。当面对暴徒将国旗扔到海里的丑行，央视新闻发布微博话题点赞"14亿护旗手"，引发网友们的刷屏转发。在祖国最需要的时候，"14亿护旗手"挺身而出、团结一致，高唱"我和我的祖国，一刻也不能分割"，坚决捍卫国旗的尊严。

硬核、"道路千万条，安全第一条"

"硬核"有核心、中坚之意。2019年是新中国成立七十周年，我国在"硬核"科技领域喜讯频传，完成了一件又一件重大科技创新，提升了国家的科技实力。"道路千万条，安全第一条"是春节大片《流浪地球》里的一句台词，因交管部门的顺势借用而引发全社会的造句热潮，眼下这一句式常常被用作宣传用语，在各种民生场合屡屡出镜。

（二）青春、态度

小哥哥、小姐姐

网友们经常称呼年纪不大、充满青春活力的男生、女生为"小哥哥""小姐姐"，这样可以迅速拉近人们之间的交际距离，因此在年轻人甚至在更大范围广为使用，似有取代"美女""帅哥"这一对称呼的趋势。

断舍离、××自由

这类词语表达了年轻人的一种生活态度和对更好生活的向往。"断舍离"是很多人推崇的一种简单清爽的生活态度：把那些不必需、不合适、过时的东西统统断绝、舍弃；最早开始使用的"车厘子自由""奶茶自由"，指的是可以随心所欲地购买车厘子、奶茶等的一种生活状态；后来仿拟的"口红自由""旅游自由"，甚至"买房自由"等，更体现了网民对更好生活的向往。

(三)追剧、追星

我命由我不由天、品如的衣服、啥是佩奇

这类词语多源于网民所追的影视剧。"我命由我不由天"是电影《哪吒之魔童降世》中的台词,网友借这句话鼓励自己不向命运低头屈服;"品如的衣服"源于电视剧《回家的诱惑》,通常表达"你怎么这么秀"的意思;"啥是佩奇"源于电影《小猪佩奇过大年》的先导片,片中爷爷与孙子的感人故事击中无数网友的感情神经,一时间"啥是佩奇"成了中国式亲情的代名词。

我不要你觉得,我要我觉得

这是某明星在一档综艺节目中的言论,立马引发了网友们的热议,一些网友喜欢用这句话来表达对自己的看法、观点等的一种坚定态度。

(四)花样造词

9102年、996、OMG、awsl

这类词语是网民利用非汉字的数字、字母新造的。"OMG"!都"9102年"了,你还没看过网上很火的卖口红直播吗?"OMG"是英语"Oh, My God"的缩写,其实很早就开始使用了,最近被某网络主播在卖口红直播时频繁使用,来表示很惊讶,进而再度流行;"9102年"是把2019年倒过来说,用夸张的说法来表示与现实远远脱节,或是某种调侃;"996"传达的是以中国互联网企业为代表的加班文化,从早上9点到晚上9点,一周工作6天;"awsl"则是"啊我死了"的汉语拼音首字母缩写,用来表达在看到某个事物时的激动心情。

是个狼人、我太难(南)了

这类词语源于网民利用错别字的创造。"是个狼人"指比"狠人"再多一点儿,用来表达对他人做事方法和做事能力的惊叹和佩服。先是有网友夸张地表达"我太难了",随后一些人巧妙地用麻将中的"南"替换了"难",将"我太难了"这一词语的画风,从抱怨转变成"我太南了"的戏谑和调侃,成为网民宣泄情绪、舒缓压力的风趣表达方式。

雨女无瓜、鸡你太美

这类词语多源于网民利用发音不准形成的谐音来造词。"雨女无瓜"即是

"与你无关"的谐音,用于回怼或调侃别人,在网络聊天儿中常常配以各种逗趣的表情包来使用;"鸡你太美"是"只因你太美"的谐音,是一首网络歌曲中的歌词,只因发音不清而被网友模仿吐槽。

(五)自嘲、吐槽、自嗨

柠檬精、酸菜鱼

这一类词多被网友用于自嘲,表达对他人从外貌到内在、从物质生活到情感生活的多重羡慕。看见周围的人能说会道、长得好看且物质条件还好,网友们难免羡慕,从而自嘲是"柠檬精"或"酸菜鱼"。

"咱也不知道,咱也不敢问"、光想青年、五花八门

这一组词语多用于对某人或事物的吐槽。"咱也不知道"为啥这个包包这么贵,"咱也不敢问",其实就是在说这个包包真贵,以一种明知故问且卖萌的方式来调侃价格承受不了;"光想青年"指的是想得多却干得少、有理想但没行动的一类年轻人,在大学生中可能就有少数"光想青年",他们平时并不努力,光想着平常不用吃苦,期末能轻松应考、过关,一到期末可能就得过"五花八门"的生活,即花五天时间复习八门功课。

好嗨哟

它来源于同名网络歌曲,经过网络达人改编并配上十分魔性的表演,引来众多模仿。网民经常用"好嗨哟,感觉人生已经达到了巅峰",来表达自己处在一种很嗨很兴奋的状态。

(六)其他

盘他、隔壁小孩儿馋哭了、你是什么垃圾

"盘他"原指通过反复把玩、摩擦,使文玩表面更加光滑有质感,后引申为对事物非常喜爱,捧在手里反复盘弄;或者与他人争执时,戏弄、针对某人。不管什么东西裹上鸡蛋液,撒上面包糠,炸至金黄,都能让"隔壁小孩儿馋哭了",这是一种很有趣的调侃。2019年7月上海市出台垃圾分类政策,小区垃圾分类员经常会问丢垃圾的人:你(丢的)是什么垃圾?于是乎"你是什么垃圾",就成了特定语境下对"史上最严"垃圾分类要求的一种调侃。

2019年流行的网络用语反映了这一年来的社会生活图景：有对国计民生的关注，也有对生活娱乐的追求；有对社会现象的热议、吐槽，也有对自己的打趣、自嘲，无不描绘出生动鲜活的草根百态，对我们理解网络用语以及背后的语言生态具有重要的价值。

（李　波、何婷婷、范　瑞、周文继）

"5G元年"话5G

2019年6月，我国正式发放5G牌照，几大通信运营商获准经营"第五代数字蜂窝移动通信业务"，这标志着中国通信行业开始进入了5G时代，2019年也因此被称为"5G元年"。语言反映时代，在2019年年底的"汉语盘点"中，"5G元年"也毫无疑问地入选年度十大新词语。

一 5G引擎轰鸣 社会反响强烈

在2019年全国"两会"期间，新闻中心首次实现5G信号全覆盖，一时间，5G成了备受关注的热点话题：工信部部长苗圩在"部长通道"中，被问及"5G牌照何时发放"；全国政协委员、中国联通研究院院长张云勇带来三个与5G相关的提案，包括推进5G网络共建共享及终端快速普及、推动5G应用生态发展的建议，以及加快5G商用步伐的建议；小米创始人雷军提出《关于布局5G应用、推动物联网创新发展的建议》，认为"5G是数字经济新引擎"；联想集团董事长杨元庆表示：5G对数字经济的发展有直接的促进作用，能够有效激发产业创造力，传统行业要充分利用5G带来的市场机遇，推动智能化改造，创造出更多的"效率红利"。

据人民网舆论与公共政策研究中心统计，仅在2月25日至3月1日，以"5G""全国两会"为关键词的新闻报道有1515篇、微信推送1706篇、APP推送643篇、论坛66篇，平均每天有786篇文章在网络上发表并传播（见下表5-1）。

表5-1 各网络平台以"5G""全国两会"为关键词的文章数

平台	新闻网站/APP	微信	论坛	其余APP	总计
文章数	1515	1706	66	643	3930

网友们也纷纷发声，有的大胆猜想有的理性分析有的自我吐槽……不一而足，如新浪微博网友"@蓝烟海不仅仅会卖衣服"说："今年是5G元年，短视

频和直播将大爆发……";"@石超云":"2019，5G元年，2020，5G手机元年，5G带给你的不止网速那么简单，它将带动生产力的整体爆炸式增长，不要错过😊。";"@14岁的未希":"5G元年，想要3000价位买个媲美旗舰的机型，怕是很难了……"。

尽管直到2019年，"5G元年"才正式开启，但早在十年前，人们就已经开始关注5G。下图5-23是以"5G"为关键词的搜索指数，它反映了网民对5G的关注程度及持续变化情况。图中可以看出，早在2011年，就有网民开始以"5G"为关键词进行搜索，但关注程度较低，搜索指数不足10000，但在随后的十年间，人们对5G的关注度在持续增加，进入2019年，"5G"为关键词的搜索指数峰值频频出现，日平均搜索指数达10000；而在6月6日，"5G"的搜索指数达到最高的35114，因为在这一天我国正式发放了5G牌照，"5G"瞬间成为最热的社会话题。

对"5G"的关注时间，新闻媒体与网民是一致的。图5-24是以"5G"为关键词的媒体指数，它反映了百度在各大互联网媒体报道中收录的、以"5G"为关键词的新闻报道数量。从图中可以看出，自2011年，便有媒体开始以"5G"为关键词进行新闻报道，但总体数量不多，均低于1000篇。进入2019年，开始突破1000篇，"两会"期间达到第一个峰值H点，有4124篇关于"5G"的新闻报道，这与人民网在两会期间的统计是一致的，可见"5G"不仅是"两会"热点，更是社会热点；在10月底，"5G"相关的报道数达到最高9792篇，"5G元年"当之无愧。

图5-25是以"5G"为关键词的资讯指数，它反映了网民对"5G"相关资讯的阅读、评论、转发、点赞、不喜欢等行为的状态。指数越高表示关注"5G"相关资讯的受众越多。从图中可以看出，自2017年起，"5G"才开始脱离小众，走入大众视野。"5G"资讯受众人数的增多，为5G建设奠定了基础，也为"5G元年"的到来做好了准备。与搜索指数、媒体指数一致，资讯指数的峰值也出现在2019年。可见，5G引擎轰鸣，助推社会科技之光的大步前行。

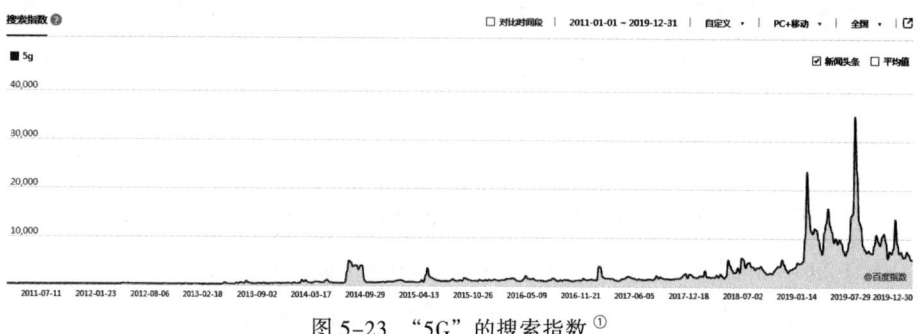

图 5-23 "5G"的搜索指数①

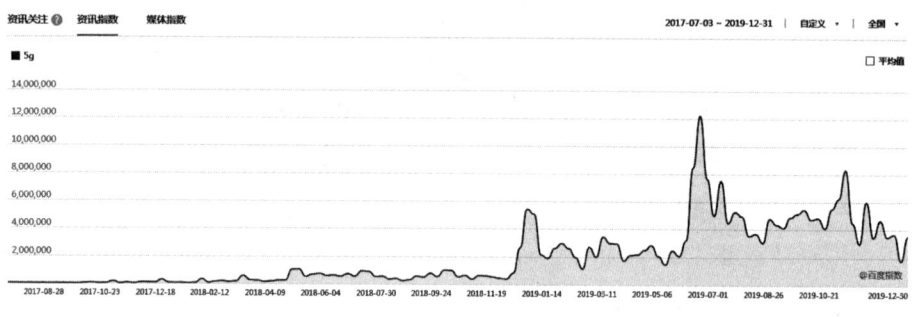

图 5-24 "5G"的媒体指数②

图 5-25 "5G"的资讯指数③

二 5G 融铸产业 助推万物互联

5G，是第五代移动通信技术（5th generation mobile networks）的简称。回望过去，1G 的时候，我们虽然拿着大哥大，却只能进行语音通话；2G 到来的

---

① 参见百度指数，https://index.baidu.com/。
② 参见百度指数，https://index.baidu.com/。
③ 参见百度指数，https://index.baidu.com/。

时候，增加了短信功能；进入 3G 时代，手机获得了上网功能；4G 的时候，我们可以进行高质量的视频通话。如今，跨入 5G 元年，手机将会更加智能，数据传输速度将会更快。

5G 对手机的提升仅仅是"5G 元年"的标志之一，正如全国政协委员张云勇在接受媒体访谈时所说："如果 4G 是改变人们的生活，5G 则是改变产业、改变社会。"[①] 5G 对社会的影响是方方面面的。通过统计 2019 年《人民日报》《中国青年报》《北京青年报》《北京晚报》等 16 家主流报纸媒体，以及新浪网、广播电视篇名含"5G"的文章，分别得到报纸有 4659 篇、新浪网有 22223 篇、广播电视有 2216 篇。将这些文章进行关键词提取处理，选取词频前 20 的关键词，得到表 5-2。

表 5-2 2019 年报纸、广电、网络（新浪）语料中篇名含"5G"的文章关键词前 20

	报纸的 5G 文章关键词	广电的 5G 文章关键词	网络的 5G 文章关键词
1	技术	网络	网络
2	网络	应用	手机
3	应用	技术	技术
4	发展	建设	商用
5	产业	发展	中国
6	建设	产业	应用
7	智能	实现	建设
8	手机	创新	运营商
9	商用	移动	表示
10	创新	体验	发展
11	实现	商用	标题
12	时代	智能	设备
13	人工智能	手机	全球
14	中国	覆盖	时代
15	领域	基站	市场
16	科技	城市	产业
17	企业	服务	基站
18	基站	场景	移动
19	互联网	视频	智能
20	移动	打造	行业

从表中可以看出，除"手机"以外，5G 文章的高频关键词还有"网络、产

---

① 林秀敏、张云勇《5G 网络比 4G 更快 但不会更贵》，《经济日报》、中国经济网，2019 年 3 月 7 日，http://www.ce.cn/culture/gd/201903/07/t20190307_31635095.shtml。

业、建设、应用、创新、技术、智能、商用、移动、基站"等,这些关键词有的指向 5G 建设本身,有的指向 5G 技术的拓展领域。为了更直观地探析 5G 的本质,我们将上述文章的关键词做成词云图(见图 5-26、图 5-27、图 5-28),从图中可以看出,5G 对人工智能有重要的影响,而人工智能本身就进入到各行各业,可以预见,未来 5G 将以人工智能的形式融入各行各业,助推万物互联。

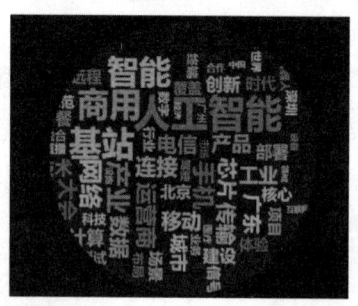

图 5-26 报纸的 5G 关键词词云图

图 5-27 广电的 5G 关键词词云图　　图 5-28 网络的 5G 关键词词云图

　　语言的形式也会蕴含内容。2016 年"互联网+"入选年度十大流行语,也指出了互联网发展的新业态,表示"互联网+各个传统行业";模仿这一形式,2019"5G 元年"也出现了形形色色的"5G+",用来表示 5G 发展的新业态,本质也是"5G+各行各业"。我们以"5G+"为关键词,在上述语料中进行检索,得到以下使用频次较高的词串:5G+AICDE①、5G+4K、5G+4G、5G+Ecology、5G+8K、5G+VR/AR/MR、5G+汽车、5G+无人机、5G+直播、5G+医疗、5G+智慧教育、5G+智慧城市、5G+交通、5G+物联网、5G+制造、5G+旅游、5G+公交、5G+军事训练、5G+全息交互分享……在这些行业或科技中,5G 扮演着助推器的角色,既提高了未来科技的性能和速度,又推动了

---

① AICDE 是人工智能(AI)、物联网(IoT)、云计算(Cloud Computing)、大数据(Big Data)、边缘计算(Edge Computing)的缩写。

行业本身的进步,带来了效率红利,正如全国政协委员孙太利所说,5G牵动着每个人、每个家庭、每个组织等,它将实现万物互联,催生科技变革、效率变革、动力变革,带来劳动力变革[①]。

三 5G元年初开 皆因奋斗而来

人们对高性能移动网络的追求推动了移动通信技术的更新迭代。5G元年的到来,都是我们撸起袖子、用双手努力奋斗而来。在中国知网(CNKI)上,以"5G"为主题词进行检索,共检索到35433篇相关论文。从图5-29中可以看出,1980年"5G"便进入了学者们的研究视野,一直受到学界的关注;2019年是"5G"发文量增速最快、数量最多的一年。可见,学者们的长久关注和钻研,加速了5G元年的到来。

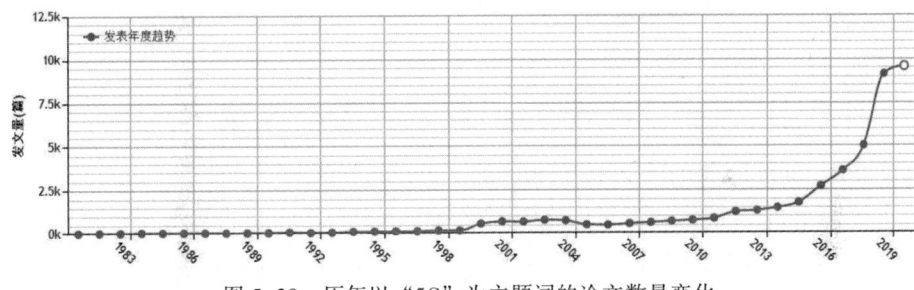

图5-29 历年以"5G"为主题词的论文数量变化

自2013年开始,工信部、发改委与科技部成立了IMT-2020(5G)推进组,我国便开始推动5G技术的研发与交流。之后的五年间,陆续推出相关政策促进5G的快速发展,如2015年《中国制造2025》提出要全面突破第五代移动通信技术,2016年《国家信息化发展战略纲要》要求2020年5G技术研发和标准取得突破性进展,2016年《智能制造工程实施指南(2016—2020年)》要求初步建成ipv6和4G/5G等新一代信息技术与工业融合的实验网络,2016年《"十三五"国家信息化规划》提出加快推进5G技术研究和产业化,适时启动5G商用,积极拓展5G业务应用领域。2017年《信息通信行业发展规划(2016—2020年)》提出支持5G标准研究和技术实验,推进5G频谱规划,促进5G商用;2017年

---

① IPTVOTT.【聚焦】2019两会5G提案最全汇总!搜狐网,2019年3月7日,http://www.sohu.com/a/299750341_488163。

《政府工作报告》要求加快5G技术研发和转化，做大产业集群。2018年《政府工作报告》要求推动5G产业发展；2018年《扩大和升级信息消费三年行动计划（2018—2020年）》要求加快5G标准研究、技术实验，推进5G规模组网建设及应用示范工程，确保5G商用。2019年全国26个省份将5G列为发展重点，同年工信部发放5G牌照。5G元年的到来看似只是一瞬间，但其背后有着数十年的努力。

而对于普通大众来说，在5G元年，更多的是想知道5G何时能够使用、如何使用、使用效果如何。据艾瑞咨询的《2019年5G行业研究报告》显示，76.6%的用户希望在2021年之前用上5G网络，[①]对于5G的认知，57.2%的用户比较了解或非常了解5G，87.1%的用户认为5G将会为生活带来较大或很大的影响。

5G元年的到来，正是为了美好生活而不懈奋斗的体现，5G的背后是共产党人的初心，是我们党不懈的追求。

四　5G改变世界　5G创造未来

5G技术给人们生活带来的影响究竟有多大？我们可以设想这样一个场景："清晨，智能音箱叫醒你，同时通过采集智能床垫的数据，感知你在床上翻身的次数比较多，有可能昨晚睡得不是太好，然后便指挥咖啡机，自动给泡了一杯咖啡。在你喝完咖啡，吃完早餐后，又主动帮你预约了一台无人驾驶汽车，并帮你规划好一条最不拥堵的道路，到达办公室后，你利用虚拟现实技术召开了一个远程会议。"[②]5G技术能够将这一切变成现实。

5G元年已经到来，5G已不再只是概念，中国对5G技术的研发，已经进入了全球领先梯队。习近平主席在圣彼得堡国际经济论坛上讲道："中方愿同各国分享包括5G技术在内的最新科研成果。"在谈及网络强国之路怎么走时，习近平主席强调："互联网核心技术是我们最大的'命门'，核心技术受制于人是我们最大的隐患。"而5G技术的研发，既能让国内亿万消费者共享5G发展成果，

---

①　艾瑞咨询《未来已来——2019年5G行业研究报告》，艾瑞网，2020年1月2日，http://report.iresearch.cn/report_pdf.aspx?id=3512。

②　《漫谈两会中的5G》，搜狐网，2019年3月7日，http://www.sohu.com/a/299750341_488163。

也是外资企业参与中国5G市场、分享中国发展成果的机会，进而共同致力于将科技造就的美好生活赋予全世界所有人。①

2019年11月20—23日，以"5G改变世界，5G创造未来"为主题的首届世界5G大会在北京召开，向世界描述了5G为社会和生活带来的改变。5G＋8K的直播、转播的速度更快，画面更清晰；"5G智慧医院"让远程手术、远程会诊、远程超声、应急救援等医疗手段更加全面、精准，人们足不出户便可寻遍天下名医；"5G安防机器人"可以精准地判定态势、勘察环境，给人们营造更加安全的生活环境。大会期间，发布了《北京市5G产业发展白皮书（2019年）》《5G＋时代新型基础设施建设白皮书》《5G V2X应用场景白皮书》《以终端为中心的5G安全体系》等一系列白皮书，为5G的发展建言献策。

有专家曾断言，5G会掀起第四次工业革命。5G元年虽已到来，但仅仅是个开端，它预示着现阶段我国5G技术的领先水平。如何面对5G即将带给社会和生活的改变，才是5G元年真正让我们思考的。让5G从元年变成一个时代，不是一朝一夕的事情，但需要一朝一夕的努力与奋斗，正如习近平总书记所说："只争朝夕，不负韶华"，唯有抓住并发展5G的核心技术，才能迎来科技强国的崭新时代！

（邱哲文、邹　煜）

---

① 余建斌《5G，打开巨大发展空间》，《人民日报》，2019年6月14日第9版。

第六部分

港澳台篇

澳门回归后的语言生活

澳门是一个典型的多语社会，被誉为"语言博物馆"，[①] 有人把它概括为"两字（繁体字和简体字）三文（中文、葡文和英文）四语（普通话、汉语粤方言、英语和葡萄牙语）"。[②] 回归二十年来，澳门依靠祖国支持，凭借"一国两制"政策优势，社会繁荣稳定，居民安居乐业，语言生活呈现"多语共存、和而不同"[③] 的特点。下面以二十年来澳门语言生活的重要文献和人口普查中的数据为基础，梳理澳门语言生活这二十年来的变化和发展。

一 国家通用语言不断普及

澳门特区政府每十年在 1 结尾的年份开展人口普查，在 6 结尾的年份开展中期人口统计。从 1991 年开始，两类调查均收集澳门居民在家中使用的日常用语和能够流利使用的语言这两类数据，并在澳门统计暨普查局网上公开结果。最近一次调查是 2016 年的中期人口统计，距 1999 年回归年最近的调查是 2001 年的人口普查。比较这两次调查的结果，我们发现国家通用语言——普通话在澳门的使用人口大幅增长。以普通话为日常用语人口比例从 2001 年的 1.6% 到 2016 年的 5.5%，增长两倍多；能流利使用普通话的人口从 2001 年的 25.4% 到 2016 年的 50.4%，增长近一倍。

除了政府组织的调查外，学者们还对普通话在澳门的使用开展了多项调查。其中规模较大的是 2011 年开展的"澳门普通话使用情况调查"。[④] 该调查主要针对学生群体，也包含部分公众，调查项目较政府的调查更丰富。调查结果发现，

[①] 曾薇、刘上扶《澳门的多语现象与语言政策》，《东南亚纵横》，2010 年第 1 期，103—107 页。

[②] 程祥徽《澳门是社会语言学研究的富矿》，人民网，2019-5-5, http://m.people.cn/n4/2019/0505/c57-12661836.html。

[③] 徐大明《"多语共存，和而不同"的中国语言战略》，载徐杰、周荐主编《澳门语言研究三十年》，澳门大学，2012 年第 2 期，12 页。

[④] 苏金智等《澳门普通话使用情况调查》，《中国语言生活状况报告（2013）》，2013 年，303—309 页。

澳门本地学生和公众普通话学习的最主要途径是学校教学。普通话在澳门各种场合使用中占有一定地位，但是在正式场合，尤其是政府部门还有提高空间。[1] 回归之初，程祥徽根据人口普查的结果曾发现双语结构中普通话的组合能力最强，超过汉语粤方言。[2] 国家通用语言——普通话在澳门得以推广主要是澳门居民将其作为第二语言习得，普通话的推广不仅没压缩其他语言的生存空间，还可以提升澳门居民的双语或多语能力，这也是普通话在澳门可以与其他语言和谐共存的原因之一。

二 居民多语能力日益提高

澳门作为多语社会，不仅体现为社会多语，也体现在个人多语上。根据2001年人口普查和2006年中期人口统计，澳门会说两种及以上语言（含方言）的民众比例从2001年的44.2%上升至2006年的53.9%。由于2006年之后的人口普查和中期人口统计结果并未列出多语能力的相关数据，我们只能再据其他调查推测居民多语能力发展的趋势。2011年"澳门普通话使用情况调查"结果显示，大中学生一般能使用两种到四种语言或方言，少数人能说五种语言或方言。公众场合调查中，超过80%的人能用两种或两种以上的语言或方言与人交谈。总体来看，澳门居民的多语能力日渐提高。

澳门居民的多语能力与政府的语言政策有关。回归前澳葡政府就推行葡语加汉语的"个人双语政策"；[3] 临近回归，汉语逐步取得官方语言的地位，葡语不再一语独尊，同时，随着社会对英语的需求增长，使用英语的人数也增长[4]。近年来，政府采用奖励计划鼓励居民提高语言能力。比如从2017年开始的"人才培养考证激励计划"中就包括语言能力测试奖励，参加汉语水平考试、葡萄牙语等级考试、英语雅思、托业等考试达到指定水平的澳门居民可获现金奖励。[5]

---

[1] 吴平、何永安《澳门公务员普通话使用情况调查分析》，《河北大学学报（哲学社会科学版）》，2017年第2期，42页。

[2] 程祥徽《新世纪的澳门语言策略》，《语言文字应用》，2003年第1期，19—26页。

[3] 同上。

[4] 黄翊《澳门语言状况与语言规则研究》，北京语言大学博士论文，2005年。张桂菊《澳门语言状况与语言政策》，《语言文字应用》，2010年第3期，43—51页。曾薇、刘上扶《澳门的多语现象与语言政策》，《东南亚纵横》，2010年第1期，103—107页。

[5] 参考澳门特别行政区人才发展委员会"人才培养考证激励计划"章程，网址：https://www2.scdt.gov.mo/zh-hant/project/ttp4/regulation。

澳门居民的多语能力也与学校教学语言有关。从幼儿到大学教育，在校学生有机会接触和学习中、英、葡多种语言。澳门非高等教育（幼儿教育、小学教育、中学教育）主要有中文学校、英文学校和葡文学校三类。1999年澳门中文学校有113所，英文学校有9所，葡文学校有5所，①到2019年，中文学校有67所，英文学校15所，葡文学校4所。②随着澳门日趋国际化，英文学校数量显著增加，远远超过葡文学校。中文学校数量下降主要是因为学龄人数的减少③，但仍居三类学校首位。

澳门的高等教育可分为以英语和汉语为主要教学语言的两类高校，④中文高校又包括以汉语粤方言和普通话授课两类，以粤方言授课是主流，但也不乏普通话授课比例很高的学校，如本地规模最大的综合型大学澳门科技大学。⑤多语教学是澳门居民发展多语能力的重要途径。

三 "两字三文四语"和谐并存

澳门"两字三文四语"中有本地特色的语言资源包括中文繁体字、葡文葡语和汉语粤方言。

由于历史原因，澳门长期通行繁体字。据有关学者研究，澳门回归后，内地对澳门语言使用的影响主要体现在简体字使用的增加，澳门与内地交界的关闸地区出现了较多简体字，主要出自手写的民间告示。近年来的调查进一步发现，澳门氹仔娱乐场中的正规广告招牌也出现了不少繁简混用现象，甚至完全用简体字。⑥程祥徽曾提出港澳地区对待简体字的态度可以是"繁简由之"⑦，澳门民间的语言景观也反映了澳门居民对简体字较为包容的心态。

葡语是澳门的官方语言之一，是行政、立法、司法用语，全澳地名、路牌均有葡语名称，公交车也有葡语报站。但葡语在澳门的使用人口并不多；家中使用的日常用语为葡语的人口比例2001年为0.7%，到2016年也保持这一比例；

---

① 张桂菊《澳门回归后"三文四语"教育现状研究》，《比较教育研究》，2009年第11期，13—16页。
② 2019年数据由笔者在澳门教育暨青年局澳门学校数据查询系统中查到，该系统网址为：https://portal.dsej.gov.mo/webdsejspace/addon/allmain/msgfunc/Msg_funclink_page.jsp?msg_id=8301&langsel=C&。
③ 张桂菊《澳门回归后"三文四语"教育现状研究》，《比较教育研究》，2009年第11期，13—16页。
④ 汤翠兰《澳门高等院校教学媒介语》，《中国语言生活状况报告（2015）》，2015年，309—311页。
⑤ 林洁《高校语言管理研究：多语主义与国际化》，澳门大学博士学位论文，2018。
⑥ 张媛媛、张斌华《语言景观中的澳门多语状况》，《语言文字应用》，2016年第1期，45—54页。
⑦ 程祥徽《繁简由之与港澳用字》，《澳门教育、历史与文化论文集》，《学术研究》杂志社，1997年。

能流利使用葡语的人口比例在降低,从 2001 年的 3.0% 降至 2016 年的 2.3%,但因人口总数在增长,实际能够流利使用葡语的人口数量有小幅增加。

相关研究指出,回归前后葡语在澳门年轻人心目中的地位价值和亲和力均低于英语。①2019 年调查显示,澳门年轻人对葡语的评价正在变高,葡语的价值地位或社会经济地位方面的评价均超过英语,获得了大幅提升。②配合"一带一路"倡议,为了加强与葡语国家建立关系,国家把澳门作为"中国与葡语国家商贸合作服务平台",这一新的定位为近年来葡语在澳门的推广注入了新动力。澳门正在成为中国乃至亚洲学习葡语、培养葡语人才的基地。近年来,葡语教育在澳门的教育领域的所占比重逐渐增加。这些原因综合在一起提升了葡语在新一代年轻人心目中的地位。

本地大部分居民都会说粤方言,但澳门粤方言在语音、词汇方面与广州、香港的粤方言有细微差别,③具有本地特色。作为《中国方言文化典藏》的第一本成果,《澳门方言文化典藏图册》④图文并茂地诠释了用本地方言表达的具有本地特色的文化现象,是澳门语言文化保护工作的成果之一。有学者指出,保存澳门粤方言最有效的办法是用粤方言教中文。⑤澳门特区政府在推广国家通用语的同时,并不强制要求学校用普通话教中文,充分尊重本地用粤方言教学的传统,循序渐进地推广普通话,⑥这为澳门在普通话和本地主流方言的和谐共存方面提供了政策基础。

四 语言规划工作有序开展

澳门的多语和谐共存的语言生活并非自为,与语言规划是分不开的。然而,

---

① Mann, C., & Wong, G. 1999. Issues in language planning and language education: A survey from Macao on its return to Chinese Sovereignty. Language Problems and Language Planning, 23(1), 17-36. Young, M. 2009. Multilingual education in Macao. International Journal of Multilingualism, 6(4), 412-425. Yan, X. 2017b. A Study of Macao Tertiary Students' Language Attitudes after the Handover. Language Awareness, 26(1), 25-40.
② 张璟玮《澳门青年语言态度调查》,《语言战略研究》,2020 年第 1 期,57—68 页。
③ 黄翊《澳门语言状况与语言规则研究》,北京语言大学博士论文,2005 年。罗言发《澳门粤语音系的历史变迁及其成因》,2013 年,北京大学博士学位论文。
④ 曹志耘、王莉宁、邵朝阳《澳门方言文化典藏图册》,澳门理工学院,2014 年。
⑤ 鄞益奋《澳门语言政策的政策体系析评》,载徐大明主编《中国语言战略》,2019 年第 2 辑,30—36 页,南京大学出版社,2019 年。
⑥ 同上。

澳门实际上并没有一个全面的语言规划机构[1]或官方性质的语言研究机构[2]，回归后澳门的语言规划工作逐渐形成自己的特点。

首先，由政府机构分别承担。澳门行政公职局参与制定、规划和实施澳门特区公共行政语言政策和语言人才政策，澳门高等教育局和教育暨青年局承担语言教育政策部分，文化局承担语言文化政策部分[3]。其次，由民间社团承担。由于历史原因，回归前澳葡政府对华人社会间接管理，以社团作为社会和政府之间的桥梁，实现"社团治理社会"[4]。澳门的社团需向政府注册登记并制定章程，政府批准之后具有独立法人资格，可以向政府或其他机构申请资助。澳门社团在澳门社会中发挥着重要的社会服务和社会管理功能，这一传统延续到回归以后。王铭宇[5]系统总结了截至2016年澳门语文社团的情况，包括回归前成立的澳门中华教育会、澳门语言学会、澳门中国语文学会和澳门中国语言文化学会以及回归后成立的澳门粤方言学会。这些社团开展语言学研究，聚焦语言政策和语言教育问题，是澳门语文生活中颇有影响力的民间组织。在此之后，澳门的语文社团继续发展，比如2017年成立了国际城市语言学会，2019年成立了澳门语言产业协会，分别从城市语言和语言产业的角度为澳门的语言政策出谋划策，自下而上地影响语言政策。

长远来看，澳门可以建设一个全面的语言规划机构，[6]用于协调分散承担语言规划功能的多个政府部门和民间组织的机构。全面的语言规划机构将充分调动政府、民众、企业和学界的力量，以保持和发展澳门目前较为和谐的语言生活状况，应对融入粤港澳大湾区的新机遇和新挑战。

（张璟玮）

---

[1] 王培光《澳门与香港的语言规划》，《澳门语言研究三十年》，2012年，74—83页。
[2] 王铭宇《澳门语文社团》，《中国语言生活状况报告（2016）》，2016年，247—252页。
[3] 鄞益奋《澳门语言政策的政策体系析评》，载徐大明主编《中国语言战略》，2019年第2辑，30—36页，南京大学出版社，2019年。
[4] 刘晓玲《澳葡政府时期"社团治理社会"的成因分析》，《广东省社会主义学院学报》，2016年第4期，78—82页。
[5] 王铭宇《澳门语文社团》，《中国语言生活状况报告》，2016年，247—252页。
[6] 王培光《澳门与香港的语言规划》，《澳门语言研究三十年》，2012年，74—83页。鄞益奋《澳门语言政策的政策体系析评》，载徐大明主编《中国语言战略》，2019年第2辑，南京大学出版社，2019年。

台湾语文生活状况（2019）

2019年，台湾地区语文生活在以下方面的动向值得关注。

一　落实所谓"国家语言发展法"

2019年1月，台湾地区所谓的"国家语言发展法"由台湾当局公布施行。从语言政策角度看，这部所谓的"法律"，将"少数民族语言""客家话""闽南话"和"台湾手语"确定为所谓"国家语言"，提升这些语言或方言的地位，降低了原"国语"在台湾社会的重要性、日常性，相对弱化了原"国语"的地位。台湾当局打着"语言平权"的旗号，本质上是要"去中国化"，值得社会各界警惕。尽管受到岛内外各方面的质疑，台湾当局还是实行系列措施，推进所谓"国家语言发展法"。

（一）发布所谓《"国家语言发展法"施行细则》

7月9日，台湾文化主管部门发布所谓《"国家语言发展法"施行细则》，共计十条，绝大多数条款自发布之日起施行。其要点如下：1.本规定所定之主管机关及目的事业主管机关之权责划分与协调方式。（第二条、第三条）2.所谓的"国家语言发展会议"之召开方式及研议事项。（第四条）3.当局主管机关应定期提出"国家语言"发展报告、建置"国家语言"数据库，及各级机构应配合办理事项。（第五条）4.当局教育主管机关建置及完备面临传承危机"国家语言"之各项教学资源。（第六条）5.各级机构应保障人民参与所谓"行政""立法""司法"程序使用"国家语言"之权益，必要时应提供通译服务。（第七条）6.区域通行语之指定程序。（第八条）7.当局捐助从事传播之财团法人提供各项大众传播服务之考虑及办理方式。（第九条）8.本细则之施行日期。（第十条）[①]

[①] 原文见 https://law.moj.gov.tw/LawClass/LawAll.aspx?pcode=H0170152。

（二）开播闽南话电视台

2019年3月，备受争议的闽南话电视台（即所谓"'台语'电视台"）案，最终在民进党护航下在台立法机构通过预算，并交由台湾公共电视台执行，该案年度经费达新台币4亿元。①

7月1日，经过半年筹备的闽南话电视台正式开播，节目包括新闻、益智、教育和连续剧等，如益智节目《旺来，西瓜，仙拼仙》和电视剧《苦力》。该台将在台湾地区有线电视系统频道14台以及MOD数字系统频道中播出，7月6日在台湾基隆市海洋广场举办开台典礼。②该台是继2003年客家话电视台和2016年少数民族语电视台后，台湾地区新增的又一方言（语言）电视台。但是，电视台的设置对增加方言使用人口的效果并不明显，至多是起到了一个减缓方言消失的效果。有评论认为，既然打着"拯救母语"的旗帜，应该要将资源用在更需要拯救的"母语"，而不是用在台湾还有上千万人听得懂说得好的所谓"台语"。③

（三）修改旅行证件的音译方式

8月9日，为配合所谓的"国家语言发展法"，台湾外事部门修正公布所谓的"'护照'条例施行细则"第14条，将条文中旅行证件外文姓名以"国语"读音逐字音译的规定，修正为以"国家语言"的读音逐字音译。外事部门相关负责人表示，以前旅行证件的外文姓名音译多以"国语"音译为主，现在修正为"国家语言"后，包括闽南话、客家话、少数民族语等语言的逐字音译都可使用，使台湾各族群有同等使用其族群语言的权利。④

（四）启动所谓"国家语言"师资培训

据媒体报道，在台湾当局所谓《"国家语言发展法"施行细则》发布后，台湾教育主管部门相关负责人表示，台湾教育部门已从师资培育大学中挑选了相关系所，规划设置培育"国家语言"师资的课程，这一课程预计两年，学生上完课取得认证，即可投入"国家语言"教学。根据所谓"国家语言发展法"的

---

① 廖士锋《"'台语'电视台"圈粉背后 文化平权还是文化霸权？》，多维新闻，2019年3月4日。
② 林小山《台湾公视"台语"台即将开播 语言政策如何平等》，多维新闻，2019年6月25日。
③ 同上。
④ 侯姿莹《"护照"外文姓名 可用闽南客家原民等语言音译》，"中央通讯社"，2019年8月15日。

规定，台湾教育部门将在三年后将"国家语言"列为部定课程，亦即小学、初中、高中都将"国家语言"列为必修。未来三年内，将培育大量"国家语言"专职师资。该负责人说，台湾所谓"国家语言"主要包括闽南话、客家话和少数民族语三种。以客家话为例，教育部门将在六所客家文化重点培育大学中挑选客家话相关系所，设置为期两年的客家话师资课程，学生完成此一课程取得认证，即可成为客家话的专职老师。①

二 推进所谓"2030 双语'国家'政策发展蓝图"

2018 年 12 月，台湾当局制定所谓"2030 双语'国家'政策发展蓝图"（以下简称"双语蓝图"），宣称其目标是提升台湾竞争力、厚植民众英语力，愿景是到 2030 年把台湾打造成为双语地区（台当局所谓的双语"国家"）。但不少人认为，这是台湾当局"去中国化"的又一个动作。2019 年，台湾相关部门制定一些跟进的政策措施，推进这一所谓"双语蓝图"。

（一）培养全英语教学师资

据媒体报道，台湾教育主管部门 2018 年 11 月颁布《全英语教学师资培育实施计划》，拟实行师资职前培育与教师在职进修等策略，培育中小学以英语教授各学科的专业师资，全面提升台湾教师的英文教学能力。教育部门表示，全英语教学在教师职前培育阶段，首要看重师资生甄选条件、修课规范、教育实习与证书核发等项目，目前已有完整的配套规划。未来教学现场所需师资，应具备英语与学科专业相结合的能力，以期能在教学过程中提升学生接触英语文的机会，增进学生学习英语的兴趣。目前已有 19 所师培大学预定开设培育课程，以培育中小学全英语教学的师资。2019 年至 2022 年（短期）预计可培育 2000 人，2023 年至 2026 年（中期）预计可培育 3000 人，2027 年至 2030 年（长期）预计可培育 5000 人。②

（二）要求当局服务文书双语化

台湾发展事务主管部门从当局服务双语化着手，设定到 2019 年底，当局各

---

① 陈宛茜《培育"国家语言"师资 将设 2 年课程》，《联合报》，2019 年 7 月 15 日。
② 冯靖惠《"教部"培育全英语教学师资 目标 2022 年 2000 人》，《联合报》，2019 年 1 月 30 日。

主管机构1500多项与外国人相关的申请书表、证照证书,要达到至少50%双语化的目标。

10月19日,台湾发展事务主管部门发布新闻稿宣称,至第三季度,当局各主管机构的申请书表、证照双语化比例已达83.25%,其中有13家机构的双语化比例已达100%。该部门预计,2019年底当局所有主管机构均可达成50%双语化的目标,19家机构则可达到全面双语化,整体完成率将达到91.98%。①

(三)开设双语示范银行

为配合推动所谓"双语蓝图",台湾金融主管部门鼓励各银行提升员工英语能力及营造友善双语金融服务环境,并提议各银行设置双语示范分行,提供第一线双语服务柜台及双语金融服务。

12月17日,台湾金融事务主管部门表示,各银行对示范分行的筹备进度不一,经考虑各银行的设置进度、地缘性等因素,因此从各银行择定的示范分行中,选出星展(台湾)银行天母分行、兆丰银行兰雅分行两家示范分行。相关负责人受访时指出,两家分行皆位居外侨学校附近,有较多外籍客户往来,双语金融服务经验丰富,且双语化人力、硬件设施配置妥善,所有第一线柜台皆能提供双语金融服务,从各项服务窗体到环境设施,皆充分展现出友善环境。金融事务主管部门表示,除两家示范分行外,另有14家银行规划设置中,日后也将不定期对其他银行的示范分行进行视察,希望借此激发银行产业双语化动能,带动金融业双语环境大幅跃升。②

(四)提供免费英语学习平台

为了希望提升民众英语能力,进而增加国际竞争力,让民众有丰富的学习资源,台湾发展事务主管部门4月下旬推出了"双语数据库学习资源网"(https://bilingual.ndc.gov.tw)的公开测试版。在公开测试期间,民众可以给予使用意见的回馈,让网站设计与内容更臻完善。相关负责人说,网站涵盖了看影片、听广播、读文章、云资源、英译资源及政府机关英文网站等6个单元,用户可依自身英语程度、兴趣,在看影片、听广播、读文章及云资源单元中,选择适合的资源来学习与查阅。此外,民众也可在网站的英译资源单元中,使用

---

① 潘姿羽《政府服务双语化比率提前达标 预计年底冲破九成》,"中央通讯社",2019年10月19日。
② 刘姵呈《"金管会"推2030年前全面设双语分行 助打海外杯》,"中央通讯社",2019年12月17日。

生活上常用的姓名、地址英译等功能。①

三 新住民语课程必修引发争议

（一）缘起

6月25日，台湾教育主管部门发布消息，从2019年8月开始，除了原有的本土语言课程（闽南话、客家话、少数民族语），将增设新住民语文课程并纳入小学必修课程，所包含的国家语言有越南、印度尼西亚、泰国、缅甸、柬埔寨、马来西亚、菲律宾，学生可在本土语言与新住民语文中选一种必修，这项政策宣布后引起了巨大的骚动，对立双方相互争辩、指责。

（二）反对

政策公布后也引起了部分人的反弹，他们首先质疑新住民语言课程可能压缩英语的学习空间，现在的社会竞争愈发激烈，英语无疑是人生竞赛中极为重要的一项武器，新住民语文课程成为小学必修后，是不是反而让台湾的小孩儿从小就输在国际竞争的起跑点？另一方面，还有部分人认为将新住民语言纳进小学必修中，势必会压缩早已式微的本土语言发展，现在已经越来越多的人不会说闽南话、客家话或少数民族语了，若再纳入新住民语，本土语言的发展空间必将缩减，甚至会面临文化断根的情况。②

（三）支持

支持者认为，新住民语言的加入，绝对不是为了要增加小孩子的压力，而是增加他们的选项。课程纲要有三个基本理念，第一是能够接纳、认同新住民族群；第二是能够提升多元文化元素；第三是培养孩子们的跨文化行动力，有机会去扩展国际视野。所以开放小学必选是十分符合课纲要求的。③

（四）辩解

台湾教育主管部门解释说，新住民语文，只是为了多一个自由选项。从小

---

① 潘姿羽《学英文不用花大钱 "国发会" 推免费英语学习平台》，"中央通讯社"，2019年5月17日。
② 佚名《全球首创的"新住民语言课程"必修：是创举还是文化倒退？》，https://flipermag.com/2019/07/12/language-learning/。
③ 叶书宏《大学生办公民论坛 探讨新住民语纳2019课纲》，中时电子报，2019年11月14日。

学一年级起,除原有的本土语文(闽南话、客家话、少数民族语)课程外,也将新住民语文课程,列为小学可修习的课程之一。学生可从闽南话语文、客家话语文、少数民族语文及新住民语文当中任选一种修习,不会增加学生学习负担。此外,新住民语文与本土语文并列,一周开设一节课,依学生意愿自由选习。修习新住民语,全学期的学习总节数并没有改变,"国语文"及英语文也各有各的完整学习节数,互不影响。①

四 台湾 2019 代表字大选活动

(一)活动启动

11月11日,由中国信托文教基金会与《联合报》合办的"台湾2019代表字"大选活动启动。主办方邀请各界名人专家与达人、素人共推荐42个代表字,网民在11月11日至12月4日共24天累积投票,选出最终的年度代表字。

(二)年度代表字揭晓

12月6日,"台湾2019代表字"揭晓,"乱"字在42个候选字中拔得头筹,获选为2019年度代表字。"乱"同时也是2008年台湾首届代表字大选的第一名,是台湾代表字历经12届选拔,首次出现重复的"炉主"。票选第一到第十名的2019年度代表字,依序为"乱、谎、忧、跨、惊、虑、启、诈、换、孤"。今年总计票数为79915票,"乱"字拿到10323票,比第二名"谎"字的6819票,足足多了近4000票。

"乱"字共有两位推荐人:导演李安和台湾清华大学荣誉教授李家同。谈到为什么选"乱",李安表示"很明显,到处都绷得很紧",是对一些理想的反弹,希望大家记取教训。他希望台湾人有一年可以做到"和"这个字,"彼此了解、彼此尊重,和气一点,为大家想一想,共同生活"。李家同则说,普悠玛②、教改和安倍贺电③,是他选"乱"的主因。因为普悠玛事件,当局始终没有给答案,外事部门又闹了安倍贺电的怪事,再加上教改所造成的种种古怪问题,使

---

① 佚名《新住民语文课程,多一种选择!尊重修习意愿》,台湾教育主管部门网站,2019年6月29日。
② 指2018年10月21日,新北开往台东的6432次普悠玛列车驶经新马车站附近时,突然失控出轨,造成8节车厢中5节翻侧。这起事故造成18人遇难,187人受伤。——作者按。
③ 指日本首相安倍晋三给台驻日代表处发送贺电的罗生门事件。——作者按。

他觉得台湾实在有点乱。①

资料来源：陈宛茜《2019年台湾又"乱"了！首次两度获选的台湾代表字》，《联合报》，2019年12月6日。

图6-1 台湾2019代表字"乱"

"台湾年度代表字"票选活动，已迈入第12年，年年获得民众热烈参与和电子媒体的关注，从2008年的"乱"、2009年的"盼"、2010年的"淡"、2011年的"赞"、2012年的"忧"、2013年的"假"、2014年的"黑"、2015年的"换"、2016年的"苦"到2017年的"茫"、2018年的"翻"、2019年的"乱"，每个字都刻画了当年的社会意向与民众想法。

（余桂林）

---

① 陈宛茜《2019年台湾又"乱"了！首次两度获选的台湾代表字》，《联合报》，2019年12月6日。

台湾地区语文新课纲

20世纪90年代以来,台湾岛内就不断有要求延长基本教育年限的声音并积极推动,经过近20年讨论、酝酿和前期准备,2011年启动十二年基本教育。2012年7月"十二年基本教育课程纲要"(以下简称"十二课纲")进入正式研制阶段,2014年11月公布了"十二课纲"总纲。2018年1月至2019年7月密集公布了语文、数学、社会、艺术、自然科学、科技、健康与体育、综合活动八个领域课程纲要(以下简称"领纲")。

台湾地区语文领域包括"国语文""闽南语文""客家语文""原住民族语文""新住民语文""英语文"和"第二外国语文"。下面从课程纲要概况、语文基本理念、语文核心素养、语文开设时段和课时、语文学习重点、语文实施要点几个方面进行描述。

一　课程纲要概况

课程纲要简称"课纲"。2019年8月1日,台湾地区全面实施"十二课纲",这是自1968年实施"九年义务教育"课程改革以来,课纲改革和变动幅度最大的一次。

"十二课纲"包括总纲和领纲两个部分,其突出特点可概括为:

1. 提出"成就每一个孩子,适性扬才,终身学习"愿景和"自发、互动、共好"理念,确定"启发生命潜能""陶养生活知能""促进生涯发展""涵育公民责任"课程总目标。

2. 高举"素养导向",提出"三面九项"核心素养,从过去强调"基本能力"转向"核心素养"。

3. 强调"连贯统整"精神,实施十二年一贯制,注重小学、初中、高中课程的一体性和衔接性。

4. 降低"部定必修"课程时数,增加校本课程时数,小学初中校本课程从

17%增至19%,普通高中从34%增至44%。高中阶段降低必修课学分,增加选修课学分,"部定必修"从138学分降至118学分,选修从60学分降至54—58学分,校本课程必修从0学分提至4—8学分,学习时间从0节提至12—18节。

二　语文基本理念

基本理念是"领纲"的灵魂,它既是对总纲基本理念的具体化,也规定了语文"领纲"开设目的和总体要求。领纲对各种语文的基本理念做了详细说明。表6-1归纳了"国语文""乡土语文"(闽南、客家和原住民族语文)和"新住民语文"的主要理念。

表6-1　语文主要理念归纳表

语文名称	主要理念
"国语文"	1. 培养学生语言沟通与理性思辨的知识能力,奠定终身学习基础,帮助学生了解并探究不同文化与价值观,促进族群互动与相互理解; 2. 培育"国语文"核心素养,培养学生表情达意、解决问题与反省思辨能力; 3. 帮助学习习得所需的聆听、口语表达、标音符号与运用、识字与写字、阅读与写作能力,借助文本阅读欣赏与创作,激发创意,开拓生活视野,健全人我关系,体会生命意义,理解并尊重多元文化,关怀当代环境,开拓国际视野。
"乡土语文"	1. 同"国语文"; 2. 落实乡土语文复兴、传承与创新为宗旨,培养学生探索、热爱"乡土语文"兴趣与态度,建立自我认同价值观; 3. 参酌《欧洲共同语文参考架构》,使学生具备运用乡土语文进行沟通、思辨、传播、信息运用、艺文创作、文化传承及国际关怀应有的知识、能力与态度; 4. 借助乡土语文学习,强化自我及民族认同,培养使用民族语言习惯,积极传承文化与面对世界潮流,成为兼具传统与现代素养的新世代公民。
"新住民语文"	1. 同"国语文"; 2. 协助学生自发探索不同国家语言与文化多样性,增进文化理解与互动,增加尊重与欣赏多元文化能力; 3. 拓展修习新住民语文环境,开启国际理解窗户,强化跨文化沟通与跨国行动的能力与素养。
英语文	1. 同"国语文"; 2. 重视英语沟通互动功能性,凸显其获取新知的工具性角色; 3. 发展学生自主学习与终身学习英语文的能力与习惯,引导学生独立思考、处理与运用信息能力; 4. 通过学习探索不同国家文化,进行跨文化反思,提升社会参与并培养国际观。
第二外国语文	1. 同"国语文"; 2. 培养知识、能力、情意态度的学习,着重探索与表现、认知与沟通、实践与应用; 3. 了解融合多元文化,培养学生具备国际行动所需能力,探索不同国家文化,培养国际观。

从上表可看出,"培养学生语言沟通与理性思辨的知识能力,奠定适性发展与终身学习基础,帮助学生了解并探究不同文化与价值观,促进族群互动与相互理解"是所有语文共同目标。除这个共同目标之外,"国语文"侧重文学性、文化性和基础性方面素养;"乡土语文"强调多元文化保存和语言复兴;"新住民语文""第二外国语文"既强调多元文化发展,也强调培养国际性视野;"英语文"则重视其实用性和工具性角色,培养学生跨文化沟通交流能力和国际观。

三 语文核心素养

表6-2 "国语文"核心素养归纳表

语文名称	小学阶段	初级中学阶段	高级中学阶段
"国语文"	1.认识语文重要性,培养兴趣,认识自我、表现自我。 2.掌握文本要旨、发展学习及解决问题策略,通过体验与实践,处理日常生活问题。 3.充实生活经验,学习有步骤地规划和解决问题,探索多元知能,培养创新精神。 4.学习体会他人感受,并给予适当回应。 5.理解互联网和信息科技对学习重要性,扩展语文学习范畴,培养审慎使用各类信息能力。 6.感受文艺之美,体验生活中美感事物,发展创作与欣赏的基本素养。 7.阅读各类文本,培养是非判断能力,了解自己与所处社会关系,培养同理心与责任感。 8.能恰当运用语文能力表达个人想法,理解与包容不同意见,乐于参与学校及小区活动,体会团队合作重要性。 9.阅读各类文本,培养理解与关心本土及国际事务基本素养,认同自我文化,并能包容、尊重与欣赏多元文化。	1.认识生涯及生命的典范,建立正向价值观,提高语文自学兴趣。 2.欣赏各类文本,培养思辨能力,反思内容主题,有效处理问题。 3.制订计划自主学习,发挥创新精神,增进个人应变能力。 4.表情达意,增进阅读理解,提升欣赏及评析文本能力,倾听他人需求、理解他人观点,达到良性沟通与互动。 5.运用科技、信息与媒体提供的素材,进行检索、统整、解释和省思,转化成生活素养。 6.具备欣赏文学与相关艺术能力,培养创作兴趣,通过对文本反思与分享,印证生活经验,提升审美判断力。 7.阅读各类文本,培养道德观、责任感、同理心,并能观察生活环境,主动关怀社会,增进对公共议题兴趣。 8.与他人合作学习,增进理解、沟通与包容能力,在生活中建立友善的人际关系。 9.阅读各类文本,探索不同文化内涵,欣赏并尊重各国文化差异性,了解与关怀多元文化的价值与意义。	1.培养省思能力,发展应对人生问题的行事法则,建立不断精进的完善品格。 2.统整文本意义和规律,培养深度思辨及系统思维能力,体会文化底蕴,感知人生困境,积极面对挑战,处理及解决人生问题。 3.培养规划执行及检讨计划能力,参与各类活动,充实生活经验,培养创新思维与适应社会变迁能力。 4.表达自我经验、理念与情意,学会从他人角度思考问题,寻求共识,具备有效沟通与协商的能力。 5.善用科技、信息与媒体所提供的素材,进行阅读思考,整合信息,激发省思及批判媒体伦理与社会议题的能力。 6.理解文本内涵,认识文学表现技法,进行实际创作,运用文学知识背景,欣赏艺术文化之美,分享自身美感体验。 7.阅读并探究各类文本,深入思考道德课题,培养品德,寻求共识,建立公民意识与社会责任。 8.了解他人想法与立场,学习沟通相处之道,积极参与、学习协调合作能力,发挥团队精神。 9.阅读各类文本,建立文化认同信念,理解多元价值的可贵,深入探讨各项社会议题,关注国际情势。

总纲中强调"为落实十二年基本教育课程的理念与目标，兹以'核心素养'作为课程发展之主轴，以裨益各教育阶段间的连贯以及各领域、科目间的统整"。所谓"核心素养"，是指强调培养以人为本的终身学习者，分为"自主行动""沟通互动""社会参与"三大面向。三大面向再分为"身心素质与自我精进""系统思考与解决问题""规划执行与创新应变""符号运用与沟通表达""科技信息与媒体素养""艺术涵养与美感素养""道德实践与公民意识""人际关系与团队合作""多元文化与国际理解"九大项目，概括为"三面九项"。

"核心素养"是这次新课纲最大变动之处，也是课纲调整的重点。表 6-2 以"国语文"为例，列举了核心素养的主要内容。

四 语文开设时段和课时

基本理念和核心素养都是"十二课纲"理论层面内容，而要实现基本理念、核心素养则需操作层面予以保障。各种语文在理念和核心素养上要求不同，落实到操作层面，他们在开设时段和课时数分配上有较大差别。表 6-3 是语文领域开设时段和课时（或学分）有关规定的归纳。

表 6-3 语文领域开设时段和课时归纳表

语文名称	开设时段及每周课时数				
	第一学习阶段（一、二年级）	第二学习阶段（三、四年级）	第三学习阶段（五、六年级）	第四学习阶段（七、八、九年级）	第五学习阶段（十、十一、十二年级）
"国语文"	6节/周	5节/周			普通高中十、十一年级完成16学分，十二年级完成4学分，此外至少选修4—8学分；技术高中十、十一年级需完成12学分，十二年级完成4学分；综合和单科高中十年级完成8学分。
"乡土语文"和"新住民语文"	1节/周			弹性学习课程	校订课程
英语文	0节/周	1节/周	2节/周	3节/周	普通高中十、十一年级完成16学分，十二年级完成4学分，此外至少选修4—6学分；技术高中每学年4学分；综合和单科高中十年级完成8学分。
第二外国语文	0节/周			弹性学习课程	1.选修第二外国语文（包括新住民语文）至多6学分；或选修第二外国语文与英语文至少6学分。

相较于 2010 年领纲，语文新领纲变化最大的是小学阶段增加了"新住民语文"课程。"新住民语文"领纲中，目前开设的语种有越南、印度尼西亚、泰国、缅甸、柬埔寨、菲律宾、马来西亚等七国官方语文。小学阶段学生可根据母语背景和兴趣爱好在"乡土语文""新住民语文"中必修一种；初中阶段"乡土语文""新住民语文"皆列为弹性学习课程选修；高中阶段"新住民语文"可作为第二外国语文选修，也可选修日语、法语、德语等外语。

五 语文学习重点

课时数是时间层面保障，而学习重点是教学层面保障，只有明确学习重点，才能进行教材编写、评估、考试和教辅研发等。语文领纲在学习重点上包括学习时段和学习内容两个方面。表 6-4 以英语文第五学习阶段听力能力为例说明学习重点。

表 6-4 英语文第五学习阶段听力能力归纳表

语文名称	学习表现	学习内容
英语文	1. 能听懂课堂中所学字词； 2. 能听懂日常生活用语； 3. 能听懂常用句型句子； 4. 能听懂英语日常对话； 5. 能听懂英语歌曲和短诗主要内容； 6. 能听懂英语故事主要内容； 7. 能听懂英语短剧的主要内容； 8. 能听懂公共场所广播的内容，如地铁、车站、机场广播； 9. 能听懂英语影片主要内容； 10. 能听懂以英语说明或叙述的主要内容； 11. 能听懂英语教学广播节目内容； 12. 能听懂英语新闻报道（影片或广播）主要内容； 13. 能辨识句子语调所表达的情绪和态度； 14. 能了解歌谣、韵文的节奏与音韵； 15. 能听懂不同腔调/语言背景英语用户谈话主要内容。	1. 不同腔调/语言背景英语用户谈话； 2. 歌曲、短诗、短文、短剧、故事； 3. 公共场所广播（如地铁、车站、机场广播）； 4. 教学广播节目内容； 5. 新闻报道。

六 语文实施要点

"十二课纲"还从课程发展、教材编选、教学实施、教学资源和学习评量五个方面对语文的实施要点做出规定，由于这部分内容较多，表 6-5 以"新住民语文"为例说明。

表6-5 "新住民语文"实施要点归纳表

语文名称	课程发展	教材编选	教学实施	教学资源	学习评量
"新住民语文"	1.依据总纲要求，新住民语文课程以越南、印度尼西亚、泰国、缅甸、柬埔寨、菲律宾、马来西亚语为主要考虑。2.学校应依照学生学习需求开设新住民语文学习课程供选择修习。3.除可每周上一节课外，经学校课程发展委员会审议后，可隔周上课两节，隔学期对开两节课方式弹性调整。4.课程发展应参考领域课程纲要融入相关议题要求，以加深加广课程内涵。	1.教育主管机构应协调相关单位出版或委托专家、民间单位编辑教材。2.教材应就越南、印度尼西亚、泰国、缅甸、柬埔寨、菲律宾、马来西亚等语文特性分别研发。3.教材应着重生活情境语言应用与文化理解，并须将"语言要素"与"文化要素"均衡结合。4.教师可参考出版品、网络资源并考虑学校区域特性进行教材设计。5.新住民语文为拼音文字，应先学习拼音系统才能进行文字识读。6.新住民语文的发音、语调、声调标记、字母与拼读系统在第一学习阶段开始学习。7.教材编选时，可选用传统童谣、节庆，也可结合生活情境，如介绍道路标示或商店招牌，或纳入韵文作品，供学生阅读与学习。8.为增进语文学习丰富性，教材编选可纳入性别平等、人权、环境、海洋教育等议题素材。	1.学校可依照学生学习程度或人数进行混龄式编班。2.多采用对话演练、生活情境仿真及视听媒体学习。3.可设计多元活动或任务，安排学生和其他新住民子女讨论，共同解决学习问题。4.鼓励学生使用科技、信息与媒体学习语言文化，能分辨媒体立场。5.教学举例或引导反思时，得导入相关议题价值观点，以丰富教学内容。6.应考虑不同语种在学习发音、语法及辨认字母不同的进程需求，安排教学活动。7.字母与拼读系统课程，建议在学生已完成小学一年级注音符号后再实施。	1.教育主管机构应提供辅助教材、数字网站、影音图书等资源。2.学校宜设置新住民语文教室，展示新住民文化特色。3.教师可运用网络科技出版的相关资源。4.善用小区内新住民人力资源，在新住民文化认识及语言教学等方面提供咨询与协助。	1.学习评量宜依据教学目标及学生身心发展与能力，灵活运用多元评量方式。2.应于教学前实施评量诊断学生知识与技能，作为教学活动实施与设计参考。3.学生在前一学习阶段学习评量结果，宜作为下一阶段分组参考。4.评量内容应考虑学生身心发展、个别差异、文化差异及学习重点，也应注重听、说、读、写能力，跨文化行动力，以及语言要素与文化要素内容。

"十二课纲"从基本理念、核心素养以及实施要点等方面都发生了很大变化。课纲制定过程中因"历史课纲去中国化""国语文学分减少和文言文比例降低""大幅提高阅读量和试题长度""大幅增加校本课程"等热点话题发生了激烈争论，至今未止。"十二课纲"实施后，必将对台湾地区基础教育产生广泛、持久、深刻影响。

（戴红亮）

香港楼盘名称面面观

香港的楼盘命名素来没有法例规管，商家自由命名，很具本地文化特色。本文根据香港差饷物业估价署出版的《楼宇名称》一书，收集历年香港落成的楼盘名称，重点分析近十年香港楼盘的名称特色。

一　命名方法

香港楼盘的命名一般都由专名和通名构成，例如"金狮花园"中，"金狮"是专名，"花园"是通名。专名是区别于其他建筑物独有的名称，通名主要是指附于专名之后、能明显标示地点、揭示楼盘所属建筑形态类别的通用词语；例如二十世纪八十年代落成的市区单幢楼宇多用"阁""轩"命名，近十年落成的高层住宅则多用"峰""汇""荟"等。

香港楼盘通常依据四大元素命名，包括：地理位置、周边环境、楼盘特色及风格品位。就地理位置而言，"黄埔花园""胜利道1号"等名称就明确标示了楼盘的所在地；而"贝沙湾""晓翠山庄"等名称中的"湾""山庄"等通名，就揭示了楼盘的附近环境——近海或靠山。"SKYPARK"和"全Ÿ城汇"等名称则显示了楼盘的特色，前者顶层设有大型空中花园，名称寓意是闹市中的一片空中花园；后者名中的"城汇"寓意"城中之汇"，指项目交通方便。突出楼盘风格品位的例子则有"君临大卜"和"擎天半岛"，名称饱含豪华、气派之意。近年还有不少使用外语命名的楼盘，例如"CASA 880""Savannah"，"Casa"一词来自西班牙语，意思为房子，开发商希望以西班牙名字突显物业的南欧风格；而Savannah为美国南部著名沿河都会，开发商借用该都会名字，希望带出楼盘和异国生活模式的联想。

楼盘命名除了用于识别建筑物之外，还是一种营销手段。楼盘名称是楼盘最直接的广告，一个好的楼盘名称可以突出楼盘的特质，引发消费者的购买欲望，也有助于确定消费群体：以贵族帝王命名的楼盘，多是面向高收入阶层的豪宅或别墅；而带有福寿吉祥、温馨亲切字眼的楼盘，多为相对廉价的平民化住宅。

二　历史变迁

香港近代至二十一世纪初楼盘命名的特色，已有学者做过研究，① 我们在此基础上，审视近十年来的楼盘名称，进一步确定，不同年代的楼盘命名蕴含的文化资产、潮流或审美观都不同。下表简列香港楼盘命名在不同年代的变迁：

表6-6　不同年代香港楼盘通名

	50—60年代	70—80年代	90年代—2009年	2010年—至今
通名用字	大厦、大楼	邨、城、阁、中心、花园	半岛、新城、雅居、花园、庭、豪园、门、皇殿、湾	御、岸、廷、山、寓、荟、玺、海、堡、峰、汇、峦
例子	康宁大厦 金巴利大厦 皇子大厦 皇帝大厦	杏花邨 太古城 富贵阁 大埔中心 黄埔花园	海怡半岛 愉景新城 菁雅居 柏丽豪园 采叶庭 凯旋门	云海、珑山升御门、天铸现崇山、星岸娉廷、珑堡、尚峦、萃峰、城中汇

二十世纪五六十年代，香港建筑物以单幢为主，多数以"楼"和"大厦"作为通名，例如"金高大厦""幸福大楼"等，命名比较直接、单调。六七十年代，开始有"美孚新邨"一类的大型屋苑出现；自"太古城"落成后，整个屋邨（内地称为"小区"）内所有大厦都有独立而又成系列的名字，例如第二、第三期屋苑大厦统一以"某山阁"命名，例如东山阁、天山阁、泰山阁等。八十年代，命名方式开始变得多元化，愈来愈多楼盘以"城""花园""中心"及"广场"作为通名，背后蕴含着市民对美好生活的憧憬，其中"花园"代表了园林建筑，而"中心"则有交通四通八达之意，同样表达了市民对生活环境的期盼。九十年代延续八十年代特色之外，开始出现以"豪园"命名的楼盘，例如"海逸豪园""加州豪园"等。另外，不少近海的屋苑倾向以"半岛"命名，如"海怡半岛""蓝湾半岛""盈翠半岛"等。

---

① 许子滨《从语文角度看香港楼盘的中文名称》，载于郑锦全、曾金金主编《二十一世纪初叶两岸四地汉语变异》，169—184页。台北：新学林出版股份有限公司，2011年。

可以说，楼盘名称的转变，反映了市民对于所向往的生活产生了不同的看法。九十年代以前的楼盘命名通常比较直接、平实，大多基于地理位置，也有一些命名表达了朴实的生活愿望，如"好运中心""幸福大楼""健威花园"等，反映出那个时代人们追求幸福安稳生活的美好愿望。

九十年代后，尤其是香港回归后楼市炽热，香港地产市场发展得如火如荼。生活在香港这个国际金融之都，人们开始追求"未来的""异域的""梦想的"事物；当时的楼盘不论地点或大小，都采用了浮夸的命名方式。而由于香港人长久以来对外国事物持有相当开放的态度，也普遍追求西式、奢华的生活格调，因此地产商各出奇招，务求楼盘名称奢华、时尚、超乎寻常，以便卖得更高的价钱，获取最大的商业利益，因此"半岛""豪园""皇殿""御""山""荟""玺""海""堡"等名称俯拾皆是。另外，由于香港地少人多，土地供不应求，加上近年炒楼风气盛行，楼宇价格居高不下，片瓦之居也成为奢侈品，楼盘名称越发强调尊贵优越的感觉，例如"君临天下""御龙山""帝景峰"等，把楼盘包装成帝王级住所，以提升楼盘档次。可见楼盘命名的转变与社会的发展息息相关。

不过，当"御""皇""帝""玺"等代表皇家权势的名字都用上了以后，还有什么更加尊贵的名字可以用呢？于是，到了2000年至2009年之间，香港楼盘名称开始改变方向，以呈现湖山美景等自然超脱感觉为风尚，例如"朗逸峰""倚峦""海堤湾畔"等，标榜建筑物依山傍水、远离尘嚣的特色。同时，开发商也开始让楼盘名称由人间的山水，上升到本属于仙界的"云""天"，从而出现了"云海""云端""天铸"一类的名字，务求让楼盘显示出超凡脱俗、高高在上的特点，而使居住其中的人充满居高临下、俯瞰人间的优越感。

最近位于香港岛西半山的一个重建项目，则以"然"命名，把项目所包含的几幢建筑物分别称为"瀚然""肆然""殷然""蔚然"，务求突出自然、简约之感，以迎合事业有成、追求优质生活的消费者口味。

为了在芸芸楼盘中脱颖而出，有些楼盘更是只有英文名称而无中文名，例如位处中环半山、在2008年落成的"SOHO 38"。此外，这一时期常用的通名也不再平实，"峰""城""湾畔""半岛"等通名都各有寓意；有些楼盘甚至不用通名，只有专名，如"壹号云顶"。

三 近十年特色

2010年后,香港楼盘名称越来越夸张奇特,楼宇名称渗入了更多不同的文化特征。当中最为明显的变化有三种:外文运用更为普遍,偏僻字受青睐,间隔符号进楼盘名。

(一)外语运用更为普遍

香港楼宇命名向来以中文为主,而且名字偏向简单,就算所在地区的命名有外文元素,也会采用译名。例如"弥敦中心"位于弥敦道(Nathan Road),"柯士甸广场"位于柯士甸道(Austin Road),名称由英文街道名翻译而来。殖民地历史背景使香港绝大部分外文地名都源于英文,楼房名称如果包含英文元素,多数采用直接音译的方式,如以上两例。当然有时候也会采用意译或音意兼译的方式,前者有"太子中心"(Prince Centre),后者有"百福花园"(Bedford Garden)。

除了使用英文外,现在的房屋命名还会使用其他外文,如意大利文、法文等。例如以 Park Yoho 命名的项目,没有中文名字,项目里包括的几组不同时期落成的建筑,也不像以往那样以第几期来标示发展顺序,而是以意大利地名 Venezia(威尼斯)、Napoli(拿坡里)、Milano(米兰)等来表示,希望为本来平平无奇的楼宇名称添加异地的风采和味道。同一个发展商还有另一个楼盘,以法文 La Villa De La Salle 命名。楼盘坐落在九龙城豪宅区喇沙利道(La Salle Road)上,原街道名称是纪念一位法国基督教圣人,于是项目在法文街道名之上加入 La Villa(村落之意)为名,按法文本意是"喇沙利道上的村落",但中文名称却是尊贵无比的"皇廷汇",两者并不相称。不过,对于大部分不懂法文的民众来说,这个原本朴素无华的名字,只要听起来洋腔洋调,又何损它的独特性?

在这种风气带动之下,这一时期越来越多楼盘只取外文名称,通过陌生化名称,使其楼盘更显异国情调和尊贵品味,例如"DIVA""Imperial Kennedy""Kensington Hill""No. 50 Stanley Village Road"等。

开发商使用外文的原因可能有二:第一,使楼宇名称更为气派。威尼斯、拿坡里、米兰等都是意大利有名的城市,由本来一个平平无奇的香港楼盘顿时变成了闻名世界的国际名城,可以带给买家不少优越的感觉。另外,法文被誉为世界上最感性的语言,以法文命名楼盘,更为整个楼盘加添了一种高雅的味道,让人想起了法国风情和美丽风光。第二,吸引消费者,拉动销售量。要使楼盘突围而出,除了质量、实用面积、附近的配套外,更需要一个吸引眼球的噱头,而楼宇的名称往往能带给潜在买家无限的想象和吸引力,同时也最能在市场上制造讨论和关注的焦点。气派华丽的名字对于买家的吸引力更大,销售的价格自然也更高。

(二)生僻字受青睐

除了使用外语,当今地产商也会使用一些较为艰深的字词,以下是部分例子:

表 6-7　香港楼盘名称使用的生僻字

楼宇名称	读音
雙寓	"双"寓
瑧藝	"津""艺"
海珙	海"决"(粤音"各")

这些名称的用字不但艰深难读,有时候语义也让人费解。以"雙寓"中的"雙"字为例,其为"双"的异体字,认识的人不多。取"双"之意,可能跟楼盘的目标顾客群有关。"雙寓"的目标顾客群为二人家庭,"双"本有二的意思,以"雙"替代"双",目的可能在于标示两个独立个体住在一起的意义。此外,楼盘由香港和日本两家企业共同开发,弃正体用异体,也可能与日本汉字文化有关。类似的例子还有"驿"字,这个字在日文汉字中写作"駅",就曾用在香港楼盘"都会駅"之中。

以上例子虽用了不常见的异体字,含义毕竟还能够猜测得到;但是以"瑧藝"命名的楼盘,除了读音拗口外,意思上也让人摸不着头脑。"瑧"是一种玉的名字,而"藝"的原字为"埶",有种植的意思,"瑧"和"藝"两字组合起来,语义让人难以理解。虽然现代中文多以"艺"代"藝","艺"可以理解为艺术、工艺等,"瑧藝"勉强可以解释为玉器的艺术或工艺,但与以往简单直接的命名相比较,这类楼盘名称就显得晦涩艰深,不见得能够因此而突显出楼宇的价值。想以艰深的字词去表达楼盘的独一无二,引来消费者垂青的这种目的是否能达到,实在是见仁见智了。

(三)间隔符号进楼盘名

开发商在给楼盘命名时,不但强调尊贵感,更以标新立异为目标,使楼名称变得更多元化。例如近年不少楼盘名称使用了间隔号:"誉·港湾""御门·前""海之恋·爱炫美"等名称,不但结构奇特,含义也有点儿莫名其妙,很多人都不知道名称中的间隔号代表什么。就标点符号的用法而言,间隔号主要用作分界,常见于外国人名、书名与篇名等,须用于两个并列词语之间。但香港楼盘使用间隔号通常不合语文规范,上面三个例子都出现这种毛病;"银湖·天峰"是少有合乎规范的好例子。我们发现也有些地产商利用间隔号来区分同一个主项目底下不同时期落成的楼盘,例如位于马鞍山的一个名为"迎海"的项目,共分五期,第一期命名为"迎海",第二至第五期分别命名为"迎海·星湾""迎海·星湾御""迎海·骏岸"以及"迎海·御峰"。

(四)取名用心有深意

除了上述三种情况外,近年不同发展商也着力追求别具特色及心思的楼盘名称,下文举例加以分析。

某个著名开发商的两个楼盘,分别以"天宇海""星涟海"命名,使用了天、海、星这些代表大自然景象的字词,呼应其楼盘所在位置——马鞍山乌溪沙的临海地段。而在"天、海"或"星、海"中间,分别用了"宇"("与"的同音)以及"涟"("连"的同音)两字,除了发挥同音字的暗示作用外,"宇"兼有房屋和上下四方的含义,不论是"屋宇"还是"天宇",都让这个字携带了丰富的意涵;将"宇"字置于天及海之间,营造了一种上触天际、下临海景的画面。"涟"则让人联想到"涟漪",与"海"字互相呼应,而将星星、涟漪、海洋三种富有意境的物象组合起来为楼盘命名,给人一种恬静舒适的感觉。

近年地产商偏爱以外文命名楼盘,除了追求异国风情外,有些命名还用尽心思,务求让消费者产生特殊的联想,例如读起来颇具动感的"VIVA"和"DIVA"。坐落于港岛北角天后区的"DIVA"是一个意大利文名称,可解作著名女歌唱家。在香港,大众喜欢称呼在流行乐坛里具地位的女歌手作天后;楼盘位处北角的天后地区,地产商便顺理成章的将这个位于天后的楼盘命名为"DIVA",一语双关,甚有特色。同一地产商另一位于北角、远眺维多利亚海港的"维港颂"也是一个甚具特色的楼盘名称。人们通常会透过歌曲、文章去歌颂某人某事,而地产开发商则以此楼盘名称歌颂香港维多利亚海港美丽风光。

位于石塘咀德辅道西的单幢住宅"维壹"楼高43层,2012年第三季入伙。①

---

① 香港即"入住"的意思,下同。

"维壹"两字与"唯一"同音,有仅此一个、别无他选的意思。因是住宅,也可以理解为"唯一的家"。字义正面、温馨,给人温暖的感觉。

位于铜锣湾华伦道的"瑆华"也是单幢式分层住宅,楼高31层,2014年第二季入伙。"瑆华"中的"瑆"字指玉光,是玉石中半透明的质感;而"华"字则有"美丽而有光彩、繁华、奢华"等意思。两字组合起来,有玉中瑰宝、光华照人之意。位于西营盘桂香街的"荟臻"和"瑆华"一样,同是单幢式分层住宅,楼高29层,2015年第一季入伙。"荟臻"中的"荟"字有草木繁盛之意,后来引申至汇集的意思,如"草木荟荟、荟荟云雾、群英荟萃";而"臻"和"瑆"一样,是玉的名字,同时有"齐全、完备、盛、满"之意,两者集结一起,意思就是指将美好、圆满的事物汇集于一起,字义正面积极,代表了人们心中的美好愿望。

位于北角丹拿道的"隽悦",是"隽逸生活"长者住屋计划的其中一个屋苑,共3座,2015年第四季入伙。"隽逸生活"是一个为退休人士而设的居住计划,希望能用一站式的配套为目标客群提供全方位的起居饮食照顾。"隽"字指"隽永",有"永恒""意味深长"的意思;而"悦"就是"喜悦、快乐"的意思。楼房的目标顾客是已退休的银发一族,"隽悦"这个楼盘名称则饱含了对这些住户的祝福。

四 结 语

香港楼宇名称的变革展现了地产商命名时的创意,以及其商业市场的营销策略。不少楼盘名称所体现出来的创意是值得鼓励的,不过也有些名称匪夷所思,不仅没有起到辨识、指称的作用,甚至会给民众带来不便。例如有些楼盘故作洋化,只有外文名称而没有中文名称,除了呈现轻视中文的心态,还让不懂外文的民众望"洋"兴叹,无从称说。理想的楼盘命名,应该是简单而独特,容易记住而不矫揉造作。

香港楼宇的命名风格从朴素变得奢华、从简单变得复杂,除了作为开发商的销售手段,更代表着香港不同年代的文化和生活追求。

(吴学忠、杨兆贵)

第七部分

参 考 篇

欧洲超国家层面的语言权利保护[*]

欧洲地区历来语言状况复杂、语言竞争激烈，语言话题长期牵制了政界和公众的大量精力。自二战结束以来，特别是冷战之后，为了追求语言平等、减少语言冲突、保护语言生态，欧洲逐步在超国家的区域层面建立起了一些规范性机制，对小族语言提供基本的保护，形成了一套较为有效的语言权利保护框架，是世界范围内政策研究的重要样本。

一 现实背景

（一）语言竞争激烈

欧洲毗邻亚非，两千年来一直是多种民族、不同文明的交汇之所，形成了马赛克式民族文化博览馆。如今欧洲地区有288种语言仍在使用，数量仅占世界语言总数的4.1%，但欧洲人口密度居各洲之首，众多国家和民族交错杂处，跨境人口流动几无障碍，是世界上多语接触最为频繁和语言竞争最为激烈的地区。国际语言、国家语言以及小族语言为了争夺生存空间不断相互博弈，又常与历史纠葛和民族主义相结合，呈现难解难分的竞争格局。

（二）权利诉求强烈

二战结束以来，随着人权地位的急剧提升以及多元文化主义思潮的发展，欧洲各国以及小族群体对于语言平等的诉求日趋强烈。在现实层面这是由于欧洲一体化进程的推进导致强势语言无孔不入，弱势语言生存空间面临严重威胁，在思想意识层面则是由于"一个国家，一个民族，一种语言"的民族主义思想在欧洲依然具有深厚的土壤。该地区的小国或小族语言大都是历史上军事征服

---

[*] 本文是国家社科基金青年项目"中东欧国家转型进程中的'国家语言'建构研究"（17CYY012）的阶段性成果。

或政治建构的产物，如今在语言权利话语下声索历史正义，主张更多的生存空间，甚至要求划界自立，引起国际社会的关注和警惕。

（三）区域性机制至关重要

欧洲各国虽然均声称推崇语言多样性，但在国内语言规划中单语主义的意识形态依然大行其道，对于小族语言进行着有意无意的隐性同化，因此区域性的约束机制对于语言权利保护一直至关重要。欧洲被视为世界上最为成功的一体化区域，具有较为完善的区域协调机制，欧洲委员会、欧洲安全与合作组织和欧盟等组织均将语言平等作为官方价值观，在语言权利保护方面有持续的协调和密切的合作，形成了有效的合力。

二 管理逻辑

欧洲至今未在区域层面追求文化领域的一体化，给各国保留了较多的文化主权，因此没有将语言政策作为一个独立的政策领域，也没有形成一个独立的语言权利保护机制。对于语言权利的保护分散在人权、安全和文化三个相对独立的领域，相关机制在处理语言问题时遵循着不同的逻辑。

（一）关注语言维度，保障个体人权，维护民主制度

由于二战期间曾发生残害人权的深重历史教训，欧洲在战后将人权和个体自由视为民主的核心基础，建立了较为完备的人权保护体系。这一体系主要维护的是个体人权，涵盖了与语言相关的维度，如禁止基于语言的歧视、个体的言论自由以及得到公正审判的权利等。当前，对语言相关权利的承认和保护是欧洲人权保护的核心要义之一，也是欧洲政治体制合法性的重要基础。

（二）尊重语言认同，保障少数民族权利，减少族际冲突

民族主义曾在欧洲导致剧烈的族际冲突，因此对于少数民族权利的保障，在欧洲具有特殊的重要性。冷战结束之后，为了防止中东欧国家复杂的民族纠葛引发大规模冲突，保护欧洲大陆的安全与稳定，欧洲安全合作会议通过了《新欧洲巴黎宪章》（1990年），明确规定："少数民族的权利必须作为普遍人权的一部分得到完全的尊重。"随后《欧洲保护少数民族框架公约》（1994年）赋予"少数民族"包括语言文化权利在内的广泛权利。此后欧洲在区域和国家层面逐步建立了保护少数民族的专门机制，这一新的机制将尊重语言认同作为重要的工作内容，致力于在欧洲国家，特别是中东欧地区，消除潜在的族际冲突以及由此带来的战争风险。

（三）促进语言平等，保护文化多样性，加强欧洲认同

在欧洲语境下，对于小族语言的保护还有另外一套逻辑体系，那就是对文化多样性的保护和促进；有意思的是，这一话语体系主动避开人权或少数民族等敏感话题，自觉限于语言领域。比如《欧洲区域或小族语言宪章》（1992年，下称《语言宪章》）明确宣称，不赋予使用小族语言的个人或群体任何权利，而是聚焦于语言本身，是对语言多样化的一种承认、保护和促进。与此同时，欧盟《马斯特里赫特条约》（1992年）"文化"部分第128条提出要尊重成员国的民族和地区多样性，同时彰显共同文化遗产。这一做法使语言保护避开易致冲突的权利问题，同时隐含了欧盟等区域性机构的深层次考虑，即通过尊重文化的多样性，加强欧洲整体认同的向心力。

三 超国家层面的框架机制

欧洲在区域层面对于语言权利的保护主要依赖于三个核心的国际机构，其工作重心与上文所述三个关切大致对应：欧洲委员会关注人权保护，欧安组织致力于消除族际冲突，而欧盟追求"多元一体"的欧洲认同。三者既有侧重，又注意相互配合，形成了一个有效的框架性机制：欧洲委员会和欧安组织为维护小族群体的语言权利提出具体要求，并提供专家意见，欧盟则负责推动落实。

（一）欧洲委员会

欧洲委员会成立于1949年，其宗旨是在欧洲范围内维护人权、民主和法治，是欧洲最重要的人权保护机构，主导通过了与语言权利相关的三个核心国际文件，并设立了相应的监督实施机制。

第一，《欧洲人权公约》（1950年）机制。该公约是欧洲委员会的核心条约，是国际人权领域第一部具有法律约束力的区域性国际人权文件，其中规定个人所享有的权利不得因语言而受歧视。根据公约成立的欧洲人权法院是欧洲最强

大的人权救济机构，接受个人、团体或机构对国家的上诉，也接受国家间的指控。个人上诉无须律师协助或支付费用，只要填写申请表并提供所需材料即可。该法院判决具有法律约束力，通常会导致相关国家的立法调整以及具体措施的出台。基于该公约的人权机制是世界范围内最为成功的人权保护机制之一，影响深远。

第二，《欧洲保护少数民族框架公约》（1994年）机制。该公约是世界上第一个将少数民族保护纳入人权，并具有法律约束力的区域性多边条约。该公约的执行与监督主要基于各国提交的自评报告，不对个人提供上诉渠道，也不对具体案件作出判决。其基本流程如下：国家定期提交执行报告；专家委员会进行实地考察，形成评估意见，送达相关国家并公之于众；部长委员会就评估意见和改进建议形成决议；各国必须对此作出反馈。

第三，《欧洲地区性语言或少数民族语言宪章》（1992年）机制。该《宪章》是欧洲目前唯一专门针对语言保护制定的法律文书，具体监督流程是：各缔约国定期提交执行报告；专家委员会进行实地考察，形成评估报告，指出成绩和问题；部长委员会基于专家报告对相关国家提出建议和敦促；各国在下一轮自评报告中对专家意见进行反馈。

（二）欧洲安全与合作组织

欧安组织是维护欧洲地区和平的重要力量，其主要使命是为成员国的安全事务磋商提供平台。欧安组织主要通过外交手段进行工作：与政府最高级别领导层和族群领袖举行秘密会谈，在媒体关注之外促成各方达成共识，解决或减少冲突。欧安组织1992年设立"少数民族高级专员"，其中心工作之一就是对小族群体的母语使用提供支持，一般情况下有如下几种手段可以使用：

一是公开声明，通过公开演讲呼吁通过自由主义的方式处理语言多样化的问题，倾向于促进融合而非同化。二是特殊场合的正式建议，通过书面信件的形式向相关国家就具体议题提供建议。三是一般性建议，即为相关国家的政策和法律制定者提供指导性建议，一般情况下会邀请国际知名的独立专家共同工作。四是公共研究报告，指民族高专员邀请独立专家就相关国家的政府行为发布调研报告，指出存在问题，并提供建议的解决方案。五是具体计划，指通过实施具体项目，推动有关议题的发展，比如资助研究机关进行研究、组织行业专家参加研讨会、为小族语言教学提供支持等。

迄今为止，欧安组织民族高专员已经就与语言相关的多样化融合、语言地位、姓名权、母语教育等议题进行了广泛的工作，较有影响的建议主要有：(1)《关于少数民族教育权利的海牙建议书》(1996年)，敦促各国积极采取措施保障少数民族的母语教育权利问题，同时强调少数民族成员有义务学习国家的官方语言；(2)《关于少数民族语言权利的奥斯陆建议书》(1998年)，提出了一个语言权利清单，包括在各种私人和公共领域使用民族语言的权利；(3)《关于少数民族切实参与公共生活的隆德建议书》(1999年)，对少数民族参与国家、地方管理中的决策过程以及进行自我管理提出建议。此外，《关于广播电视媒体中使用少数民族语言的指导方针》(2003年)和《关于多族裔社会中治安管理的建议书》(2006年)等也直接或间接提到语言权利问题。

(三)欧盟

欧盟在2009年《里斯本条约》生效后，便正式取代欧共体，成为欧洲最重要的经济和政治联盟。欧共体自1958年就通过1号决议，确立了语言平等的基本原则，承认成员国的官方语言即为共同体的官方语言和工作语言。欧盟以"多元一体"为惯例，声称"平等对待少数民族是统一的新欧洲的基石"，试图通过容纳文化多样性来加强成员国对欧洲统一身份的认同，具体工作可以分为两个部分。

第一，通过法律进行规范。欧盟法包括联盟基础条约和派生立法两个层面，具有直接效力和优先效力原则，可在成员国国内直接适用，直接为个人创设权利和义务，且效力优于国内法。在基础条约方面，《里斯本条约》确认欧盟实行多语制，尊重文化和语言多样性。在次级立法方面，欧洲议会、欧盟理事会、欧盟委员会等机构通过了大量支持语言多样性和小族语言使用的文件。代表欧盟民众的欧洲议会曾通过如下决议：《关于使用自己语言的权利的决议》(1994年)，指出保障使用自己语言的权利有助于建立一个"人民的欧洲"；《关于欧盟机构官方语言使用的决议》(1995年)，宣布多语制是欧盟所有理念以及成员国政治平等的基石。代表成员国政府的欧盟理事会也曾通过《关于欧洲语言年项目目标与实施框架下的语言多样性和语言学习的决议》(2001年)，开展"欧洲语言年"项目。

第二，建立专门平台协调相关行动。1982年，欧共体成立"欧洲较少使用语言署"，其职责是提高成员国世居少数民族语言和文化的地位。该署与欧盟、欧洲委员会、联合国等国际机构保持密切的合作关系，在很多国家设立了分支机构，在促进欧洲小族语言保护方面发挥过较大的积极作用，但于2010年因经费问题停止运营。此外，欧盟还建立了墨卡托网络（Mercator Network）（1987年），推动欧洲小族语言的学习、研究和传播；打造"欧盟语言多样性民间组织平台"（2009年），加强欧盟委员会与民间组织的对话。此外，欧洲议会、欧盟委员会等机构还发起并资助了大量与语言多样性相关的具体项目。如自2001年开始举办至今的"欧洲语言日"。

四 现实挑战

客观地讲，欧洲现有的语言权利保护框架可以为小族语言提供基本的生存保障，确保其免受强制同化的威胁。但随着欧洲一体化程度的加深，这一机制也面临着不少新的挑战，如何妥善处理这些挑战以维持这一机制的有效运行将考验欧洲政界的智慧。

（一）提升保护效果，扭转小族语言持续弱化的趋势

当前一个不可否认的现实是，激烈的语言竞争导致欧洲绝大部分小族语言的生存空间持续受到挤压，活力呈下降趋势，欧洲框架亟须证实其保护多元化价值观的承诺。欧盟有多达24种的官方语言，但各种语言的使用情况并不相同。英语、法语和德语最为强势：英语则是事实上的通用语言，法语已被很多机构确立为工作语言，德语是使用人数最多的语言。这三种语言都拥有强大的推广机构，英语是英国文化委员会，法语有法语联盟，德语有歌德学院；相比之下，使用人数也很多的波兰语则基本没有机构在国外进行语言推广，即使是在周边国家也很难说得上有什么影响力。出于对语言淘汰的担忧和焦虑，一些小国在国内采取民族主义措施强化本国官方语言的主导性地位。而各国境内的小族语言，则需要承受国际语言和国内强势语言的双重压力，生存情况持续恶化。这种马太效应将在很大程度上抵消欧洲语言权利保护所获得的成果，严重威胁着欧洲所声称要保护的语言多样性。欧洲区域性框架如何提升保护力度，从消极性保护真正转向积极性促进，为弱势语言生存提供所需的行政和经济资源，前景依然不太明朗。

（二）扩大保护范围，应对日益高涨的移民和难民语言权利吁求

现有保护框架虽然覆盖了几乎所有的欧洲国家，但并未纳入欧洲境内的所有语言，而是有选择性地提供不同层级的保护，存在一定程度的机制性歧视。总体而言，尽管同样属于小族群体，但世居或土著民族的语言权利受到的认可程度最高，而移民和难民最低。

2017年欧洲移民总数达7700余万，约占欧洲总人口的10.5%，在很多国家移民的数量已经接近或超过法定少数民族的人口总量，而这一趋势仍然在加速之中。欧洲现有法律框架对于移民群体的语言权利采取了一种有意忽视的做法，默认移民会放弃自己的语言，并转用目的国的官方语言。《里斯本条约》第17条d款标题为"禁止歧视和公民籍"，规定欧盟公民有权使用条约语言向欧盟机构提出陈情或请愿，并可要求得到相同语言的回复，但这一规定排除了使用人数巨大的移民和难民语言，其本身就具有歧视性。《少数民族框架公约》交由各国自行界定"少数民族"，这使那些未被所在国认定为少数民族的群体很难受到像样的保护。《语言宪章》则具有更为明确的指向性，即那些在欧洲固定区域具有较长使用传统的语言，排除了移民语言；当前保护对象约为60种语言，而其他200多种在欧洲使用的语言均不在保护之列。

近年来移民群体越来越强烈地呼吁在融入主体社会的同时保留民族认同，欧盟的原有做法正在理论和实践上遭到挑战。在理论上，很多学者支持移民作为"少数人"群体，不仅应享有不受歧视的传统个体人权，也应享有国家的"承认性权利"；同时他们也是潜在的长期公民，有权提出文化方面的权利主张。在实际操作中，很多移民群体与世居少数民族同属一个民族，政府基本没有办法区分他们抵达的先后时间。欧盟最近开始在口头上对移民语言给予更多的承认，但如何在现有法律和行政框架中真正纳入移民的语言权利，仍然面临着法理和管理上的巨大障碍。

（三）改善运行机制，进一步理顺主要管理机构之间的关系

在当前保护框架下，三个主要欧洲区域组织之间既有分工也有合作，能形成一定的合力，但在实际运行中也存在着不少分歧，对语言权利相关事务的管理也存在着较大的人为操作空间。

当前欧洲语言权利管理框架的设计与成型，其根本原因是"语言权利"这

一概念目前未在国际法体系中获得独立地位，只能基于人权、文化多样性、区域安全等方面的工作获得间接保护。这一现状一方面造成主要责任主体的缺失，另一方面也导致各管理机构之间的工作存在重合和冲突。在实际工作中，国际条约所共有的模糊性使相关条款存在多种解释的可能，执行主体往往不明确，为实际执行留下妥协的后路。如《欧洲保护少数民族框架公约》虽然赋予少数民族语言方面的权利，但却未提供"少数民族"的定义，由各国自行界定。该公约第10条规定少数民族有权使用其母语与当局交流，但同时规定了限制性条件（如很高的聚居程度），并使用了留有余地的表达："当该请求确实符合实际需要""在可能的情况下"等；第14条规定了学习少数民族语言的权利、被教授或使用少数民族语言接受教育的权利，但使用了"在可能的情况下""在其教育系统的框架内"等表述。这种类似的模糊表述使有关国家在面向不同的国际组织时使用不同的借口进行推诿，使有关保护条款的效力大打折扣。而欧洲委员会与欧盟的关系也并未理顺，存在变数：一方面两者宣称具有相同的价值观和不同的角色，双方致力于形成有力的合作关系；另一方面欧盟甚至考虑以独立成员的身份加入欧洲委员会，履行相关的人权保护义务。欧洲未来对于语言权利的保护，在很大程度上取决于其能否在区域层面形成更为清晰和有力的保护机制。

当前欧洲在区域层面的超国家语言权利保护机制具有多主体、多目标、多机制的显著特征，由分散在不同领域的多种公约和规定组成，并未形成一个专门针对语言问题的有约束力的管理机制。近年来欧洲语言领域出现了快速发展的所谓"超级多样性"趋势，欧洲很可能会面临更大的语言挑战，而当前的这一松散框架并不能确保欧洲能在未来解决这一问题。欧盟委员会于2011年曾发布《欧盟公民社会多语主义纲领》，提出了一个多语主义的政策框架，似乎欲将多语主义提升至一个单独政策领域的地位，但鉴于欧洲各国对文化主权的敏感，要制定一个能够各方接受的、足以解决当前挑战的综合性政策，还有很长的路要走。对我国而言，了解欧洲这一语言权利保护先锋的经验与挑战，可以更好地理解语言权利保护这一问题的复杂性，避免盲目跟随其他国家的做法，有利于完善我国自身的语言权利保护机制。

（何山华）

墨西哥印第安人双语教育政策演变及分析

墨西哥是个多语言、多文化的国家，国语和官方语言都是西班牙语，境内还有数十种印第安语言，西班牙语和印第安语的使用人数都居世界首位。[①]1821年，墨西哥摆脱西班牙殖民统治获得独立，那些曾是墨西哥主体民族的印第安人，在殖民后人数锐减到1570万，目前仅占总人口的14.9%，他们渴望传承发展土著文化；而那些殖民统治时期欧洲人和印第安人的混血后裔占总人口的80%以上，他们认同墨西哥混合文化，主张继承并发扬西方文化。墨西哥国内两大族群的并存对其政治、文化和教育政策都产生了深远的影响。鉴于教育对于国家认同建构和国内民族整合具有至关重要的地位，语言教育政策成为以上两大政治力量角力的场所。

一 印第安人双语教育政策演变历程

印第安人有狭义和广义之分，前者指使用印第安土著语言的人，后者指自称具有印第安土著文化背景的人。20世纪80年代，墨西哥共有56个印第安人部族，到90年代降到48个，[②]大多数聚居在南部的瓦哈卡州、尤卡坦州、恰帕斯州、韦拉克鲁斯州和普埃布拉州。目前只有不到半数的印第安人（约600万）使用本族语，根据语言活力和使用人数，最主要的印第安语是纳瓦特尔语（Nahuatl，约80万使用者）和玛雅语（Yucatec Mayan，约50万使用者），其余依次是萨巴特克语（Zapotec）和米斯特克语（Mixtec）。[③]

---

① Yoshioka, H. Indigenous Language Usage and Maintenance Patterns among Indigenous People in the Era of Neoliberal Multiculturalism in Mexico and Guatemala [J]. *Latin American Research Review*, 2010, 45 (3): 5–34。

② Lastra, Y. The Present-day Indigenous Languages of Mexico: An Overview [A]. In Y. Lastra (ed.). *Sociolinguistics in Mexico* [C]. 1992: 35–43。

③ Yoshioka, H. Indigenous Language Usage and Maintenance Patterns among Indigenous People in the Era of Neoliberal Multiculturalism in Mexico and Guatemala [J]. *Latin American Research Review*, 2010, 45 (3): 5–34。

独立之后，墨西哥政府充分认识到教育在塑造国家认同中的核心作用，着手对教育体系进行改革。1824年的《墨西哥联邦宪法》规定宗教与教育分离，由教师取代传教士担负教育职责，以清除宗教对教育的影响。1857年的宪法再次强调教育的非宗教性和强制性。同时，政府开始在印第安人中推行双语教育政策。主体族群对印第安语言和文化从排斥到逐渐接受，教育领域也经历了缩减性双语教育到过渡性双语教育，再到保持性双语教育的发展历程。下面对这三个阶段的背景、特点和效果逐一概述。

（一）缩减性双语教育（19世纪20年代—20世纪30年代）

墨西哥独立后，政治精英基于语言统一的理念，规定西班牙语为教育和行政部门的唯一通用语言。政府首先在基础教育阶段推行双语教育，语言教育规划体现在学校的教材选用、教法采用和教师聘用三方面。首先，在教材选用上，教育部规定在小学阶段所有学校要使用统一的教材，确立起政府监管教材的惯例。其次，在教学方法上，采用直接教学法，即不考虑学生的本族语，从识字训练开始就把西班牙语作为教学语言。不过由于西班牙语与印第安语属于不同的语系，主体民族与印第安人之间又存在巨大的文化差异，绝大多数印第安儿童并没有入学，即使入学，辍学率也极高。第三，在教师聘用方面，新教师一般会被派到印第安人聚居的最边远的农村，经过一段时间再调回城市，一些教师根本不懂印第安语，导致语文教学水平偏低。同时，这些教师在印第安社区工作时，工资难以得到保障，生活水平不高，逐渐失去了教学热情。而且，印第安学生的学习兴趣和动力也极为低下。国家和地方层面均没有形成公共教育体系，土著社区的学校教育几乎陷于停滞状态。到1910年，印第安人文盲率仍高达80%。①

教育领域的象征性变化是在1910年墨西哥革命后，学校教育开始了民主化的步伐。1917宪法的颁布标志着墨西哥现代教育的开端。《宪法》第3章规定，教育应促进国家统一，促进经济、社会、文化生活的改善；第7章规定，印第安群体均享有保护和提升本族语言的权利，公立教育机构及官方授权的私立教育机构在教授西班牙语时要注意保护印第安语言。但是，法律规定与实际执行之间存在巨大的差距，印第安语言与文化并没有作为国家资源而受到重视，仍

---

① Rodrigo, A. A. Ritual Literacy: The Simulation of Reading in Rural Indian Mexico, 1870–1930 [J]. *Paedagogica Historica*, 2008, 44 (1-2): 49–65。

遭到主体民族的排斥。主体民族与印第安民族间的语言矛盾逐渐成为社会矛盾，以同化为目标的单语主义在国家发展中弊端日益凸显，重新审视印第安民族的语言和文化问题变得十分急迫。

（二）过渡性双语教育（20世纪30年代—20世纪70年代）

20世纪30年代，墨西哥建立了中央集权的教育管理部门。由于早期缩减性双语教育在政治和教育上的失败，政府逐渐转变对印第安语言和文化的认知理念，开始研究和发展印第安语，并在印第安民族中推行文化一体化政策。印第安语不再被视为国家发展的障碍，而是文化转型的有力工具。1933年，国家成立了墨西哥语言研究所，强调学校教育要同时使用印第安语与西班牙语。1935年，国内出版了第一本土著语言教材。[①] 土著主义意识开始发展，但是，这种思想仍强调民族同质性。

墨西哥这一时期在印第安人中实行过渡性双语教育。在小学一年级，所有的教学内容完全使用印第安语教学，旨在提高学生母语的口语表达及读写能力。当学生习得母语的读写技能后，在二年级开始引入西班牙语的听说课程，在三年级过渡到使用西班牙语作为教学语言。与缩减性双语教育政策相比，这一阶段为印第安人转向西班牙语提供了过渡期。但是，由于学校教材是由殖民时期实行西班牙语化政策的同一政府部门编制，教材仍沿用了之前的编写理念，综合性、结构性过强且数量有限，很难满足印第安社区的需要。学校配备了使用印第安语和西班牙语的双语教师，但这些教师人数有限，且几乎得不到联邦政府的资助，只能按照陈旧的教学方法授课，不允许尝试新的教学方法。

过渡性双语教育政策是由高度集中、等级分明的教育体系决定的。具体的语言项目要通过高级教育专家、州、地区或社区机构层层审核批准，导致"制定普通、具体的目标却要通过抽象、复杂化的方式进行"，而且必须"保证政策内容适用所有地区"。[②] 由于印第安人社区并未参与教育计划的制定，学校教育体系中印第安文化较为缺乏，使过渡性双语教育与双语双文化的预期目标相去甚远。1971年，印第安适龄儿童入学率只有15.33%，几乎没有学生上完小学

---

① 王加强《走向和谐：墨西哥印第安人基础教育的发展脉络探析》，载《外国中小学教育》，2008年第8期，21—24页。

② Hamel, R. E. Indigenous Education in Latin America: Policies and Legal Frameworks [A]. In T. Skutnabb-Kangas, R. Phillipson & M. Rannut (eds.). *Linguistic Human Rights: Overcoming Linguistic Discrimination* [C]. Berlin: Mouton de Gruyter, 1994: 271-288。

四年级。①②

（三）保持性双语教育（20世纪70年代至今）

教育领域的重要改变始于20世纪70年代，当时席卷拉丁美洲的印第安人运动使各国逐渐接受多语言、多文化的现实。墨西哥政府改革印第安人的教育模式，推行教育平等政策。1971年，双语双文化政策已扩展到全国，学校实行西班牙语与印第安语并重的双语教育政策，开启了通过双语教育保护印第安语的保持性双语教育模式。

保持性双语教育的措施之一是提高印第安语教材的质量。1985年，原住民语言办公室编写了34种土著语言的字母表，并于20世纪80年代中期编纂完成了10种土著语言字典，③还与双语教师共同编写了一系列土著语图书。到1988年，已用36种印第安语出版了84种初级读本和教师手册。④除此之外，土著教师编写的口述历史成为重要的教学资源，成为拓宽教育视野、了解印第安人生活的重要视角。印第安语地位的实质性提升表现在两方面：第一，在首都墨西哥城，纳瓦特尔语在中学中成为与英语、法语并重的第二语言，其他地区的学校也逐渐把它作为教学语言；第二，国家教育网络和印第安民族发展机构开始负责教学材料的开发。在国家统一教育的框架下，印第安社区可以选择熟悉本土文化的教师，自主设置本学校的课程。这使多数双语教师是与学生具有相同语言文化背景的印第安人，他们了解印第安社区的语言及文化价值模式，熟悉西班牙语与混合文化，对印第安语的复兴和保护起了不可替代的作用。另外，政府开始在大学实施培养民族语言学家项目，旨在通过培养跨学科背景的印第安学者，提升双语双文化教育质量。

墨西哥1992年的《宪法》第4章承认国家的多文化特点，同时政府对全国印第安研究所及其他原住民服务机构进行重组及重新定位。政府、非政府组

---

① Hamel, R. E. Indigenous Education in Latin America: Policies and Legal Frameworks [A]. In T. Skutnabb-Kangas, R. Phillipson & M. Rannut (eds.). *Linguistic Human Rights: Overcoming Linguistic Discrimination* [C]. Berlin: Mouton de Gruyter, 1994: 271–288。

② 张青仁《墨西哥印第安人教育政策的变迁》，载《拉丁美洲研究》，2014年第5期，65—70页。

③ Patthey-Chavez, G. G. Language Policy and Planning in Mexico: Indigenous Language Policy [J]. *Annual Review of Applied Linguistics*, 1994, 14 (3): 200–219。

④ Hamel, R. E. Indigenous Education in Latin America: Policies and Legal Frameworks [A]. In T. Skutnabb-Kangas, R. Phillipson & M. Rannut (eds.). *Linguistic Human Rights: Overcoming Linguistic Discrimination* [C]. Berlin: Mouton de Gruyter, 1994: 271–288。

织和印第安群体都有权参与政策的制定，印第安人获得更多行使自主权的机会。从1992年到2001年的十年间，有12个州承认了各自区域内印第安人的权利，并规定了本州印第安人享有的语言和社会权利[①]。2003年3月，通过了《土著民族语言权利基本法》(*The General Law for the Linguistic Rights of Indigenous People*)，进一步加强对印第安民族个人和集体语言权利的保护，为推动印第安语言文化的发展提供法律保障。可见，国家在承认多语多文化的同时，也重新定位了印第安语言的文化价值和社会价值。印第安群体倾向于继续保持本族语，同时把西班牙语作为国家通用语，二者分别在印第安社区内和全国交流中使用。

二 影响印第安语言保持的因素

当前墨西哥大部分为双语人口。根据最新的人口普查结果，83%是操西班牙语和土著语言的双语者，仅讲西班牙语或印第安语言的单语者占总人口的17%。在全球化背景下，影响语言保持的关键因素是语言态度、民族认同和经济发展，前两者是隐性的内部因素，后者是显性的外部因素。这三方面将语言教育与认同、权力和意识形态紧密联系起来，共同影响了墨西哥印第安语言文化的保持。

（一）语言态度

语言态度是语言使用者对社会中的语言或语言变体所持有的立场，是没有管理者的语言政策，也是人们认为应该进行的语言实践。作为多语国家语言社会化过程的重要组成部分，少数民族语言使用者对本族语的态度在一定程度上决定了语言保持的成败。纳瓦特尔语作为使用人数最多、使用范围最广的印第安语，在印第安人内部的声望并不高。墨西哥人（包括纳瓦特尔语使用者）经常把它当成"方言"与低级的表达方式，不是一种真正的语言，这样的语言态度为纳瓦特尔语的保持与复兴增加了难度。而且，语言态度同时会影响语言的代际传播。由于西班牙语使用者在社会中拥有更多的发展机会，对于是否要把祖传语传承给后代，很多印第安人存在矛盾心理。印第安父母对本族语的消极态度影响到印第安语的保持，他们认为学习印第安语没有实际价值，也不愿意

---

① Terborg, R., L. G. Landa & P. Moore. The Language Situation in Mexico [J]. *Current Issues in Language Planning*, 2006 (4): 415–518。

把孩子送到印第安语学校，更愿意送到强化西班牙语能力的学校。双语教育政策使印第安人更容易获得学习西班牙语的机会，他们可以在家庭中使用西班牙语，年轻一代的语言转用比较普遍。可见，印第安群体对本族语的态度，是造成印第安语在日常生活空间上退化的一大动因。

（二）民族认同

民族认同与语言保持直接相关。混血的梅斯蒂索人与土著的印第安人之间文明—野蛮之分的思维模式贯穿于近代国家发展的整个进程。殖民统治时期，印第安人常被描述为麻烦制造者、无知和狡诈的人，其语言文化随之也被贬为低级、野蛮的。国家独立后，多数印第安人在社会经济上仍处于劣势地位，通常只能做农民和劳工，不能使用西班牙语使他们遭受进一步的排斥与边缘化；相比之下，梅斯蒂索人社会地位高，占据有声望的社会职位，如大土地所有者、教师、医生、牧师和商人等。主体民族与印第安民族社会形象的巨大差别，以及前者对后者的长期歧视，均严重影响印第安人对本民族的认同，成为促使其放弃本族语的一个关键因素。

（三）经济发展

墨西哥近代从自给农业向货币经济的转变，进一步促进了印第安社区与西班牙语使用者的接触。经济全球化的发展使包括印第安人在内的一些人把土著语言与传统生活方式联系起来：不能使用西班牙语的老人只能继续做传统的农民，熟练使用西班牙语的年轻印第安人可以参与现代经济生活。西班牙语的使用与社会经济利益相关，掌握西班牙语也成为个人发展和进入上流社会需具备的关键能力之一。受到良好教育、社会经济地位较高的印第安人在与主体民族的接触中，为了经济上的发展，也极易放弃本族语言和文化，造成对印第安语保持的进一步威胁。

以上因素均对印第安语言保持提出了挑战，并且在一个语言社区内以复杂的方式互相影响。目前，印第安语言的保持由于内部和外部的压力而处于不稳定状态。在大部分印第安居住地，尤其是那些非常偏远的地区，印第安语仍是原住民喜欢的交际媒介，这些使用并尊重本族语的印第安人在自己的语言社区、国家以及国际社会为促进土著语言的发展而努力，为保持印第安语做出了很大贡献。印第安人也是实用主义者，他们理解西班牙语学习的重要性，学习西班牙语使他们在社区以至国家内具有更大的流动性，为他们在主流文化中提供了更多的发展机会，这种语言意识在很大程度上影响了印第安语言的保持。

三　结　语

墨西哥双语教育政策随着历史发展而演进的过程，体现了国家认同与民族认同之间的互动与协调。缩减性和过渡性双语教育政策主要是为了强化国家认同，而保持性双语教育政策是在确保民族认同不会对国家认同构成威胁的前提下，开展多元文化的传承和推广。墨西哥双语教育政策的实施促进了国家语言和文化多样性的发展，改善了印第安民族的教育状况。不过由于西班牙语是代表经济权力、教育、社会威望的语言，印第安土著语言自从西班牙殖民统治以来，其使用领域与使用频率就一直在逐渐缩小，目前仍处于危机之中。

（曹　佳）

国际语言与发展大会纵览(1993—2019)

国际语言与发展大会①是一个专注于语言与国家政治经济和社会文化发展关系的国际性会议。自20世纪90年代初迄今,会议已经连续举办13届。该系列会议特别重视语言因素在教育、社会、国家进步以及个人发展中的作用,为决策者、研究人员、教师和语言学家提供了一个平台,让他们聚集在一起,就各种发展进程中的语言问题交换意见。

一 会议缘起及简况

语言规划在20世纪60年代末成为一个专门的学科,主流研究阵地在美国。美国福特基金会和洛克菲勒基金会等西方国家的代言人资助大量西方学者,研究二战后在殖民体系崩溃进程中获得独立的亚非多语国家的语言状况,有时直接参与语言规划工作。然而,西方专家的参与并未有效避免各种语言冲突的发生和经济发展的停滞,各国对这类语言规划产生幻灭感。发展中国家迫切希望在语言规划领域发出自己的声音。于是,由发展中国家举办、直面发展中国家语言问题的国际"语言与发展"大会应运而生。

1967年,东南亚多国共同发表《曼谷宣言》,提出优先考虑经济和文化权利,拒绝西方国家的人权普遍主义,反对西方国家刻意忽视发展对于人权保护的基础性作用;认为发展中国家应将生存权和发展权作为首要的基本人权,协调推进经济、社会、文化权利,以及公民和政治权利的保障,以实现人权的"全面和整体发展"。由于有此渊源,首届国际语言与发展大会就选在泰国曼谷举行。

从办会伊始,会议组委会就制定了一系列特别的原则,主要包括:(1)会议主题应聚焦语言和发展相关的各种问题;(2)会议每两年举行一次,并且应

---

① 会议英文名称:International Language and Development Conference;会议网址:http://www.langdevconferences.org/。

在发展中国家举行；（3）参会代表应具有广泛的地域分布；（4）会议接受国际组织和非政府组织的赞助；（5）每一次会议结束后都应出版经过编辑的会议手册和文集，作为活动的永久记录。

自从 1993 年在泰国曼谷举办首届会议以来，每逢奇数年份（仅在 2007 年中断一次），语言与发展会议都会在亚洲或非洲的一个发展中国家举行。该系列会议得到了众多发展中国家的重视，已经先后在 11 个国家成功举办，具备了一定的国际影响力。遗憾的是，虽然会议组委会强调国际语言与发展大会参会国家的区域代表性，但是迄今为止并未突出显现。从举办国家所在地区看，全部会议均在亚洲和非洲国家举行（其中，亚洲 10 次，非洲 3 次）；在 10 个亚洲国家中，东南亚 6 次（其中泰国 2 次），南亚 3 次，中亚 1 次。中国作为世界上最大的发展中国家尚未参与，拉丁美洲的众多发展中国家也从未参与。

二 历届会议及主题

从 1993 年到 2019 年，国际语言与发展大会一共举行了 13 届，主题涉及语言多样性、多语教育、发展中国家的英语教育、语言与社会凝聚力、语言与可持续发展，等等。

（一）第一届

1993 年，第一届国际语言与发展大会在泰国曼谷举行，其主题为"开发项目中的语言议程"。会议指出，必须认真考虑语言问题在国际援助项目中的重要性，一些受援国常常忽略了语言培训项目的开支，导致援助方和受援方项目工作人员之间存在语言障碍，涉及施工、运营、维修等细节时，沟通往往不能令人满意，影响项目的边际效益和实际效果。会议建议各国提早启动语言培训项目，建议在发展项目中增加语言教育和语言培训的内容。会后，英国文化协会和朗曼出版社资助出版了由 Kenny 和 Savage 主编的《语言与发展：变化世界中的教师》（1997）会议文集。

（二）第二届

1995 年，第二届国际语言与发展大会在印度尼西亚的巴厘岛举办，其主题为"发展进程中的语言与传播：利益攸关者的视角"。会议指出，在信息时代和制造业快速发展的背景下,应该加强专门用途语言教学,建议柬埔寨等国培养更多的女性英语教师,建议在编写专门用途英语教材(如国际酒店英语、法律英语)时,应该考虑发展中国家的语言和文化背景。会议涉及以下一些话题:语言项目的设计与评价、语言项目的可持续性、专门用途英语课程问题。会后,Crooks 和 Crewes 编辑出版了《语言与发展》(1995)会议文集。

(三)第三届

1997 年,第三届国际语言与发展大会在马来西亚的兰卡威举办,其主题为"渠道、赋权与机会"。会议分析了南亚和东南亚国家越来越多的小学开设英语课程背后的驱动因素。会议提出全覆盖的语言教育(扫盲)可以为边缘群体(如妇女和女童)赋权,增加其分享社会发展成果的渠道和机会。会后,Abdullah,Crocker 等在吉隆坡国家公共行政研究所编辑出版了《发展中的语言:渠道、赋权与机会》(1998)文集。

(四)第四届

1999 年,第四届国际语言与发展大会在越南的河内举行,会议主题为"语言与发展中的伙伴关系与社会互动"。会议指出,越南政府推行的经济开放政策增加了对英语人士的需求,经合组织国家自 1990 年以来对越南的许多发展援助涉及过多的商业管理课程,但是语言人才培训不足,导致越南对先进科学技术的获取并不成功。会议建议加强参与开发项目人员和研究人员的语言教育,提供一个有关发展背景下的语言学习论坛,促进技术专家与语言教育工作者之间的合作与互动。第二年,会议组委会在曼谷出版了由 Shaw, Lubelska 和 Noullet 主编的名为《伙伴关系和互动》(2000)的论文集。

(五)第五届

2001 年,第五届国际语言与发展大会在柬埔寨首都金边举行,其主题为"界定语言在发展中的作用"。金边会议吸引了语言学家、扫盲专业人员、国际合作项目经理、跨国公司顾问等多个领域的人士。与会人员指出,在柬埔寨这样一个欠发达国家,许多偏远地区的农村儿童还不能获得基本的语言教育,成年人在医疗、司法等领域也很难获得语言服务。为了制定与地区发展真正相关的语言政策,需要考虑语言资源的配备和获取问题,在发展中实现语言权利。

会后，澳大利亚著名语言政策研究专家 Lo Bianco 主持编辑出版了此次会议的论文集《金边之声——发展与语言：全球影响与地方效应》(2002)。

（六）第六届

2003年，第六届国际语言与发展大会在乌兹别克斯坦的塔什干举行，主题为"国家发展和国际合作中的语言挑战"。选择乌兹别克斯坦作为会议的东道国，是因为它是中亚地区的核心国家。自苏联解体以来，该地区所有新兴国家不得不面对一系列关于语言选择的问题。会议话题涉及：(1)中亚语言规划与国家发展的关系，包括语言教育在国家建设中的作用、扫盲在社会经济发展方面的作用、语言在解决冲突和区域发展中的作用等。(2)发展中国家的识字和双语教育，包括在资源匮乏的环境中教授语言、双语教师培训、信息通信技术在语言教学中的应用；(3)发展项目中的语言问题，包括发展项目的可持续性、面向发展的语言机构能力建设等。会后，Coleman，Gulyamova 和 Thomas 等学者共同编辑了论文集《中亚及其他地区的国家发展、教育和语言问题》，文集于2005年在塔什干出版。

（七）第七届

2005年，第七届语言和发展国际会议在埃塞俄比亚首都亚的斯亚贝巴举办，这是语言与发展会议首次在非洲国家举行。会议主题为"语言与发展"。在这一框架下确定了两个分主题：(1)语言在发展中的作用。包括语言与发展之间的关系、地方语言与国际语言在发展中的功能、全球性问题（地区冲突、气候变化等）与语言的关系；(2)发展视角下的语言教育。包括在发展背景下促进有效的语言学习、在资源匮乏的环境中教授语言、发展中国家的教师教育、发展中国家的开放式语言学习、课程改革和母语教材编撰。会议呼吁在撒哈拉以南非洲引入双语教育，停止单一的欧洲语言教学模式。会后出版了由 Coleman 编辑的论文集《语言与发展：非洲及其他地区》(2007)，呼吁人们关注发展中国家（特别是非洲国家）在语言政策和语言教育方面的教训。

（八）第八届

2009年，第八届国际语言和发展会议在孟加拉国首都达卡举行，这是会议首次来到南亚。孟加拉国也是联合国教科文组织"国际母语日"的发源地。会议主题为"语言与发展：社会文化问题和挑战"。会议设置了五个讨论话题：（1）语言、性别与发展；（2）语言在民族和文化认同中的作用；（3）社会文化问题：挑战与机遇；（3）语言能力建设和国家发展；（5）语言和信息技术。会议提出的"多语框架下的母语教育"理念后来被联合国教科文组织接受。会后出版了Savage主编的会议论文集《语言与发展：社会文化问题与挑战》（2009）。

（九）第九届

2011年，第九届国际语言与发展大会在斯里兰卡科伦坡举行，其主题为"语言和社会凝聚力"。之所以选择这个主题，是因为斯里兰卡曾经历长达三十年的军事冲突，冲突的诱因就是语言问题。僧伽罗语和泰米尔语都是斯里兰卡的重要语言，然而1956年通过的"官方语言法"（通常被称为"僧伽罗之子法案"）引发了语言认同危机，带来了极具破坏性的军事冲突。确保社会凝聚力和包容力，减少因语言因素带来的不平等，对斯里兰卡人来说既是一个挑战，也是一个愿景。因此，"语言和社会凝聚力"这一主题非常契合斯里兰卡的语境。会后出版了由Coleman主编的《发展中世界的语言与社会凝聚力》（2011）。

（十）第十届

2013年，第十届国际语言与发展大会在南非开普敦举行，会议主题为"展望2015年后的机遇、平等与认同"。2015年是联合国千年发展目标（MDGs）的收官之年，会议聚焦千年发展目标中与语言文化相关部分的进展，从政策层面审视了非洲地区英语和其他语言的发展状况，探讨土著语言在家庭、学校和社区中的实际应用。会议上，尼日利亚伊巴丹大学的Ayo Bamgbose教授特别指出，"在思考非洲国家为什么没有达到预期的发展目标时，我们需要考虑语言因素产生的各种制约"。会后第二年，英国文化协会出版了由McIlwraith主编的会议论文集《开普敦语言与发展会议：展望2015年》（2014）。

（十一）第十一届

2015年，第十一届国际语言与发展大会在印度首都新德里举行，会议主题是"多语制与发展"。会议指出，语言和文化多样性是印度和其他发展中国家的一个普遍现象，尽管面临各种挑战，但语言多样性带来了文化多样性和社会活力。必须向所有人提供学习主流语言的机会，以确保信息的公平获取。会议设置了以下几个话题：(1) 多语言与大都市。包括城市化对语言的影响、移民在城市环境中面临的语言障碍、城市学校提供多语教育的能力、在语言超多样化城市中的政府服务；(2) 语言、技术和文化多样性。包括虚拟空间与少数群体语言生存、数字媒体对非拉丁字母书写系统的影响、多语社会中救灾服务的科技应用；(3) 多语言、边缘化和赋权。包括"发展理念"与传统教育制度之间的紧张关系、多语社会中女童和妇女的教育赋权、濒危语言和濒危身份、多语言环境中家庭和父母的作用、市场环境下农村的多语维持、英语导致的发展中国家边缘化等。会后，联合国教科文组织、英国文化协会和印度农村发展部资助出版了由 Coleman 主编的《多语制与发展》会议文集（2015）。

（十二）第十二届

2017年，第十二届国际语言与发展大会在塞内加尔首都达喀尔举办。这是这一系列会议第三次在非洲国家举行，第一次在法语国家举行。会议主题是"语言与可持续发展目标"。由于《联合国2030年可持续发展议程》已经在2016年1月1日正式启动，因此会议集中探讨了语言在实现人类可持续发展目标中的作用，特别是目标4、目标8和目标16，强调了当前可持续发展目标缺乏对语言的重视这一事实。会议围绕三个话题：(1) 优质、公平和包容性的多语教育。这一话题关注促进所有人发展的语言政策、城市地区的语言素养、农村地区的语言服务，以及在多语言教室中采用母语教学的政策和实践；(2) 语言、技能和经济可持续增长。这一话题探讨语言技能在支持新兴经济体发展方面的作用；(3) 沟通、和平与正义。这一话题审查语言冲突中的极端主义、人口迁徙带来的语言沟通问题，认为许多发展中国家在语言政策的制定和执行过程中，未能考虑到语言多样性对弱势群体的影响，最终阻碍了其实现可持续发展目标的进程，建议采取具体行动，设法消除弱势群体和边缘化社区的语言障碍，改善其生计和经济机会，营造更加公平与正义的社会环境。

（十三）第十三届

2019年9月，第十三届国际语言与发展大会重新回到泰国曼谷。会议主题是"语言与人员流动、多语教育和社会发展"。2019年国际难民危机持续不断，亚洲的叙利亚和缅甸都出现了难民潮，同时，2019年还是联合国宣布的"土著语言年"。大会指出，冲突、贫穷、气候变化和社会不公都带来了大量境内和跨境移民和难民,流动人口的语言边缘化问题突显,这对社会包容、公民参与、信息获取、国家凝聚力及和平发展环境都形成了挑战。同时,在经济全球化和社会信息化进程中,土著民族的语言教育平衡问题依然没有得到解决。会议建议深化对语言影响可持续发展目标实现问题的认识,推动以母语为基础的多语教育,为语言小族提供司法、健康、公民参与的必要信息,让所有人共享社会发展成果。

三 国际社会的反响

一些国际组织已经意识到语言与发展的关系。联合国教科文组织在其成立之初就推出了基本的教育计划,这些计划中均包含语言发展部分,认为减贫、卫生、教育等领域的发展都不能忽视语言因素的作用,语言政策一定要与具体的发展目标结合起来,否则就很可能成为空洞的口号。2006年联合国教科文组织"国际扫盲日"将主题设置为"识字助力社会可持续发展";从2008年起,"发展"成为联合国教科文组织总干事国际母语日致辞中的一个高频词;2014年"世界语言大会"发表的《苏州共识》也强调语言能力对国家、社会和个人发展的重要性,认为语言能力是开展经济活动的必需,经济发展离不开语言的发展,语言发展是经济发展的助推器。

多年来,联合国教科文组织不仅是会议的赞助方,同时也是会议的协作方。教科文组织通过国际语言与发展大会这一平台,宣传自己的语言理念,包括母语教育的重要性,以及语言在实现联合国2030可持续发展目标中的作用。

除了联合国教科文组织和主办国政府外,非盟委员会和英国文化协会也多次赞助该会议。非盟委员会呼吁重视少数族裔的语言权利,以及殖民地宗主国的语言霸权导致的土著语言边缘化问题;英国文化协会除了关注语言多样性对文化多样性的支撑作用,也大力支持发展中国家的英语培训问题,仍然试图对发展中国家的语言政策发生影响。

迄今为止,我国尚未参与这一国际性会议,国内还未见到与该系列会议相关的研究与报道,而这一国际会议也未曾关注过中国这个世界上最大的发展中国家的语言规划理念和具体的语言政策。

(方小兵)

语言政策与规划类国际期刊扫描(2019)

本文集中介绍语言政策与规划领域的 6 种国际期刊。通过简要介绍刊物每期主题、论文题目和核心内容,向读者展示 2019 年国际学界关注的问题。

《国际语言社会学期刊》

(International Journal of the Sociology of Language)

该刊 2019 年共出版 6 期(第 255—260 期),其中前 5 期是专刊,第 6 期是自由投稿,共发文 57 篇。

第 255 期专刊的主题为"语言、传承与家庭:一个动态的视角",由 Christina Higgins 主持,刊文 9 篇,文章标题及作者如下:

《卷首语》(Christina Higgins)、《传承语的变化趋势:斯里兰卡泰米尔移居家庭实践中的意识形态》(Suresh Canagarajah)、《家庭语境中夏威夷语的使用动态》(Christina Higgins)、《对未来的想象在跨境家庭语言保持和语言转用中的重要作用》(Li Wei 和 Zhu Hua)、《"假装只懂斯瓦希里语":挪威多语家长谈家庭语言政策的改变和延续》(Judith Purkarthofer 和 Guri Bordal Steien)、《当 x 语言不能标识身份认同:语言转用、认同及家庭语言政策的交集》(Smith-Christmas, Cassie)。另外,还有 2 篇书评:《引导家长养育双语儿童》(Mina Kheirkhah)、《家庭语言政策成功者的故事》(Hakyoon Lee)。此外还有关于 2018 年 Joshua A. Fishman 奖和该刊上一年评审人的介绍。

第 256 期专刊主题是"跨性别者(transgender)与语言",由 Emilia Di Martino 和 Luise von Flotow 主持,刊文 9 篇,文章标题及作者如下:

《卷首语》(Don Kulick)、《编者序》(Emilia Di Martino 和 Luise von Flotow)、《在交际中确立"变性身份":跨性别专科医疗中心的语言与身份识别问题》(Rodrigo Borba)、《性别认同的语言表达:阿尔巴尼亚的"誓言处女"》(Dickerson, Carly)、《视频博客写手身份建构中的跨界规范话语》(Lucy Jones)、《跨性别多语使用者的性别自我错认》(Lauren Simpson 和 Jean-Marc

Dewael)、《"我是我"：网络论坛中自我建构的跨性别身份》(Lexi Webster)、《跨性自我认同与新自由主义人格的语言：能动性、权力以及独白式话语的局限》(Lal Zimman)、书评《跨性别者的呼声》(Jamie Raines)。

第 257 期专刊的主题是：体验不同说话者身份：移民为融入传统单语环境和双语环境而奋斗，由 Rosina Márquez Reiter 和 Luisa Martín Rojo 主持，刊文 8 篇，文章标题及作者如下：

《卷首语：移民环境中的语言与说话者身份》(Rosina Márquez Reiter 和 Luisa Martín Rojo)、《语言监视：迫使马德里拉美裔学生遵循当地语言模式》(Luisa Martín Rojo 和 Rosina Márquez Reiter)、《移民经历的自我记录》(Clara Keating)、《西班牙加利西亚课堂互动中的沉默行为：通过打分对增用语言的（去）合法化》(Gabriela Prego Vázquez 和 Luz Zas Varela)、《当语言混用成为常规：记录巴塞罗那一所公立学校双语学生的语言选择》(Adriana Patiño-Santos)、《语言的社会化与语言换用：巴塞罗那以马杵斯社区两位跨国移民的案例》(Maria Rosa Garrido)、《语言增用：探索观察对象的语言构成》(Joan Pujolar)、书评《语言、资本主义和殖民主义：批判性的历史》(Adrienne Lo)。

第 258 期的主题是：矿业领域的语言，由 Leonie Cornips 和 Pieter Muysken 主持，共刊文 8 篇，文章标题及作者如下：

《卷首语：矿业领域的语言》(Leonie Cornips 和 Pieter Muysken)、《南非的矿区语言法那卡罗皮钦语：情况新述》(Rajend Mesthrie)、《加丹加的斯瓦希里语和海尔伦的荷兰语：矿区语言接触变体的社会历史及语言学对比》(Leonie Cornips 和 Vincent de Rooij)、《比利时某矿区濒亡矿语的语法特征》(Nantke Pecht)、《从佛兰芒方言到城市方言：佛兰芒语林堡地区第一代矿工语言与元语言特征的传承》(Stefania Marzo)、《玻利维亚波托西矿区的多语主义和混杂语言》(Pieter Muysken)、《圣约达·查巴达方言：疑似巴西米纳斯吉拉斯矿语的残留》(Laura Álvarez López)、《讨论：自然资源经济中的语言》(Sari Pietikäinen)。

第 259 期的主题是：社会变迁研究中的识字能力：葡语区视角，由 Izabel Magalhães Marilyn Martin-Jones 和 Mike Baynham 主持，共刊文 9 篇，文章标题及作者如下：

《社会变迁研究中的识字能力：葡语区视角》(Marilyn Martin-Jones, Izabel Magalhães 和 Mike Baynham)、《葡萄牙语言与识字能力教育：回顾与现状》

（Clara Keating）、《东帝汶1974—1975：去殖民化、民族建构与成人识字运动》（Estêvão Cabral）、《东帝汶的成人识字：来自教师、学员及协调员民族志研究的启示》（Danielle Boon）、《关于巴西两城区识字话语的批判性分析》（Guilherme Veiga Rios）、《识字能力在宗教活动与世俗交叉活动中的意义：考察巴西一小区局部及整体变化》（Maria Lúcia Castanheira 和 Brian V.Street）、《关于社会融入教育的民族志研究应考虑话语、读写习惯和文本的使用：两项巴西研究的启示》（Izabel Magalhães）、《在葡萄牙教育系统的边缘开放多语识读的思想空间？来自俄文补习学校的启示》（Solovova Olga）、书评《拉丁美洲的识字和算术能力：地方视角及其他》（Jane Freeland）。

第260期的主题是：适应变化中的景象：语言标准化、语言复兴和数字化，由Florian Coulmas主持，共刊文10篇，文章标题及作者如下：

《边缘的故事：塞浦路斯阿拉伯语的记录、标准化和复兴》（Marilena Karyolemou）、《官方语言在巴伦西亚地方政府电子通信中的使用》（Lluís Català-Oltra 和 Clemente Penalva-Verdú）、《巴西圣特雷莎农村地区威尼托传承语言的使用与代际传用》（Sarah Loriato）、《尤卡坦人的玛雅语规划及语言标准化斗争》（Anne Marie Guerrettaz）、《克里米亚的语言转用与语言复兴》（Paola Bocale）、《乌克兰中部的语言与宗教》（Jan Patrick Zeller，Oleksandr Taranenko 和 Gerd Hentschel）、《南非年轻土著母语者对白人后裔英语口音的隐性语言态度：一项社会语言学研究》（Pedro Álvarez-Mosquera 和 Alejandro Marín-Gutiérrez）、《约旦安曼带阿拉伯语词素且用作俚语的英语借词：社会语言学分析》（Aseel Zibin 和 AL-Tkhayneh, M. Khawlah）、《南非北开普省农村地区语言景观中非洲语言的商品化》（Felix Banda 和 Lorato Mokwena）、书评《批评社会语言学研究方法：紧扣要害语言问题》（Janine A. E. Strandberg）。

《语言政策》
（Language Policy）

《语言政策》杂志2019年共出版4期，其中第1期和第4期是专刊。第2期和第3期是自由投稿。共发文39篇。

第1期的主题为"大中华区的多语主义与语言政策的制定"，由沈骑和高雪松主持，共发文9篇，主要篇目如下：

《大中华区的多语主义及语言政策的制定》（Qi Shen, Xuesong Gao）、《普通话在中国少数民族地区语言市场的价值》(Hao Xu)、《语言政策中的情感结构》(Jing Zhang, Miguel Pérez-Milans)、《语言政策与规划/二语习得的接口研究》(Yawen Han, Peter I. De Costa, Yaqiong Cui)、《台湾移民母亲语言经历的建构》(Man-Chiu Amay Lin)、《英语发表：多语背景的中国学者在学术发表中的挑战与机遇》(Yongyan Zheng, Xiaoyan Guo)、《中文作为二语教学语言的政策挑战》(Elizabeth K. Y. Loh, Loretta C. W. Tam, Kwok-chang Lau)。该期有2篇书评：《李宇明：中国语言规划》(Bernard Spolsky)、《Jeffrey Gil：软实力与中文学习的全球推广：孔子学院项目》(Citing Li)。

第2期为自由投稿，共刊文7篇，文章标题及作者如下：

《机构语言政策中的语言意识形态：通过语言政策语域看可变性》(Shannon Fitzsimmons-Doolan)、《英语作为外语的家庭语言政策：从中国到加拿大的一项个案研究》(Wei Liu, Xiaobing Lin)、《卡塔尔2003—2012的教育语言政策：从本土化到全球化再到本土化》(Eiman Mustafawi, Kassim Shaaban)、《国家对"争议语言"的认可：1992—2010撒拉丁语与阿斯图里亚语的比较研究》(Naomi Wells)、《不同国家，相同做法：当前特兰斯卡帕提亚地区钱币语言对语言政策的视觉构建》(István Csernicskó, Anikó Beregszászi)、《"我是长音符"：来自基层的规约主义与正字法改革》(Patrick Drackley)，另有1篇书评：《Douglas A. Kibbee：语言与法律：美国的语言不平等》(Dennis Baron)。

第3期是自由投稿，共9篇，文章标题及作者如下：

《语言政策（与管理）理论的修改与完善》(Bernard Spolsky)、《名正言顺？2011年苏格兰人口普查中的语言问题和苏格兰语政治》(Mark Sebba)、《瑞典教育系统中的芬兰语教育得到社会在理论与实践层面的支持》(Lasse Vuorsola)、《语言商业观推动的情感倾向：公司、审计文化和二语/外语教育政策》(Peter I. De Costa, Joseph Park, Lionel Wee)、《关于一所南非大学多语主义政策的对立意见》(Bassey E. Antia, Chanel van der Merwe)、《制度化的十年：教育者视角下的结构化英语沉浸式教学》(Angela Cruze, Meg Cota, Francesca López)，另有书评3篇：《Elisabeth Barakos和Johann W. Unger：语言政策的话语分析方法》(Pramod K. Sah)、《Monica Heller and Bonnie McElhinny：语言、资本主义、殖民主义：历史的批判》(Jenna Cushing-Leubner)、《Cassie Smith-Christmas：家庭语言政策：在家庭生活中维护濒危语言》(Muhammad Ahmad Alasmari)。

第4期的主题是语言政策与"语言使用新成员"，由Josep Soler和Jeroen

Darquennes 主持,共刊文 11 篇,文章标题及作者如下:

《语言政策与"语言使用的新成员":本期导读》(Josep Soler, Jeroen Darquennes)、《语言使用的新成员与语言政策研究:主题及理论贡献》(Jeroen Darquennes, Josep Soler)、《语言新使用者的父母作为当代加利西亚草根语言政策制定者:信念、管理与实践》(Bernadette O'Rourke, Anik Nandi)、《亚国家整合政策的争论:移民新语言成员作为语言政体权益人》(Anna Augustyniak, Gwennan Higham)、《新、旧语言的新成员:关于语言生活和语言政策差距的调查》(Massimiliano Spotti, Sjaak Kroon, Jinling Li)、《教育机构中人们对语言使用新成员的抵制与适应:爱沙尼亚的两个案例》(Josep Soler, Heiko F. Marten)、《语言政策和语言能力:挪威建筑业中的语言使用新成员》(Kamilla Kraft)、《创造模糊,服务于语言政策和语言使用新成员》(Colin H. Williams),另有 3 篇书评:《Nancy H. Hornberger:向 Richard Ruiz 及其语言规划与双语教育著作致敬》(Adam Schwartz)、《Florian Coulmas:多语主义导论:世界变迁中的语言》(Sue Wright)、《Cassie Smith-Christmas, Noel P. Ó Murchadha, Michael Hornsby, Máiréad Moriarty:小族语使用新成员:语言意识形态和语言使用》(Deirdre A. Dunlevy)。

《语言问题与语言规划》

(Language Problems and Language Planning)

该刊 2019 年共 3 期,发表学术文章 17 篇,书评 7 篇。

第一期刊文 5 篇(2 篇西班牙语),书评 2 篇:《动荡局势中语言问题与语言规划的作用》(François Grin)、《东亚和墨西哥对英文授课的态度》(Keith M. Graham 和 Zohreh R. Eslami)、《三宝颜地区查瓦卡诺语的正字法研究》(Eduardo Tobar Delgado 和 Mauro Fernández)、《当代日本的文字改革研究》(Basil Cahusac de Caux)、《语言政策的法律限制和加泰罗尼亚语的非地域性》(Juan Jiménez-Salcedo)、书评《英语教学中的教师角色和政策回应》(Jennifer J. MacDonald)和《内容与语言相结合的学习:语言政策和教学实践》(Tom Morton)。

第二期为特刊,主题是"《101 法案》40 年评价",由 François Vaillancourt 主持,刊文 6 篇,书评 2 篇:《101 法案 40 年评价》(François Vaillancourt)、《魁北克的语言新动态》(Charles Castonguay)、《魁北克法语义务教育在移民融合

上的成败》(Michel Paillé)、《公共领域的法语使用》(Marc Termote)、《魁北克的语言政策和经济全球化》(Gilles Grenier)、《101法案对魁北克英语社区的影响评估》(Richard Y. Bourhis)以及书评《规范语言政策：伦理、政治、原则》(Tomasz Soroka)、《语言和加拿大媒体：代表、意识形态、政策》(Saira Fitzgerald)。

第三期刊文6篇，书评3篇：《澳门大学生对后殖民时期澳门语言政策与规划问题的态度研究》(Xi Yan)、《阿拉贡母语学童的法律权利——阿拉贡语教学的现状（西班牙）》(Maria Torres-Oliva1等)、学术争鸣文章三篇：《公共政策语言和学术掣肘》(Robert Phillipson)、回应文：《"驳"Robert Phillipson：〈公共政策中的语言与学术掣肘〉》(Jacques Mélitz)、《"驳"Jacques Mélitz》(Robert Phillipson)、《索托斯奥堪多的语言运动》(Roberto Garvía)，以及书评《语言政策与经济：非洲的语言问题》(Weiguo Zhang)、《世界各地的语言遗产政策》(Anne Pauwels)、《欧盟语言法》(Michele Gazzola)。

《当前语言规划问题》

(Current Issues in Language Planning)

该刊2019年共5期，发表学术文章26篇，书评4篇。

第一期刊文为特刊，主题为"多样性、亲缘性、散居性：南半球多语现象对政策与规划的启示"，由Kathleen Heugh和Christopher Stroud主持，刊文7篇：《多样性、亲缘性、散居性：理解多语现象的南方研究视角和方法》(Kathleen Heugh和Christopher Stroud)、《多样化管理和分类的假定普遍性：以新加坡印度人为例》(Ritu Jain和Lionel Wee)、《语言应各司其职：东帝汶学校教育和多语课堂中的语言意识形态、语言化世界》(Ildegrada da Costa Cabral)、《"看不见听不到"：巴西各城市印第安人的文化认同和交际能力》(Terezinha Machado Maher和Marilda do Couto Cavalcanti)、《21世纪澳大利亚土著的语言多样性》(Jane Simpson和Gillian Wigglesworth)、《澳大利亚海外土著移民回归推动语言复兴：南澳大利亚阿德莱德的库纳人》(Rob Amery)、《例外空间：南半球多语现象的资源和风险》(Kathleen Heugh等)。

第二期刊文4篇，书评2篇：《从嘲笑到合法：竞争语言和语言规划权力下放》(Philip McDermott)、《葡萄牙公立大学的语言教育政策：机构利益各方意见》(Susana Pinto 和 Maria Helena Araújo e Sá)、《国家语言政策：公众认知与政府意图》(Nathan John Albury)、《安达卢西亚语在西班牙语世界的地位：安达卢西亚目前能否有自己的语言标准化进程》(Elena Méndez-G de Paredes 和 Carla Amorós-Negre)，以及书评《走向后母语主义：动力与转变》(Houghton 和 Kayoko Hashimoto)、《南美英语教学：政策、准备和实践》(Esther F. Boucher-Yip)。

第三期刊文6篇：《社区—语言规划的交叉口：威尔士社区的宏观和微观语言规划》(Rhian Hodges 和 Cynog Prys)、《语言测试、语言门槛和全球流动》(M. Obaidul Hamid 等)、《基于证据的语言政策：审视现有研究的理论和方法》(Takunori Terasawa)、《教师对多语主义的信念：Q方法的研究发现》(Adrian Lundberg)、《教学思想的媒介：纳瓦拉双语体制中的多语适应》(Iker Erdocia)、《社会学现实主义与语言政策分析：可行之道》(Seyed Hadi Mirvahedi)。

第四期为特刊，主题是"非洲背景下的多语现象和语言政策：加纳共和国的经验教训"，初期由 Tope Onomiyi 负责，后由 Nana Aba Appiah Amfo 和 Jemima Anderson 接手负责，刊文7篇，书评2篇：《编辑寄语》(Anthony J. Liddicoat 等)、《非洲的多语现象和语言政策：加纳共和国的教训》(Nana Aba Appiah Amfo 和 Jemima Anderson)、《加纳实习教师社会语言学背景及其语言教育政策态度初探》(Elvis Yevudey 和 G. Edzordzi Agbozo)、《加纳低年级小学课堂的语言表现及其影响：以加纳中西部地区指定学校为例》(Charles Owu-Ewie 和 Emma Sarah Eshun)、《加纳的尼日利亚移民多语现象和语言实践》(Evershed Kwasi Amuzu 等人)、《教会的多语化：加纳的语言实践》(Monica Apenteng Obiri-Yeboah)、《加纳市民的英语母语选择》(Grace Ampomaa Afrifa 等)，以及书评《跨语言实践和新自由主义政策：在英语国家任职的非洲技术移民态度和策略》(Ana Deumert)、《语言经济：多语主义的市场潜力》(Oladipo Salami)。

第五期刊文3篇：《世界知名大学的政策借用：以日本的写作中心为例》(Tomoyo Okuda)、《开放多语/多语教育政策及实践的思想和实施空间：巴基斯坦学术活动一瞥》(Syed Abdul Manan 等)、《教育变革时期的教师能动性：以越南转型教师为例》(Hao Tran)。

《多元语言和文化发展期刊》

(Journal of Multilingual and Multicultural Development)

《多元语言和文化发展期刊》2019年共10期,发表学术文章62篇、书评15篇。

第一期刊文6篇,书评2篇:《亚洲商科学院英文授课的一项案例研究》(Adita Pritasari,Hendy Reinaldo 和 C. W. Watson)、《麦加大清真寺语言景观中的语言媒介和场域》(Reema Ali S. Alsaif 和 Donna Starks)、《推特上的小族语言,标签能告诉我们什么? :#cymraeg、#frysk 和 #gaeilge 之比较》(Sarah McMonagle,Daniel Cunliffe,Lysbeth Jongbloed-Faber 和 Paul Jarvis)、《汇聚家长力量:巴斯克自治地区浸入式学校的家长参与式创新》(María del Puy Ciriza)、《瑞典索马里裔儿童及少年的母语使用和投资》(Clara Palm,Natalia Ganuza 与 Christina Hedman)、《韩国英语专业学生和非英语专业学生对英语作为国际通用语的看法》(Ju Seong Lee 与 Kilryoung Lee),以及2篇书评:《语言的社会起源》(Michael C. Corballis)、《犹太人》(Barry A. Kosmin)。

第二期刊文5篇,书评2篇:《分裂型城市多语言景观中的冲突与统一:以尼科西亚边界为例》(Christiana Themistocleous)、《高地达吉斯坦的多语能力性别差异及其趋同》(Nina Dobrushina,Aleksandra Kozhukhar 和 George Moroz)、《文化差异、语言态度和游客满意度:以巴塞罗那酒店业为例》(Pablo de Carlos 等)、《维护一门语言并学习一门新语言:以比利时的摩洛哥儿童为例》(Graziela Dekeyser 与 Gillian Stevens)、《第二语言学习的长期动机:情境学习视角下的传记式研究》(Kazuyuki Nomura 与 Rui Yuan),以及书评《多样性的挑战:美国论》(Philip Gleason)、《多语公民:面向能动性和变革的语言政治》(John E. Petrovic)。

第三期刊文6篇,书评2篇:《刊首语》《跨越华语欠缺标签:香港"非华语"小族学生的经历》(Fang Gao, Chun Lai 和 Christine Halse)、《澳门文化遗产和博彩旅游语言景观中的语言选择研究》(Xi Yan)、《"有这样的应用程序吗?"祖传语家庭使用游戏和应用学习祖传语》(Sabine Little)、《印度尼西亚和韩国职前英语教师对英语作为国际通用语的认知比较》(Ju Seong Lee 等)、《教师和家长传授的马普切语—佩文切语:(智利)阿劳卡尼亚地区乡村小学儿童的认知视角》(Peña-Cortés 等)、《英国社会对移民语言的敌意:集体抵制"超多样性"?》(Andreas Musolff),以及2篇书评《被围困的语言/欧洲双语制与小族语言：当前趋势与发展》（Fraser Lauchlan and Maria del Carmen Parafita Couto, Newcastle-upon-Tyne）、《奴役的脚本：语言、劳动力流动与跨国家政》（Hans J. Ladegaard）。

第四期刊文5篇，书评2篇：《"一个国家，两种语言"：白俄罗斯多语新闻网站上的官方语言》（Hanna Sliashynskaya）、《中国大陆大学生的汉语方言及普通话焦虑：社会出身和语言变量的影响》（Yan Jiang 和 Jean-Marc Dewaele）、《语言态度在变化：波多黎各青年对单语变体和语码混杂变体的看法》（Rosa E. Guzzardo Tamargo 等）、《语言在高等教育中的桥梁作用：关于少数民族学生祖传语水平对学业成就影响的大型实证研究》（Eunjee Jang 和 Janina Brutt-Griffler）、《双语儿童充当日常翻译：论日常语言翻译如何加强小族语言》（Esther Álvarez de la Fuente 等），以及书评《双语并存：我的连字符生活》（Mela Sarkar）、《脱欧语言：英国人是如何淡出欧盟的》（Sue Wright）。

第五期是特刊，主题为"精英多语主义：话语、实践和争论"，刊文7篇：《刊首语》（Elisabeth Barakos 与 Charlotte Selleck）、《只懂双语还不够：蒙特利尔新法语人的多语观》（Roseline G. Paquet 与 Catherine Levasseur）、《布列塔尼语使用者等级化的观点和立场》（Michael Hornsby）、《英语世界高等教育中的精英双语身份：多语学生群体的语言多样性层级与社会经济不公衍生》（Siân Preece）、《卡斯蒂利亚—拉曼恰精英双语教育建设中的"母语效应"：冲突与困境》（Ana Maria Relaño-Pastor 与 Alicia Fernández-Barrera）、《给学生的增项：巴塞罗那一所国际学校将汉语建设成精英语言》（Eva Codó 与 Andrea Sunyol），及评论文章《精英多语主义、情感因素和新自由主义》（Peter De Costa）。

第六期刊文6篇，书评2篇：《优先考虑影响沟通意愿的个体关键因素：层次分析法研究》（Marzieh Rafiee 和 Salman Abbasian-Naghneh）、《巴利阿里群岛多语大学生的英语学习态度和动机：母语及其他因素的影响》（Sofia Moratinos-Johnston 等）、《意大利区域语言的书写系统》（Paolo Coluzzi 等）、《高等教育领域小族化语言的认识转变与实践空间：墨西哥语言教育的萨波特克语化》（Haley De Korne 等）、《非本族语英语教师身份认同研究述评：2008–2017》（Rui Yuan）、《塞浦路斯英语教师关于语音的认识》（Georgios P. Georgiou），以及书评《多语言政治：欧洲化、全球化和语言治理》《中国少数民族多语言学习者的付出与收获：一项民族志研究》（Matteo Bonotti 和 Nina Cross）。

第七部分 参考篇

第七期为中国特刊,主题为"大中华区多语和高等教育",由高雪松和郑咏滟主持,刊文6篇,书评1篇:《刊首语》(Xuesong Gao 与 Yongyan Zheng)、《关于中国高校非英语外语教育近期发展的思考》(Yawen Han, Xuesong Gao 和 Jinyuan Xia)、《体验为王——台湾大学生英语与其他八种外语的学习动机比较》(Shu-Chen Huang)、《中国大学生多语学习动机概述》(Yongyan Zheng, Xiuchuan Lu 与 Wei Ren)、《中国大学生日语学习动力机制研究:诱导性隐喻分析》(Wenhong Huang 与 Dezheng Feng)、《初级外语课堂中流利水平者的动机研究:以香港为例》(Kazuyuki Nomura, Shin Kataoka 和 Takako Mochizuki)、《中国某大学非英语类外语教师的动机和职业自我》(Jian Tao, Ke Zhao 和 Xiuwen Chen),以及书评《日语及其在亚洲的软实力》(Citing Li)。

第八期刊文7篇,书评3篇:《台湾高山族语言发展法:民主政治、司法转型与追求外交认可》(Jean-François Dupré)、《美墨边境英语学习者的语言意识形态:过渡型双语项目研究》(Lidia Herrera-Rocha 和 María Teresa [Mayte] de la Piedra)、《关于亚洲英语变体使用者及其言语特点的听音评判》(Jette G. Hansen Edwards, Mary L. Zampini 与 Caitlin Cunningham)、《不仅仅是英语!日本全英语课程中突出语言的问题》(Annette Bradford)、《当共同语遇上更大的通用语:新语言接触引发的上海话英语借词磨蚀》(Jian Li),以及2篇争鸣:《文化融入型高水平双语人的外语效应已降低尚缺证据:评 Čavar 与 Tytus (2018) 的研究》(Michał Białek 与 Jonathan Fugelsang)、答复文《"外语的道德效应——我们从未提出的主张"(回应 Białek 和 Fugelsang 评论)》(Agnieszka Ewa Krautz 和 Franziska Čavar)。另有3篇书评:《我们需要多少种语言?语言多样性中的经济学》(François Grin)、《牛津语言政策与规划手册》(Kayoko Hashimoto)、《身份认同与方言表现:社区与方言研究》(Robert M. McKenzie)。

第九期刊文7篇:《探索全球化背景下高等教育本土化中语言学习经历和学习者身份的重建/构建的双向作用》(Ayşegül Takkaç Tulgar)、《哥斯达黎加中央山谷语言景观反映出的迁徙及种族多样性》(Louisa Buckingham)、《语言学习者的韩国印象:对语言课堂文化教学的思考》(Larisa Nikitina 和 Fumitaka Furuoka)、《语言生存心态、语言资本和双语青年的身份认同:以奥地利卡林西亚为例》(Sabina Zorčič)、《语言的认知范畴化:英语学习者对英国口音的(误)识别如何导致刻板印象的归因分析》(Christoph E. Rotter)、《作为跨群体活动的文化节:太平洋岛民身份认同案例》(Matt Giles, Howard Giles 和

Quinten Bernhold)、《多语学习者的测试适应性研究:小学生对测试公平性的看法》(Fauve De Backer, Stef Slembrouck 和 Piet Van Avermaet)。

第十期刊文 7 篇:《多元文化背景下的伦敦英语认同研究:对语言态度及语言规划研究的启示》(Ruth Kircher 和 Sue Fox)、《高水平双语人道德决策中的外语听觉效应》(Susanne Brouwer)、《长相是什么?"族群"长相特征对口音感知的影响》(Susana A. Eisenchlas 和 Rowan B. Michael)、《描写,别规定:手语环境下的跨语言实践与政治》(Maartje De Meulder, Annelies Kusters, Erin Moriarty 和 Joseph J. Murray)、《族群媒体语言使用引争议:新西兰太平洋岛屿族群媒体的个案研究》(Tara Ross)、《罗马尼亚裔青少年在加泰罗尼亚(西班牙)的融入过程:母语课程和自我认同与生活满意度的相关性》(Cristina Petreñas, Adelina Ianos, Clara Sansó 和 Ángel Huguet)、《家长因素及学生自我在预测日本英语学习者成绩中的作用》(Maya Sugita-McEown 和 Kristopher McEown)。

《欧洲语言政策期刊》

(*European Journal of Language Policy*)

《欧洲语言政策期刊》2019 年共两期,发表学术论文 15 篇。

第一期刊文 6 篇:《商务语言政策评估》(Dieter Vermandere, Lieve Vangehuchten 与 Rebecca Van Herck)、《微观语言规划质疑:语言政策和规划专业学生视角》(M. Obaidul Hamid)、《高等教育国际化的转移与转型:以葡萄牙为例》(María del Carmen Arau Ribeiro 与 Margarida Coelho)、《马德里地区高校英文授课本科专业教育的师生语言要求》(Susan Jeffrey, María Dolores Rodríguez Melchor 与 Andrew Walsh)、《马丁格拉夫〈邀你离开法国〉中的移民危机》(David Spieser-Landes,法语撰写),另有政策栏目文章《欧盟理事会关于全面开展语言教学的建议》。

第二期是特刊,主题为"语言与国际虚拟交流",由 Francesca Helm 主持,共刊文 7 篇:《语言与国际虚拟交流——特刊卷首语》《外语教育远程合作中的职业认同和动机形成》(Joanna Pfingsthorn, Christian Kramer, Anna Czura 与 Martin Stefl)、《教师教育中远程合作的拓展实践:迈向多元文化能力和多语言能力》(Tina Waldman, Efrat Harel 与 Götz Schwab)、《虚拟交际与关键数字化技能发展》(Mirjam Hauck)、《Erasmus+虚拟交际项目中的跨文化与语言政策》(Francesca Helm 与 Giuseppe Acconcia)、《远程合作的多语背景：欧洲高等教育的政策与实践》(Elisabet Arnó-Macià, Sonia Vandepitte, Patricia Minacori, Maria Teresa Musacchio, Joleen Hanson 与 Bruce Maylath)、《虚拟现实走进大学自主学习中心：崭新世界还是昙花一现？》(Anne Chateau, Maud Ciekanski, Nicolas Molle, Justine Paris 与 Virginie Privas-Bréauté)。政策栏目介绍了2019年5月《布鲁塞尔多语主义报告》。

（戴曼纯）

附 录

索引

2019 年语言生活大事记

1 月

1月4日,中国社会科学院语言研究所"语音与言语科学重点实验室"的应用型成果《1.5至6岁普通话儿童发音测试(北京地区)》入选"中国社会科学院创新工程2018年度重大成果"。

1月9日,国家民委办公厅印发《关于设立全国双语学习特色村镇(实践基地)名单的通知》。

1月10日至12日,江苏高校语言能力协同创新中心、江苏师范大学国家语委语言能力高等研究院等共同主办的"未雨绸缪:语言与下一代人工智能博鳌论坛"在海南博鳌举行。

1月11日,国家语委重大基础资源建设项目"通用汉字全息数据库建设"的标志性成果"汉字全息资源应用系统"在北京发布,标志着通用汉字全息数据库正式上线,提供社会使用。

1月15日,教育部考试中心与英国文化教育协会联合发布雅思、普思考试与中国英语能力等级量表(CSE)的对接结果,标志着中国英语语言能力标准与国际考试接轨。

1月15日,河南驻马店市残疾人联合会与北京语言大学语言康复学院合作共建的"北京语言大学语言康复教育中心"在驻马店市揭牌。

1月17日,国内首款真正意义上的AI输入法——百度输入法AI探索版正式亮相。

1月20日,中国社会科学院语言研究所、北京语言大学、商务印书馆联合主办的"2019中青年语言学者沙龙"在商务印书馆召开。本次沙龙议题为"中国语言生活和语言研究 70 年"。

1月28日,央视大型诗词文化音乐节目《经典咏流传》第二季首播。

2月

2月2日,外语中文译写规范部际联席会议专家委员会发布第六批、第七批推荐使用的外语词中文译名。

2月5日,由教育部、国家语委与中央广播电视总台共同举办的"中国诗词大会"(第四季)在中央电视台综合频道和科教频道开始播出。

2月21日,教育部、联合国教科文组织驻华代表处、中国联合国教科文组织全国委员会、国家语委在北京共同举行发布会,正式发布联合国教科文组织首个以"保护语言多样性"为主题的永久性文件——"保护与促进世界语言多样性《岳麓宣言》"。

2月21日,由最高人民法院政治部、人民法院出版社共同主办的双语法律文化出版工程及法信蒙文版上线活动在最高人民法院举行。

3月

3月,全国"两会"召开。"两会"期间,来自不同领域的委员代表们聚焦语言生活,就《国家通用语言文字法》的修订、推普助力脱贫攻坚、语言文字规范化等问题建言献策。

3月1日,《黔东南苗族侗族自治州锦屏文书保护条例》正式实施。

3月中旬,阿里巴巴与汉仪一次性推出五款由汉仪字库协同阿里人机自然交互实验室自动生成的不同风格的人工智能字体。

3月15日,教育部语用司印发《关于举办2019年中华经典诵写讲大赛的通知》,启动经典诵读大赛、诗文创作、学生篆刻、诗词讲解等系列活动。

3月22日至23日,由中国辞书学会主办,国家语委汉语辞书研究中心承办的中国辞书学会融媒体辞书专题研讨会在鲁东大学举行。会议主题为"响应习近平总书记号召,学习融媒体理论,推进融媒体辞书理论与实践发展"。

3月24日,中国日报社"21世纪杯"全国英语演讲比赛总决赛暨颁奖盛典在杭州国际博览中心举行。

3月30日,由中国社会科学院语言研究所《当代语言学》主办、北京师范大学外国语言文学学院承办的第四届"语言、社会及意识形态"论坛在北京师范大学举行。

4月

4月1日,阿里巴巴发布了一项旨在粉碎网络谣言和假新闻的AI(人工智能)技术——"AI谣言粉碎机"。

4月3日,2019年"全国语言文字工作会议暨推普脱贫攻坚中期推进会"在云南昆明召开。会议期间,教育部、国家语委、国务院扶贫办、中国移动、科大讯飞有限公司签署《"推普脱贫攻坚"战略合作框架》,研发推广"语言扶贫"应用软件。

4月8日至14日,教育部语用司、教育部港澳台事务办公室共同组织南京艺术学院、天津师范大学和上海师范大学三所高校40名师生赴香港、澳门开展中华经典诵读展演交流活动。

4月12日至15日,主题为"e阅读,让生活更美好"的中国数字阅读大会在浙江杭州举办。

4月13日至14日,由暨南大学华文学院、海外华语研究中心主办的"海外华语资源库建设国际研讨会"在暨南大学举办。

4月13日至14日,由中国英汉语比较研究会语料库语言学专业委员会(中国语料库语言学研究会)主办、河南师范大学承办的"2019年全国语料库与外语教学研究专题研讨会"在河南师范大学举办。

4月19日至22日,中国语文现代化学会第十三届学术研讨会暨第十三次会员代表大会在江苏徐州举行。

4月18日,联合国总部举行第十届"中文日"开幕式,并推出了一系列精彩纷呈的活动。

4月25日,以"五湖四海,方音不改"为主题的"第九届中国文化节暨中华优秀文化传承发展工程"开幕式在广东外语外贸大学举行。

4月26日至28日,由《中国社会科学》编辑部和江苏师范大学语言科学与艺术学院联合举办的"第八届中国语言学研究方法与方法论问题学术讨论会"在江苏徐州召开。

5月

5月6日至10日，2019年地方语委干部语言文字工作能力提升培训班在武汉大学举办。

5月7日，中国语言资源保护工程2019年度工作会议在江西南昌召开。

5月8日，"《汉语世界》中国故事 英文风采大赛"在北京启动。

5月9日至10日，由教育部语言文字信息管理司（以下简称"教育部语信司"）、教育部语言文字应用研究所（以下"简称教育部语用所"）、江西省教育厅主办，江西省语言文字培训测试中心承办的2019年江西语言文字规范标准培训班在江西南昌举办。

5月10日，国务院任命田学军为国家语委主任。

5月10日至11日，2019年度国家语委科研机构工作会议在郑州大学召开。

5月10日，教育部语信司、河南省教育厅、郑州大学签约共建国家语委科研机构"汉字文明传承传播与教育研究中心"。

5月14日，教育部语用司印发《关于做好2019年全国普通话普及情况调查工作的通知》，启动开展2019年全国普通话普及情况调查工作。

5月17日，北京市政府外事办公室举办北京市"国际交往中心建设素质提升"公共服务领域外语标志使用与管理工作专题研讨培训班。

5月18日，由南洋理工大学倡议，哈尔滨工业大学主办的"首届语言教育国际研讨会暨PGDELT（英语语言教学研究生班项目）学术大会"在哈尔滨工业大学召开。会议主题为"多元文化背景下外语教育的机遇与挑战"。

5月18日，广西民族大学语言博物馆正式开馆，这是继贺州学院之后广西第二家实体语言博物馆。

5月20日至24日，2019年高校语委干部语言文字工作能力提升培训班在武汉大学举办。

5月31日，教育部、国家语委在京发布《中国语言文字事业发展报告（2019）》《中国语言生活状况报告（2019）》《中国语言政策研究报告（2019）》

《世界语言生活状况报告（2019）》。

5月31日，由厦门大学、商务印书馆主办，国家语委国家语言资源监测与研究教育教材中心（厦门大学）、国家语委中国语言资源开发应用中心（商务印书馆）承办的《义务教育常用词表（草案）》出版座谈会在商务印书馆召开。

6月

6月5日，由北京语言大学主办的"庆祝新中国成立70周年汉语国际教育高端论坛"在北京语言大学举行。

6月6日，全球首家汉语国际教育研究院——北京语言大学汉语国际教育研究院在北京挂牌成立。

6月10日，教育部语用司、共青团中央青年发展部印发《关于开展2019年"推普脱贫攻坚"全国大学生暑期社会实践专项活动的通知》。此次活动从全国各高校共遴选239支实践团队，参与学生达到2291人，实践地点覆盖"三区三州"等242个县（区、市）的345个贫困村。

6月10日至16日，2019年全国语言文字工作中小学骨干校长培训班在东北大学秦皇岛分校举办。

6月12日至18日，2019年全国语言文字工作幼儿园骨干园长培训班在徐州举办。

6月15日，首届中国言语语言康复高等教育论坛在华东师范大学举行，中国言语语言康复联盟宣告成立。大会现场宣读了全国首个《中国言语语言康复联盟专家共识》（2019）。

6月15日，《世界汉语教学》编辑部与青岛大学国际教育学院在青岛大学浮山校区联合举办"新时代汉语国际教育学术研讨会"。

6月15日，北京语言大学语言智能研究院成立仪式暨语言智能学术论坛在北京语言大学举行。论坛主题为"语言知识工程与语言智能学科建设"。

6月15日至16日，由中国辞书学会、上海辞书出版社、中国社会科学院语言研究所和华东师范大学中文系共同主办的"新时期的汉语研究与辞书编纂暨庆祝《辞书研究》创刊四十周年学术研讨会"在华东师范大学召开。

6月24日，上海市首次国家通用手语培训班开班仪式在上海大学举行。

7月

7月6日，由教育部语用司、福建省教育厅、人民教育出版社主办，泉州师范学院承办的2019年两岸学生语言文化交流夏令营开营式暨"一带一路"送经典活动在"海上丝绸之路"起点泉州举行。

7月13日至15日，"为中国未来而读——2019阅读行动研讨会"在吉林长春举行。

7月15日，教育部、国家语委、中国残疾人联合会发布国家语委语言文字规范《汉语手指字母方案》（GF0021-2019），自2019年11月1日起正式实施。

7月15日，教育部、国家语委发布语言文字规范《中华通韵》（GF0022-2019），自2019年11月1日起试行。

7月15日至19日，由教育部语信司主办的国家语委第五期语言文字应用研究优秀中青年学者研修班在武汉大学举办。

7月15日至19日，由国家民委教育科技司、教育部语信司共同组织的第五期全国民族语文应用研究中青年学者研修班在北京华文学院举办。

7月18日，由北京语言大学主办的语文教育领域语言规划研讨会在北京语言大学召开。

7月20日，由中国社会科学院语言研究所、北京语言大学、中国语言学书院和商务印书馆联合主办的"2019海内外中国语言学者联谊会——第十届学术论坛"在商务印书馆举行。论坛主题为"中国语言学70年"。

7月22日至31日，由教育部语用司主办的2019年港澳教师普通话能力提升研修班在中国海洋大学举办。

7月23日至30日，由教育部语用司、广东省教育厅、广东省语言文字工作委员会主办，华南师范大学承办的2019港澳与内地中学生语言文化交流夏令营暨华南片区中华经典诵写讲师资培训班在东莞举办。

7月25日至28日，由中国日报社、杭州市政府、上海外国语大学和世界英语教师协会联合主办的2019国际英语教育中国大会在杭州召开。会议主题为"中国英语教育：立足时代 融通中外"。

7月27日，全国第一部由档案系统主持编纂的分省方言集成丛书——《陕西方言集成》在第29届全国图书博览交易会上首发。

8月

8月1日至10日，2019年全国中华经典诵写讲骨干教师培训班在西南大学举办。

8月8日，外语中文译写规范部际联席会议专家委员会发布第八批向社会推荐使用的外语词中文译名共23组。

8月9日，纪念罗常培先生诞辰120周年学术座谈会暨罗常培先生铜像揭幕仪式在中国社会科学院语言研究所召开。

8月9日至11日，由中国中文信息学会和中国中文信息学会民族语言文字信息专业委员会主办的第十七届全国少数民族语言文字信息处理学术研讨会在青海省西宁市召开。

8月14日，从世界看中国——"一带一路"语言文字应用研究高端论坛暨第五届周有光语言文字学学术研讨会在贵阳孔学堂开幕。

8月15日至21日，2019年中华经典诵写讲夏令营活动分别在浙江和甘肃举办。

8月16日至25日，教育部语信司、教师司主办，教育部语用所承办的两期"国培计划（2019）"语言文字规范标准培训班在北京先后举办。

8月17日至23日，2019年西部片区中华经典诵写讲骨干教师培训班在贵州师范大学举办。

8月21日至27日，2019年新疆维吾尔自治区中华经典诵写讲骨干教师培训班在新疆艺术学院举办。

8月22日，"2019年中华经典诵写讲大赛"系列四大赛事之一——"迦陵杯·诗教中国"诗词讲解大赛全国总决赛启动会在南开大学举行。

8月22日，由中国文学艺术界联合会、国家语委指导，中国国家博物馆、中国书法家协会、方正集团主办的"字载中华——中华精品字库工程成果展"在中国国家博物馆开展。

8月22日，第十八届"汉语桥"世界大学生中文比赛总决赛暨闭幕式在湖南长沙举行。

8月22日,《现代汉语词典》APP(应用程序)在第26届北京国际图书博览会上发布。

8月23日,商务印书馆《牛津高阶英汉双解词典》(第9版)APP(应用程序)媒体发布会在北京举行。

8月23日至26日,由国际城市语言学会和陕西师范大学联合主办的国际城市语言学会第十七届学术年会在陕西师范大学召开。

8月24日,首部帮助贫困地区特别是"三区三州"地区幼儿学说普通话的入门图书——《幼儿普通话365句》新书发布会在第二十六届北京国际图书博览会上举行。

8月24日,由中国计算机学会与中国中文信息学会联合主办的第四届语言与智能高峰论坛在北京举行。

8月25日至31日,2019年中部片区中华经典诵写讲骨干教师培训班在郑州师范学院举办。

8月28日,由上海市经济和信息化委员会指导、上海外国语大学主办的2019世界人工智能大会特色论坛"人工智能驱动高质量发展——构建人工智能生态链论坛"在上海外国语大学举行。

9 月

9月1日,中央广播电视总台粤港澳大湾区之声正式开播。这是我国首个专门面向粤港澳大湾区播出的国家级电台频率,大湾区之声新媒体平台同步启用。

9月14日至15日,由中国语言学会语言政策与规划专业委员会和北京外国语大学主办的"第五届中国语言政策及语言规划学术研讨会"在北京外国语大学召开。会议主题为"面向国家战略聚焦,服务社会发展需求"。

9月14日至12月13日,由国家语委、国家留学基金委主办的第三期"语言文字中青年学者出国研修项目"在谢菲尔德大学实施,来自国内27所高校、科研机构及语言文字管理部门的29名中青年学者参加研修。

9月16日,第22届全国推广普通话宣传周开幕式暨庆祝中华人民共和国成立七十周年经典诵读展示活动在上海华东师范大学举办,以"普通话诵七十华诞,规范字书爱国情怀"为主题的第 22 届全国推广普通话宣传周启动。

9月17日至18日,由国家语委中国语情与社会发展研究中心、武汉大学大数据分析与人工智能研究所主办的"语言学与人工智能跨学科论坛"在武汉大学举行。

9月21日至22日,由中国社会语言学会发起并主办、上海外国语大学中国外语战略研究中心承办的"首届社会语言学高端国际论坛"在上海举行。会议主题为"新时代社会语言学的发展趋势与前沿问题"。

9月21日至10月1日,由教育部语信司主办、上海外国语大学中国外语战略研究中心承办的"搭建语言之桥——俄罗斯语言政策专家访华项目"成功实施。

9月22日至24日,中国民族语文翻译局2019年度维吾尔语文新词术语翻译专家审定会在京召开。

9月22日至28日,国家民委、人力资源和社会保障部举办第12期全国民族语文翻译工作业务骨干高级研修班。

9月23日,第22届全国推广普通话宣传周在贵州省黔东南州凯里市闭幕。

9月23日至24日,由北京语言大学、浙江师范大学主办,中国语言资源保护研究中心、浙江师范大学人文学院、中国方言研究院承办的第六届中国语言资源国际学术研讨会在浙江金华举行。

9月26日,"北京冬奥项目知识图谱资源及问答系统"发布会在北京语言大学举行。

9月27日,全国民族团结进步表彰大会在北京召开。习近平总书记发表重要讲话,强调要搞好民族地区各级各类教育,全面加强国家通用语言文字教育,不断提高各族群众科学文化素质。

9月27日,由教育部语信司主办、国家语委中国外语战略研究中心(上海外国语大学)承办的中俄语言政策学术研讨会在上海外国语大学举行。会议主题为"多民族国家的语言政策"。

9月30日,教育部语言文字应用管理司印发《关于公布2019年中华经典诵写讲大赛获奖名单的通知》,首届大赛顺利结束。

10 月

10月6日至8日,由江苏省台办、江苏省语言文字工作委员会指导,昆山市台办、昆山阳澄湖文商旅集团主办以"源有汉字"为主题的海峡两岸(昆山)汉字文化艺术节开幕式在昆山城市生态森林公园举行。

10月11日至13日,由中国生态语言学研究会、国家语委国家语言能力发展研究中心(北京外国语大学)、北京外国语大学中国外语与教育研究中心主办,昆明理工大学外国语言文化学院、西南林业大学外国语学院承办的第四届全国生态语言学研讨会在昆明理工大学举行。会议主题为"新时代中国特色社会主义下的生态语言学研究"。

10月12日至13日,由中国文字学会主办的中国文字学会第十届学术年会在郑州大学举行。

10月12日,由中国残疾人联合会主办的"携手家庭 共促融合"2019年"一带一路"框架下残疾人主题事务听力语言论坛——听觉口语法专项论坛在北京国际会议中心举行。

10月14日,教育部办公厅印发《关于实施中华经典诵读网络专项培训并开展2019年度培训的通知》,共培训全国1万名中小学语文教师,提升其文化素养和经典诵写讲教学水平。

10月15日至16日,由国家语委、国务院扶贫办政策法规司指导,《语言战略研究》编辑部主办的"中国语言扶贫与人类减贫事业论坛"在京举行。论坛围绕"推普脱贫攻坚的经验与成效""语言能力、语言教育与脱贫攻坚""语言技术的运用、中国语言扶贫的展望与人类减贫事业"等主题进行交流,并发布了《语言扶贫宣言》。

10月16日,《"推普脱贫攻坚"战略合作框架》落实推进会在京举行。

10月18日至20日,纪念甲骨文发现120周年国际学术研讨会在河南安阳召开。会议由中央宣传部、教育部、文化和旅游部、科技部、国家语委、国家文物局、中国社会科学院、河南省人民政府联合主办,由中国社会科学院中国历史研究院、河南省教育厅、河南省文化和旅游厅、河南省文物局、安阳市人民政府承办。国内外甲骨文研究领域的专家学者、国家相关部门负责人等200

余人出席会议。

10月18日至21日，由北京语言大学、江西师范大学、新西兰梅西大学联合举办，江西师范大学文学院承办的汉语国际教育学科建设与发展研讨会暨第16届对外汉语国际学术研讨会（ICCSL-16）、第4届汉语远程教育与传播国际研讨会（ICTC-4）在江西师范大学召开。

10月20日至23日，由中国盲协主办、潍坊学院承办的国家通用盲文出版与教学研讨会在山东潍坊举行。

10月22日，"证古泽今——甲骨文文化展"在中国国家博物馆开幕。

10月24日，全球中文学习联盟在京正式成立。首批发起单位共21家，人民教育出版社任第一届理事长单位，科大讯飞股份有限公司任秘书长单位。

10月24日至27日，第三届中国北京国际语言文化博览会在中国国际展览中心举办。本届语博会设新中国成立70周年语言文字事业成就展、全国语言文化展和企业语言文化成果展，系统反映了新中国成立70年来中国语言文字事业取得的辉煌成就，展示了运用现代科学技术在语言科技、语言学习、语言测评和文化传播等方面的最新成果。10月25日上午，以"语言智能与语言多样性"为主题的国际语言文化论坛在京举行。24日上午，系列论坛之"第五届中国语言产业论坛暨第四届语言服务高级论坛"在首都师范大学举行。29日至30日，系列论坛之"一带一路"国家语言康复教育高峰论坛暨第三届中国语言康复论坛在北京国家会议中心举行。

10月25日，由教育部、国家语委指导的全球中文学习平台正式上线。该平台具有智能化和个性化、公益性和开放性相结合的特点，融合智能语音和人工智能技术，汇聚各类中文学习资源，以更好地为广大中文学习者提供优质服务。

10月25日至26日，由华侨大学和暨南大学联合主办的"第四届国际华文教学研讨会"在华侨大学厦门校区举行。

10月25日至27日，由两岸语言文字交流与合作协调小组主办，韩山师范学院承办的第三届"两岸语言文字调查研究与语文生活"研讨会在韩山师范学院召开。

10月26日至27日，由语言文字应用研究中青年学者协同创新联盟主办，山东师范大学文学院承办的第五届语言文字应用研究中青年学者协同创新联盟学术研讨会在山东师范大学举办。

10月26日至27日,由中国社会科学院语言研究所《中国语文》编辑部和陕西师范大学文学院联合主办,陕西师范大学文学院、语言资源开发研究中心承办的第七届《中国语文》青年学者论坛在陕西师范大学举行。

11月

11月1日,中央总书记、国家主席、中央军委主席习近平向甲骨文发现和研究120周年致贺信,向长期致力于传承弘扬甲骨文等优秀传统文化的专家学者们表示热烈的祝贺,并致以诚挚的问候。习近平指出,殷墟甲骨文的重大发现在中华文明乃至人类文明发展史上具有划时代的意义。甲骨文是迄今为止中国发现的年代最早的成熟文字系统,是汉字的源头和中华优秀传统文化的根脉,值得倍加珍视、更好传承发展。新形势下,要确保甲骨文等古文字研究有人做、有传承。由中宣部、教育部、文化与旅游部、科技部、国家语委、国家文物局、中国社会科学院、河南省人民政府等8家单位联合举办的纪念甲骨文发现120周年座谈会当天在人民大会堂召开,孙春兰副总理主持会议,宣读习近平总书记贺信并作重要讲话。有关专家代表和教育部、河南省负责同志在座谈会上发言。这是甲骨文发现以来首次在国家层面举办的纪念活动,体现了党和国家对以甲骨文为代表的中华优秀传统文化的高度重视。

11月9日,由教育部语用所、闽南师范大学主办,闽南师范大学闽南文化研究院、两岸语言文化交流研究中心、两岸一家亲研究院承办的两岸语言文化交流研讨会在福建漳州闽南师范大学召开。

11月14日至15日,由教育部语用司举办的2019年国家语言文字推广基地和中华经典诵读工作研讨会暨推普脱贫攻坚片区推进会在广西民族大学举行。

11月16日至17日,由上海市教育科学研究院主办的新时代语言文字规范化标准化学术研讨会暨第四届中国语言政策研究热点与趋势研讨会在上海举行。

11月16日至17日,由教育部语用所、广西壮族自治区语言文字工作委员会、广西壮族自治区教育厅、广西民族大学主办,中国应用语言协会(筹)、《语言文字应用》杂志、《语言战略研究》杂志协办,广西民族大学中华民族共同体研究院承办的第十一届全国语言文字应用学术研讨会在广西民族大学召开。

会议主题为"语言扶贫的理论与实践"。

11月18日至27日，教育部语用司和人事司在浙江工业大学举办2019年藏语文工作者国家通用语言文字素养培训班。

11月20日，由国家语言资源监测与研究中心、商务印书馆、人民网、腾讯公司主办，央视新闻、微博、快手、北京语言大学、中国传媒大学、华中师范大学协办的"汉语盘点2019"启动仪式在商务印书馆举行。

11月23日，由中国中医药研究促进会与广东外语外贸大学共同主办的"中国医药国际化语言服务高端论坛"在广东外语外贸大学举行。

11月23日至24日，由中国辞书学会秘书处、广东外语外贸大学词典学研究中心主办，广东外语外贸大学词典学研究中心承办的中国辞书学会第十届中青年辞书工作者学术研讨会在广东外语外贸大学召开。会议主题为"新时代辞书编纂和知识服务"。

11月25日至29日，由教育部语信司指导，南京大学文学院和中国语言战略研究中心共同主办，浙江师范大学孔子学院发展战略研究院、国家语委中国语情与社会发展研究中心（武汉大学）、国家语委汉语辞书研究中心（鲁东大学）、国家语委中国外语战略研究中心（上海外国语大学）、国家语委国家语言文字政策研究中心（上海市教育科学研究院）协办的"2019国家语言战略工作坊"在南京大学举行。

11月30日，由浙江师范大学主办的首届长三角汉语国际教育卓越人才创新论坛在浙江师范大学举行。

12 月

12月2日，国家语言资源监测与研究中心发布"2019年度十大网络用语"。

12月2日，《咬文嚼字》编辑部公布"2019年十大流行语"。

12月2日，北京市语言文字工作委员会办公室、东城区教育委员会法规科、北京语言文字工作协会、东城区法治学院在北京市第一六六中学附属校尉胡同小学联合举行了《中华人民共和国国家通用语言文字法》主题宣传活动启动仪式。

12月6日,国家语言资源监测与研究中心发布"2019年中国媒体十大流行语"。

12月6日,"台湾2019代表字大选"票选结果公布,"乱"字胜出。

12月7日,首届"一带一路"语言战略国际学术研讨会暨"一带一路"青年汉学家学术研讨会在浙江师范大学举行。"一带一路"青年语言学者联盟在大会开幕式上宣告成立。

12月8日,上海外国语大学语言博物馆正式对外开放,这是中国首个以世界语言多样性为主题的博物馆。

12月9日至10日,由教育部和湖南省政府共同主办的2019年国际中文教育大会在湖南长沙举行。会议主题为"新时代国际中文教育的创新和发展"。

12月10日,教育部语信司印发《语言文字智库测评指标体系(试行)》。

12月11日,北京语言大学冬奥术语平台V2版交付仪式在北京冬奥组委举行。

12月13日至15日,由中国社会语言学会主办、四川外国语大学承办的中国社会语言学会第二届高峰论坛在四川外国语大学举行。

12月14日,第三届语言资源与智能国际学术研讨会暨《万国语言志》编写启动会在北京语言大学召开。

12月14日,由中国民族语言学会民族语文应用专业委员会、国家民委中国民族语文应用研究院联合主办,中国社会科学院民族学与人类学研究所民族语言应用研究室承办的中国民族语言学会民族语文应用专业委员会第二届学术研讨会暨中国民族语文应用首届高端论坛在中央民族大学举行。会议主题为"新时代与民族语言文字应用"。

12月16日,国家语言资源监测与研究中心发布了"2019年度中国媒体十大新词语"。

12月17日,由北京语言大学语言资源高精尖创新中心和中国中文信息学会社会媒体处理专委会联合主办的第二届语言智能与社会发展论坛在京举行。会议主题为"智能写作的社会影响及其伦理、法律问题"。

12月20日,2019"汉语桥"全球外国人汉语大会配音比赛总决赛暨颁奖仪式在北京举行。

12月20日,国家语言资源监测与研究中心、商务印书馆、人民网、腾讯公司联合主办的"汉语盘点2019"揭晓仪式在北京举行,"稳""我和我的祖国""难""贸易摩擦"分别当选年度国内字、国内词、国际字、国际词。

12月20日,中国社会科学院语言研究所、中国社会科学院辞书编纂研究中心、语言研究所语料库暨计算语言学研究中心召开2019年首届计算词典学研讨会。

12月20日至22日,由教育部语用所主办,两岸语言应用与叙事文化研究中心、厦门大学嘉庚学院人文与传播学院承办的第十届全国社会语言学学术研讨会在厦门大学嘉庚学院举行。

12月22日至30日,教育部语用司在暨南大学举办2019年海外中文教师中华经典诵写讲研修活动。

12月25日,《咬文嚼字》编辑部发布2019年度"十大语文差错"。

12月26日,外语中文译写规范部际联席会议专家委员会审议通过第九批拟向社会推荐使用的外语词中文译名。

12月27日,第三期"语言文字中青年学者出国研修项目"成果汇报会在北京语言大学召开。

12月29日至30日,由教育部语用所和江苏师范大学主办的2019年"推普脱贫攻坚"研讨会在江苏师范大学举行。

2019年度媒体用字总表
2019年度媒体高频词语表
2019年度媒体成语表
2019年度媒体新词语表

说明：为满足更多读者的需求，体现新技术和环保的考虑，从2020年起，改变以前后附光盘内容的做法，采用手机扫描二维码的形式读取，每个文件对应一个二维码。

2019年度媒体用字总表

2019年度媒体高频词语表

2019年度媒体成语表

2019年度媒体新词语表

图表目录

表 3-1　5 个村的基本情况（2018）……………………………………053
表 3-2　调查点 2018 年建档立卡贫困户普通话情况………………………053
表 3-3　2018、2019 年建档立卡贫困户参加普通话培训后测评合格人数
　　　　（单位：人）……………………………………………………054
表 3-4　访谈对象民族构成情况……………………………………………055
表 3-5　访谈对象语言使用情况……………………………………………055
表 3-6　访谈对象外出务工情况（单位：人、%）…………………………056
表 3-7　大湾区广播电台调查信息表………………………………………060
表 3-8　播音语言数量情况（单位：小时、百分比）………………………061
表 3-9　各播音语言使用情况（单位：小时）………………………………062
表 3-10　节目类型数量分布情况（单位：个、%）…………………………064
表 3-11　各类节目播音语言数量分布………………………………………064
表 3-12　各类节目语言使用情况……………………………………………065
表 3-13　各地各类节目语言使用情况（个）………………………………066
表 3-14　2009—2018 年我国播出机构变化…………………………………068
表 3-15　2009—2018 年我国广播电视节目制作时长（万小时）变化………069
表 3-16　2009—2018 年我国发行电视剧（万集）变化……………………069
表 3-17　2009—2018 年我国广播电视行业从业人员数量（万人）变化……069
表 3-18　2009—2018 年我国电视手语节目变化（单位：个）……………074
表 3-19　2009 年以来公布出版的各学科规范名词…………………………076
表 3-20　2009 年以来出版的海峡两岸名词对照书…………………………079
表 3-21　调查样本构成情况（N=290）……………………………………098
表 3-22　广州人的母语和能使用的语言……………………………………099
表 3-23　广州人不同场合的语言使用情况…………………………………100
表 3-24　家庭代际间语言使用配对样本 t 检验……………………………102
表 3-25　不同家庭背景广州人私人场合语言使用模式分布………………104
表 3-26　不同文化水平广州人私人场合语言使用模式分布………………105

附 录

表 3-27	不同文化水平广州人公共场合语言使用模式分布	105
表 3-28	不同性别广州人公共场合语言使用模式分布	106
表 3-29	不同年龄广州人语言使用模式分布	106
表 3-30	灞桥区路名命名残缺问题举例	113
表 3-31	灞桥区道路一路多名问题统计表	113
表 3-32	调查样本分布情况	116
表 3-33	三个乡镇儿童生活状态	117
表 3-34	家庭语言输入情况	118
表 3-35	言语交际情况	118
表 3-36	家庭普通话单语码儿童的年龄与年级描述性统计	119
表 3-37	儿童留守状况与普通话使用情况	120
表 3-38	儿童性别、年级与普通话使用情况	121
表 3-39	儿童留守状况与语言认同情况	122
表 3-40	语文成绩平均分	123
表 3-41	民族分布情况	127
表 3-42	少数民族掌握本民族语言状况	131
表 3-43	少数民族掌握国家通用语状况	138
表 3-44	"自然科学引文索引"中使用最多的10种语言与占比	163
表 3-45	"社会科学引文索引"中使用最多的22种语言与占比	164
表 3-46	"艺术与人文引文索引"中使用最多的10种语言与占比	165
表 4-1	各数据平台"垃圾分类"指数	174
表 4-2	近两年主要的方言电影	187
表 4-3	《生僻字》歌词对照	196
表 4-4	几个公众号的《人生初年》"热量"	200
表 5-1	各网络平台以"5G""全国两会"为关键词的文章数	236
表 5-2	2019年报纸、广电、网络(新浪)语料中篇名含"5G"的文章关键词前20	239
表 6-1	语文主要理念归纳表	260
表 6-2	"国语文"核心素养归纳表	261
表 6-3	语文领域开设时段和课时归纳表	262
表 6-4	英语文第五学习阶段听力能力归纳表	263
表 6-5	"新住民语文"实施要点归纳表	264

表 6-6	不同年代香港楼盘通名	266
表 6-7	香港楼盘名称使用的生僻字	269

图 3-1	法尔曼教授的笑脸符	089
图 3-2	于根元主编《中国网络语言词典》封面	089
图 3-3	微信截图	092
图 3-4	2019 B站年度弹幕数据报告	092
图 3-5	母语的代际变化	100
图 3-6	家庭代际间语言使用差异	101
图 3-7	受访者子女教育领域语言使用情况（可多选）	103
图 3-8	四种模式在社会各领域的使用分工	103
图 3-9	灞桥区道路名称综合特征分布图	109
图 3-10	灞桥区含有"纺"字的路牌	110
图 3-11	灞桥区路牌	110
图 3-12	灞桥区路牌	114
图 3-13	儿童生活状态与语文成绩的相关性	123
图 3-14	不同研究内容文献分布数据	126
图 3-15	不同少数民族被试群体分布数据	128
图 3-16	少数民族青少年群体语言国情数据分布情况	129
图 3-17	语言国情调查数据地域分布情况	129
图 3-18	少数民族语言国情调查数据年度分布情况	130
图 3-19	《中国濒危语言志》（30册）书影	157
图 3-20	社会科学引文索引和艺术与人文学科引文索引里境内中文成果与英文成果之比变化趋势	166
图 3-21	自然科学引文索引里境内中文成果与英文成果之比变化趋势	166
图 4-1	微博网友"虎Cares职场物欲清单"制图	181
图 4-2	微博网友调侃垃圾分类"轮到你了"	181
图 4-3	小猪佩奇垃圾分类表情包	177
图 4-4	垃圾分类标语口号	178
图 4-5	《生僻字》歌词	193
图 4-6	日语版《生僻字》视频截图	194
图 5-1	"汉语盘点2019"揭晓仪式深度访谈	208

附 录

图 5-2　2019 海峡两岸年度汉字"困"……………………………………210
图 5-3　"我和我的祖国"使用情况…………………………………………221
图 5-4　"金色十年"使用情况………………………………………………221
图 5-5　"学习强国"使用情况………………………………………………221
图 5-6　"中美经贸磋商"使用情况…………………………………………221
图 5-7　"最美奋斗者"使用情况……………………………………………222
图 5-8　"硬核"使用情况……………………………………………………222
图 5-9　"垃圾分类"使用情况………………………………………………223
图 5-10　"先行示范区"使用情况……………………………………………223
图 5-11　"基层减负年"使用情况……………………………………………224
图 5-12　"我太南了"使用情况………………………………………………224
图 5-13　"不忘初心"使用情况………………………………………………229
图 5-14　"道路千万条，安全第一条"使用情况……………………………229
图 5-15　"柠檬精"使用情况…………………………………………………229
图 5-16　"好嗨哟"使用情况…………………………………………………229
图 5-17　"是个狼人"使用情况………………………………………………230
图 5-18　"雨女无瓜"使用情况………………………………………………230
图 5-19　"硬核"使用情况……………………………………………………231
图 5-20　"996"使用情况……………………………………………………231
图 5-21　"14亿护旗手"使用情况……………………………………………231
图 5-22　"断舍离"使用情况…………………………………………………231
图 5-23　"5G"的搜索指数……………………………………………………238
图 5-24　"5G"的媒体指数……………………………………………………238
图 5-25　"5G"的资讯指数……………………………………………………238
图 5-26　报纸的5G关键词词云图……………………………………………240
图 5-27　广电的5G关键词词云图……………………………………………240
图 5-28　网络的5G关键词词云图……………………………………………240
图 5-29　历年以"5G"为主题词的论文数量变化……………………………241
图 6-1　台湾2019代表字"乱"………………………………………………265

术语索引

B

BBS 90
B 站 92, 94, 183, 194
白话 148
白语 55
保持性双语教育 284, 286, 289
本土语言 88, 256
本族语 283, 284, 287, 288, 305
笔顺 144, 151
标准语体 106
表情包 92, 93, 177, 184, 218, 224, 230, 234
表情图 92
冰墩墩 213, 215, 226
卜辞 7, 8, 13
卜甲 12
不忘初心 16, 94, 211, 228, 229, 232
部首 144

C

场域 304
超国家语言 282
超级多样性 282
超链接 91
超文本 91
潮汕话 59, 187, 190
沉浸式教学 300

城市方言 87, 298
传承语 297
词袋模型 147
词向量 147
词云图 240
辞书数字化 142, 144, 150
村播计划 216

D

大数据 10, 75, 80, 143, 147, 151, 156, 207, 216, 218
代际差异 99—101, 128
单语 66, 102, 287, 298, 305
单语主义 276, 285
低碳生活 173, 177
第二外国语文 259—263
抖音 57, 70, 94, 95, 183, 192—194
段子 173, 175, 176, 181, 183, 184
断代史 9
断舍离 228, 231, 232
敦煌文化 35
敦煌学 150
多模态 90, 92, 96, 143
多言 99
多语教育 291, 295, 296, 303
多语码 90, 91, 119

多语社会 247, 248, 295
多语维持 295
多语制 279, 294
多语主义 86, 282, 298—301, 303

E

儿童语言发展 47, 199, 201

F

法律援助 25
法语联盟 280
繁体字 247, 249
反义词 144
饭圈 94, 95, 218, 219
方位残缺 112, 113
方言传承 191
方言点 83, 158
方言电影 186—191
非物质文化 161
粉丝圈 94

G

歌德学院 280
梗 175, 181—183
工作语言 279, 280
官方语言 248, 249, 279—281, 283, 294, 299,

305
广播语言　59
国际词　207—209
国际减贫日　50
国际通用语　168, 304
国际语言　5, 36, 275, 280, 293, 297
国际语言与发展大会　290—296
国际字　207—209
国家发展和改革委员会　22, 23, 28
国家扶贫日　50
国家广播电视总局　29, 72
国家认同　283, 284, 289
国家市场监督管理总局　29
国家税务总局　28, 29
国家通用语言文字　23, 24, 28, 32, 39, 46—48, 50, 70, 72, 74, 75, 83, 126, 129, 138, 141, 190
国家通用语言文字法　23, 36, 70, 82, 95, 190
国家通用语言文字法实施条例（草案）　36
国家通用语言文字推广　32, 68
国家卫生健康委员会　28
国家语委　4, 5, 32—38, 41, 45—49, 53, 72, 83, 126, 157, 158
国家语委语言资源网　24
国家语言　16, 36, 37, 46, 50, 82, 160, 173, 207, 213, 228, 252—254,

256, 260, 275, 287, 289, 290, 303
"国家语言发展法"　252, 253
国家语言文字推广基地　23, 32, 45
国家语言资源监测语料库　207, 220
国内词　207—209
国内字　207—209
国务院　21, 22, 24 25, 33, 40, 46, 47, 50, 53, 70, 72, 82, 83, 148, 152, 215, 216, 223
"国语文"　257, 259—262
过渡性双语教育　284, 285, 289

H

汉语盘点　37, 173, 207—209, 213, 220, 236
汉语水平考试　248
汉字全息资源应用系统　143, 145
核心素养　259—262, 264
黑话　92, 93
后母语主义　303
互联网+　150, 240
护旗手　218, 226, 228, 231, 232
华文教育　48
话语分析　300
火星文　91

J

996　211, 227, 228, 230, 231, 233
基层减负年　213, 214, 220, 223, 224
家国情怀　3, 15, 203, 220, 232
家庭语言教育　117, 124
家庭语言政策　297, 300
"甲骨世界"资源库　18
甲骨文　3—18, 23, 34, 150
简牍　8, 15
简体字　247, 249
教学语言　249, 284—286, 300
教育脱贫　48, 49
教育语言政策　300
接诉即办　213, 214, 217, 227
借词　299, 306
金文　8, 9
精英多语主义　305

K

科技名词　76, 78—82
科技新词　81
客家话　59, 84, 252—254, 256, 257
课纲　256, 259, 262, 264
孔子学院　16, 24, 194, 300
口头文化　83
夸夸群　213, 214, 226
跨语言实践　303, 307

术语索引

快手　94, 95, 183, 184, 207, 224

L

垃圾分类　173—179, 183, 211, 220, 223, 234
拉丁字母书写系统　295
傈僳语　55, 56
连字符　305
联合国教科文组织　5, 9, 17, 35, 38, 157, 159, 293—296
两个维度　59
两字三文四语　249
领纲　259, 260, 263
流行语　37, 93, 95, 173, 181, 182, 207, 216, 220, 224, 227, 228, 231, 240
楼盘　265—271
路名群　108—112

M

媒介语　57, 162
媒体融合　68, 69, 74, 142, 155
媒体指数　174, 237, 238
秘密语　93
民族分布　126, 127
民族认同　260, 281, 287—289
民族语文　40, 128, 257, 259, 260
民族整合　283
民族志　299, 305
铭文　15

母语　55, 84, 97, 99, 100, 159, 253, 263, 278, 282, 285, 293, 295, 296, 299, 302—305, 307
母语教育　279, 294, 296
母语效应　305

N

内涵式发展　37
拟声词　93
年度代表字　257, 258
年度字词　37, 207, 208
柠檬精　211, 228, 229, 234
怒语　55, 56

O

欧洲安全与合作组织　276, 278
欧洲委员会　276, 277, 280, 282
欧洲语言年　279
欧洲语言日　280

P

PM2.5　81
佩奇法则　176, 177
皮书　37
贫困代际传递　50
葡萄牙语等级考试　255
普通话　23, 24, 27, 32, 33, 38, 46—49, 53—58, 61, 62, 64—67, 70, 71, 75, 84, 97, 99—107, 118—122, 128,

144, 148, 159, 160, 187, 189—191, 230, 247—250, 305
普通话水平测试　38

Q

强势方言　107, 159
强势语言　275, 280
抢救濒危语言年　157
亲子阅读　118
情感认同　122
区块链　146, 147, 156, 208, 209, 225
圈语言　94
全国大学生民汉双语志愿服务团　39
全国民族语文应用研究中青年学者研修班　38, 41
全国语言文字应用学术研讨会　51
全国语言文字应用研讨会　51
全媒体　32, 70, 74, 142
全球华语大词典　146, 151, 154
全球中文学习平台　38

R

热搜词　94
人工智能　4, 10, 144, 146, 147, 151, 156, 179, 180, 185, 216, 239, 240
人类命运共同体　225
人力资源和社会保障部

附 录

41

融媒辞书　142, 143, 151, 155

融媒体　74, 142, 143, 146, 147, 156, 173, 180, 185, 202, 227

软实力　9, 300, 306

弱势语言　275, 280

S

4G　57, 216, 239—241

三班一盟一论坛　37

三维建模　10

杀猪盘　213, 215

商务语言政策　307

少数民族语言国情调查　125, 128—130

生僻字　192—198, 269

身份认同　297, 305, 306

"十二课纲"　259, 262—264

石榴籽计划　47

世界濒危语言计划　157

世界语言大会　296

世界语言资源保护大会　35, 86

视频博客　184, 297

视频日记　184

是个狼人　228—230, 233

手语　34, 72—74, 183, 252, 307

书写系统　295, 305

术语学　76, 80, 81

术语在线　80

数字乡村　21, 46

双言　99, 101—103, 105, 120

双语教师　48, 285, 286, 293

双语教育政策　283—286, 288, 289

"双语蓝图"　254, 255

双语人　56, 287, 306, 307

双语双文化政策　286

双语政策　248

说文　7

司法部　25

四个自信　6

搜索指数　174, 237, 238

苏州共识　296

缩减性双语教育　284, 285

索引源　165, 167

T

听觉效应　307

通名　265—267

通用语言　23—25, 28, 30, 32, 36, 39, 46—48, 50, 68, 70, 72, 74, 75, 82, 83, 94—96, 126, 129, 131, 138, 141, 167, 168, 190, 247, 248, 280, 284

同义词　144

童语同音计划　33

图像识别　147, 185

土著语言　283, 285—289, 294, 296

土著语言年　295

土字号　213, 215, 216

推广普通话　23, 24, 32, 33, 46, 49, 53, 148, 250

推普三下乡　33, 46

推普脱贫攻坚　33, 36, 45—50, 53

推普脱贫攻坚部际协调会　45

"推普脱贫攻坚"研讨会　51

推普周　32, 47

推普助力脱贫攻坚　33, 45, 50, 51

托业　248

V

vlog　184, 185

W

5G牌照　213, 236, 237, 242

5G商用　215, 225, 236, 241, 242

5G元年　213, 236, 237, 239—243

网络表情符号　89

网络低俗语言　91, 96

网络用语　23, 37, 70, 207, 228, 235

网络语言　72, 88—96, 232

网络语言蓝皮书　36

微博　33, 34, 70, 81, 82, 93, 173—176, 180, 182—185, 188, 190,

术语索引

193, 207, 208, 217, 218, 231, 232, 236
微观语言规划 303, 307
微课程 33
微信 57, 81, 82, 92, 94, 98, 143, 145, 173, 174, 183, 188, 207, 214, 224, 236
微信公众号 26, 33, 35, 70, 74, 200
微语言传播 23, 36
文化多样性 86, 161, 260, 277, 279, 282, 289, 294—296
文化转型 285
文化自信 3, 5, 15, 16, 18, 197

X

××自由 217, 218, 232
先行示范区 220, 223
"乡土语文" 260—263
乡字号 213, 215, 216
小族语言 275—280, 304, 305
新词语 37, 90, 175, 207, 213, 215, 217, 219, 236
新媒体 69, 70, 73, 85, 87, 142, 183, 217, 221
新住民 256, 257, 264, 267, 269, 271
"新住民语文" 256—258, 260—264
学习动机 306
学习强国 32, 34, 35, 80, 207, 208, 220, 221

雪容融 213, 215, 226

Y

雅思 248
言语交际情态 93
谚语 86, 180, 181
夜经济 213
"一带一路"倡议 250
一路多名 112, 113
一名多路 112, 113
移动互联 21, 91, 184
移动终端 23, 155
移民语言 281, 304
异体字 269
殷契文渊 10
殷墟 3, 8, 12—14
引用率 167, 169
隐性同化 276
印第安语 283—289
英国文化委员会 280
影响因子 167
硬核 94, 182, 185, 208, 211, 220, 222, 223, 228, 230—232
语保工程 35, 87, 157, 158
语码 91, 119, 120, 305
语文能力 122, 261
语文生活 38, 251, 252
语言霸权 296
语言保持 125, 287, 288, 297
语言保护 86, 125, 126, 277, 278, 280
语言变量 305
语言变体 287

语言标准化 299, 303
语言不平等 300
语言测试 303
语言产品 177
语言产业 36, 251
语言冲突 275, 290, 295
语言地图 157
语言多样性 35, 36, 38, 86, 168, 276, 279, 280, 291, 294—296, 302, 305, 306
语言分布 163, 164, 167
语言扶贫 24, 33, 34, 45, 47, 49—51
语言扶贫APP 33, 57, 58
语言扶贫宣言 50
语言服务 36, 51, 292, 295
语言复兴 261, 299, 302
语言管理 70, 74, 75
语言规划 50, 67, 161, 191, 250, 251, 276, 290, 293, 296, 300—303, 307
语言国情 50, 125—131, 138
语言混用 298
语言活力 125, 159, 283
语言技术 36, 38, 50, 51
语言教育 49—51, 102, 117, 124, 251, 283, 284, 287, 291—293, 296, 302, 303, 305
语言教育规划 124, 284
语言教育政策 251, 283, 302, 303
语言接触 161, 298, 306
语言经济 51, 303

语言景观 249, 299, 304, 306
语言竞争 275, 280
语言理念 296
语言媒介 304
语言能力 16, 49, 50, 97, 122, 128, 248, 294, 296, 301, 307
语言培训 26, 291
语言平等 275—277, 279
语言权利 276, 277, 279, 281, 282, 287, 292, 296
语言权利保护 275, 276, 280, 282
语言认同 121, 122, 126, 276, 277, 294
语言社区 288
语言生活 36, 37, 67, 88, 95, 96, 116, 117, 124—126, 250, 251, 301
语言生态 125, 126, 235, 275
语言实践 287, 303, 307
语言使用 55, 56, 59, 61—67, 70—72, 75, 95—97, 99—106, 125, 126, 128, 130, 138, 159, 162, 163, 167, 249, 279, 287, 300, 301, 307
语言使用调查 59, 126
语言态度 107, 287, 304, 305, 307
语言统一 284
语言推广 280
语言文化政策 251
语言文字信息化 23, 36

语言文字政策 37, 128
语言问题 158, 167, 276, 282, 290, 291, 293, 294, 299, 300—302
语言习得 199
语言选择 102, 298, 304
语言意识 289
语言意识形态 300—302
语言障碍 167, 168, 291, 295
语言政策 23, 38, 50, 167, 168, 191, 248, 251, 252, 253, 276, 287, 292, 293, 295—297, 299—303, 306, 307
语言治理 305
语言转移 99
语言转用 159, 288, 297, 299
语言状况 68, 125, 126, 131, 275, 290
语言资本 306
语言资源 23, 24, 34, 35, 37, 83, 85—87, 147, 151, 160, 161, 249, 256, 292
语音合成 185
语音识别 185
语域 159, 300
语种 9, 35, 151, 163, 167, 263, 264
语族 160
岳麓宣言 35, 86
粤方言 61, 62, 64—67, 186, 188, 189, 248—251

粤港澳大湾区 37, 59, 67, 223, 251
粤港澳大湾区之声 59
云计算 75, 147, 216

Z

战略性语言资源 161
知识服务 80, 143, 146, 147, 151, 156
知识图谱 37, 147
直播带货 216, 225
直过民族 52, 53
直接教学法 284
止暴制乱 213, 214, 218, 225
智能写作 185
智能终端 91
中国北京国际语言文化博览会 36
中国濒危语言志 35, 86, 157—161
中国大百科全书 143, 145, 148, 150—152, 154
中国方言文化典藏 250
中国诗词大会 34
中国语言产业 36
中国语言扶贫与人类减贫事业论坛 50
中国语言政策及语言规划学术研讨会 50
中国语言资源保护工程 23, 35, 158, 191
中国语言资源采录展示平台 23
中华经典诵读 38, 46
中华经典诵读工程 34,

35, 45
中华经典诵写讲大赛 34
中华精品字库工程 36
中华思想文化术语传播工程 23, 35
中美经贸磋商 220—222
中文国际教育 151
中小学语文示范诵读库

23, 34
中央广播电视总台 32, 59, 216
主流语言 294
主体民族 283—285, 288
专名 114, 265, 267
资讯指数 174, 237, 238

字级 144
字形 196
自媒体 91, 145
自然语言处理 147, 151
自然资源部 26, 28
自主阅读 118
祖传语 287, 304, 305
最美奋斗者 220, 222

（白　娟）

后 记

2020年无疑将成为中国和世界历史上让人刻骨铭心的年份。新冠肺炎疫情肆虐全球，中国人民齐心战"疫"。在这个极不寻常的年份的4月，《中国语言生活状况报告》(2020)的编审如期完成，通过审订和修改，即将付样。

跟以往各年度报告一样，《中国语言生活状况报告》(2020)力图从不同角度对2019年的中国语言生活进行认真的描述。

对于中国人来说，2019是充满纪念意义的。中华人民共和国成立70周年，澳门回归祖国20周年，甲骨文发现120周年，国际中文教育大会，5G元年，垃圾分类，等等，无不在语言生活中掀起波澜。而对于"绿皮书人"来说，2019年则还有另外一层意义——《中国语言生活状况报告》(2020)正值绿皮书发布15周年。为忠实地反映2019年中国社会的语言生活，以实际行动纪念绿皮书发布15周年，队友们围绕年度的语言生活，多次召开会议，认真策划，实时跟进，2020年新年伊始就形成了年度绿皮书的雏形。

按照进度，农历庚子年春节一过，主编组就集中进行一年一度的集中审稿。然而，突如其来的新冠肺炎疫情打破了所有的计划。面对重重压力，种种困难，队友们各自坚守工作岗位，上"网课"，指导毕业论文，参加战"疫"语言服务团，剩下的时间和精力，都投入到了如期完成绿皮书的"战役"。

必须感谢互联网。它使我们能在"封城""封小区"的情况下"云开会""云审稿"，更使我们的审稿形式也有所创新——根据需要，把身处中国和世界各地的作者请到"云上会议室"，直接对话，既提高了时效，也保证了信息的准确沟通。这种新的语言生活形式本身就值得进入年度记录。4月25日，一年一度的审订会在云端举行。语信司领导、审订专家、队友，济济一"屏"，虽然没有了往年审订会上一一握手问候的现场感，但大家依然是笑声朗朗，既有对战"疫"取得阶段性胜利的喜悦，也有老友分别一年后重逢的幸福感。有几位审订专家未能与会，但都提交了书面审订意见。审订会上，语信司领导和各位审订专家，一如既往地严格把关，就篇目取舍、内容安排、材料甄别、文字校对等，提出了意见和建议。

留意的读者会发现，《中国语言生活状况报告》(2020)的主编队伍增加了新生力量。承蒙汪磊教授加盟，给主编团队带来了新的气象，也给未来的绿皮书带来了更多的期待。

我们要感谢所有作者、栏目主持人、主编组同人和各位审订专家，是大家的共同努力，保证了《报告》的质量和目标的实现。

各栏目及相关工作分工如下：特稿篇，李强；工作篇，李强；领域篇，苏新春、王春辉；热点篇，李佳、王宇波；字词语篇，汪磊；港澳台篇，陈瑞端；参考篇，方小兵、何山华。国家语委田立新司长和语言资源高精尖创新中心主任、《中国语言生活状况报告》名誉主编李宇明教授，继续从方向指引、框架建构到细节把关，给予大力的支持和帮助；语信司李强处长、商务印书馆余桂林副总编辑、李智初主任细心审稿编校；课题组秘书李春风负责应对项目工作中的各种繁杂事务，白娟、韩畅也为《报告》做了大量的工作，是《报告》的幕后功臣。我们在此一并表示感谢。

期待着读者的批评和关注。

郭　熙

2020年五一劳动节

《中国语言文字事业发展报告（2020）》目录

特稿
  习近平致甲骨文发现和研究120周年的贺信
  陈宝生在纪念甲骨文发现120周年座谈会上的发言
  陈宝生在2019年国际中文教育大会开幕式上的讲话
  谱写国家通用语言文字推广普及新篇章——田学军在第22届推普周期间发表的署名文章
  田学军在"语言智能与语言多样性"国际语言文化论坛开幕式上的致辞
  新中国语言文字事业70年

第一部分 年度重点工作
  推普助力脱贫攻坚行动
    一 工作机制建设
    二 重点人群培训
    三 学习资源研发
    四 大学生社会实践活动
    五 地方工作经验
    六 语言扶贫研究
  纪念甲骨文发现120周年
    一 总书记致信祝贺甲骨文发现和研究120周年
    二 纪念甲骨文发现120周年座谈会
    三 纪念甲骨文发现120周年国际学术研讨会
    四 "证古泽今"甲骨文文化展
    五 "甲骨春秋"主题纪念
    六 媒体关注引发社会"甲骨文热"
  第22届全国推广普通话宣传周
    一 弘扬爱国情怀
    二 打造宣传矩阵
    三 动员多方参与
    四 推动事业发展
  语言文字规范化标准化信息化建设
    一 当代汉语音韵规范
    二 义务教育词汇规范
    三 外语词中文译写规范
    四 语言文字信息化工程项目
    五 语言文字规范标准培训
  中华经典诵读工程
    一 加强统筹规划
    二 组织品牌活动

    三　强化师资培训
    四　促进交流合作
  中国语言资源保护工程
    一　田野调查
    二　数据采录
    三　成果出版
    四　语保研究
    五　国际影响
    六　总结表彰
  语言文字国际交流与合作
    一　中华思想文化术语传播工程
    二　第三届中国北京国际语言文化博览会
    三　双边与多边语言文字国际交流合作
    四　文字转写国际标准议案应对
    五　语言生活皮书出版和外译
  语言文字工作机构队伍建设
    一　国家语委科研机构建设
    二　国家语言文字推广基地建设
    三　省级语言文字工作机构状况
    四　语言文字工作与科研队伍建设

第二部分　委员单位工作
  首届国际中文教育大会
  中央文献对外翻译
  中国特色话语外译传播
  民族语文事业与双语学习
  青少年中华语言文化传承活动
  地名普查与地名文化传承
  手语和盲文规范化标准化信息化建设
  科技名词审定

第三部分　地方特色工作
  广西推普脱贫攻坚成效显著
  四川精准推普助力精准脱贫
  云南推广运用"语言扶贫"APP
  新疆生产建设兵团加强国家通用语言文字教学与普及
  山西强化语言文字工作督导评估
  上海实施学生阅读行动
  江西推动高校语言文字工作体制改革
  浙江注重四个"结合"抓实语保工程
  北京建设冬奥会语言服务环境

江苏开展旅游景区外文译写规范调研
　　广东深化语言研究服务区域与国家发展
　　河北推进京津冀语言文字工作协同发展
　　重庆加强语言文字科研工作

第四部分　年度统计

　　语言文字法律法规与规章
　　语言文字规范标准
　　国家通用语言文字水平测试
　　国际中文教育
　　语言文字人才培养与科学研究
　　特殊人群语言服务

第五部分　附　录

　　关于印发《国家语言文字工作委员会办公室关于加强语言文字培训工作的管理办法》的通知
　　教育部国家语委关于表彰"中国语言资源保护奖"先进集体和先进个人的决定
　　2019年语言文字工作大事记

《中国语言政策研究报告（2020）》目录

第一部分　专题综述

语言规划七十年
　　一　语言政策七十年
　　二　语言教育七十年
　　三　语言生活七十年

推普助力脱贫攻坚
　　一　推普对减贫脱贫的重要意义
　　二　贫困地区推普的实践与不足
　　三　精准扶贫要求精准推普
　　四　语言扶贫助力永久脱贫

语言资源科学保护
　　一　语言资源理论与实践
　　二　语保工程成效与经验
　　三　中国语保走向世界

国家语言能力
　　一　理论建构
　　二　发展现状
　　三　任务方略

外交话语体系建设
　　一　外交话语构建
　　二　外交话语翻译
　　三　外交话语传播
　　四　外交话语研究

网络语言治理
　　一　治理对象
　　二　治理意义
　　三　治理重点
　　四　治理方略

语言规范
　　一　语言规范政策与方略
　　二　汉语拼音教学与应用
　　三　汉字规范与地名用字审定
　　四　词表研制与辞书收词处理

语言服务
　　一　大湾区语言服务
　　二　冬奥会语言服务
　　三　城市语言服务

家庭语言规划
　　一　方言区家庭语言规划
　　二　少数民族家庭语言规划
　　三　华侨华人家庭语言规划
　　四　跨国婚姻家庭语言规划
　　五　家庭语言规划研究综论
特殊人群语言规划
　　一　聋人语言规划
　　二　盲人语言规划
　　三　语言障碍儿童语言规划
　　四　语言蚀失老人语言规划
高考语文改革
　　一　改革背景
　　二　改革原则
　　三　内容改革
　　四　命题改革
　　五　评卷改革
新时代外语专业教育
　　一　培养目标
　　二　专业建设
　　三　课程改革
　　四　教学理念
语言智能
　　一　语言智能时代的语言研究
　　二　语言智能应用的教育场景
　　三　语言智能的社会伦理问题
中文国际传播
　　一　中文传播理论
　　二　国际中文教育
　　三　海外华文教育

第二部分　论点摘编

语言功能决定世界语言格局
加快修订《国家通用语言文字法》
新时代推普要有新认识
做好新时代甲骨文研究工作的四点建议
让古老汉字焕发出时代风采
融媒体辞书要在六个方面实现融合贯通
外语教育要为国家战略服务
外语教育要防止走极端

"一带一路"外语教育规划的四大任务
提高中文修养对搞好翻译至关重要
从"三原"着手传承传播中华文化
提高国家文化软实力需要重视语言文化交流
安全观话语构建要充分阐释中国文化内涵
法律工作者应具有"四位一体"的语言能力
语言影响国际政治的三个方面
语言政策的本质是引导和调控语言价值
中国术语学研究的八大特点
语言学应向话语研究转型

第三部分　学术动态

2019年四大科研基金语言学课题立项情况调查
2019年语言政策研究相关学术会议综述

第四部分　附录

2019年语言政策与语言规划类书目

《世界语言生活状况报告（2020）》目录

第一部分　政策篇

　　韩国发布《盲文发展第一个基本规划（2019—2023）》
　　日本新版《学习指导要领》中的语言教育新要求
　　拉脱维亚《教育法》中的新语言条款
　　《阿尔巴尼亚少数民族保护法》中的语言条款
　　芬兰 2025 年的语言发展目标
　　德语国家和地区的新版德语正字法
　　苏格兰《英国手语计划（2017—2023）》
　　秘鲁《土著语言、口头传统和跨文化交流国家计划》
　　《澳大利亚儿童多语学习计划》

第二部分　动态篇

　　韩国开发利用外来移民的双语能力
　　日本多语应对协会的语言服务
　　丹麦强化移民语言融合
　　德国移民语言生活新图景
　　英国发布新的十大外语语种
　　摩洛哥评估阿拉伯语教育对海外同胞的影响
　　智利立法保障对听障人士的语言服务

第三部分　事件篇

　　哈萨克斯坦正式启动文字拉丁化改革
　　以色列《犹太民族国家法》中的语言条款
　　缅甸罗兴亚人危机背后的语言问题
　　英国扩建文法学校背后的语言因素
　　喀麦隆学生绑架案折射英法语言冲突

第四部分　报告篇

　　韩国世宗学堂财团年度报告（2017—2018）
　　英国文化教育协会年度报告（2017—2018）
　　德国歌德学院年度报告（2017—2018）
　　西班牙塞万提斯学院年度报告（2017—2018）
　　海外日语教育机构调查报告（2015）
　　俄罗斯世界基金会工作报告（2007—2017）
　　全球法语现状（2018）
　　欧洲学校语言教育的数据报告（2017）

第五部分　语词篇

　　韩国年度网络最热词语与新词语（2017—2018）
　　日本年度热词与年度汉字（2017—2018）
　　俄罗斯年度词语（2017—2018）
　　奥地利年度词语（2017—2018）
　　德国年度词语（2017—2018）
　　法国年度词语（2017—2018）
　　西班牙年度热词（2017—2018）
　　英语年度热词（2017—2018）

第六部分　附录

　　中国媒体有关世界语言生活文章选目（2017—2018）
　　世界语言生活论著选目：国外篇（2017—2018）
　　世界语言生活论著选目：国内篇（2017—2018）
　　国外语言生活大事记（2017—2018）

后记

图书在版编目(CIP)数据

中国语言生活状况报告.2020 / 国家语言文字工作委员会组编;郭熙主编. —北京:商务印书馆,2020
(语言生活皮书)
ISBN 978-7-100-18403-8

Ⅰ.①中⋯ Ⅱ.①国⋯②郭⋯ Ⅲ.①社会语言学—研究报告—中国—2020 Ⅳ.①H1

中国版本图书馆 CIP 数据核字(2020)第 070565 号

权利保留,侵权必究。

中国语言生活状况报告(2020)
国家语言文字工作委员会 组编
郭 熙 主编

商 务 印 书 馆 出 版
(北京王府井大街36号 邮政编码100710)
商 务 印 书 馆 发 行
北 京 中 科 印 刷 有 限 公 司 印 刷
ISBN 978-7-100-18403-8

2020年5月第1版 开本 787×1092 1/16
2020年5月北京第1次印刷 印张 22¾
定价:76.00元